KB042759

한국 고대사의 종합적 정리

신형식 지음

한국 고대사의 종합적 정리

신형식 지음

4. 한국고대사를 빛내준 위인

5. 중국문헌에 나타난 삼국사회상

6. 중국정부의 왜곡된 한국고대사상

7. 본인저술에 대한 국내외의 평가

머리말

본서는 저자가 지금까지 출간한 여러 개의 저서를 결합한 한국고대사연구에 대한 종합적인 성과를 정리한 것이다. 저자는 대학시절부터 고대사에 관심을 가지면서 대학원 시절에 신라사연구에 집중하면서(신라사의 대당외교관계의 「宿衛」〈1966〉·朝貢과 宿衛學生〈1967〉을 시작으로 兵部令·軍主〈1975〉) 신라사를 거쳐 「三國史記硏究」(1981)를 바탕으로 고대사연구에 치중하게 되었다. 다만 고대사는 과거(고대)의 역사이지만 그것은 단순히 고대의 사실을 기록한 것이 아니라, 고대사의 내용에서 현재 우리가 배워야 할 사실과 잊어서는 안 될 사실을 함께 이해해야 한다는 내용을 명심해야 할 것이다.

이를 바탕으로 「신라사」(1985)·「통일신라사」(1990)·「백제사」(1992)·「집안고구려유적조사」(1996)를 바탕으로 「고구려사」(2003)를 끝으로 「한국고대사의 새로운 이해」(2009)와 「한국고대사 서술의 정착과정」(2016)을 통해 한국고대사인식을 정리할 수 있었다. 이어 고대사 보완을 위해 「남북한 역사관의 비교」(1994)와 「한국사학사」(저자의 회갑논총, 1999)를 이어 「고구려는 중국사인가」(2004: 최규성과 공동편저)를 통해 중국의 東北工程과 왜곡된 고구려사관을 정리하였다. 이를 바탕으로 저자는 「새로 밝힌 삼국시대의 역사적 진실」(2013)과 「한국고대사를 다시본다」(2018)를 통해 자신의 고대사 인식을 최종으로 정리할 수 있었다.

이러한 저자의 여러 저서를 통해서 밝힌 내용을 보강하고 한국 고대사의 성격에서 가장 중요한 사실을 재정리하기 위해서 여러 가지 내용을 보완하여 본서인 「고대사의 종합적 정리」를 발간하게 되었다.

제1장에서는 고대사의 성격으로 3국 왕조전개과정의 성격과 통일신라

의 역사적 위상을 거쳐 그 중요성(의미)을 부각시켰다. 제2장은 3국 왕조의 전개과정에서 나타난 각 왕조의 성격차이와 통일신라가 지닌 역사적 위상을 강조하였다. 제3장은 삼국왕조의 정치 상황(왕의 실체)·신라여왕의 실상·통일신라 전제왕권의 모습에 이어 和白이 갖는 성격을 새로운 시각에서 정리하였다. 제4장은 「삼국사기」와 「삼국유사」의 비교와 삼국시대 천도가 보여준 의미, 그리고 저자가 직접 고구려벽화 촬영으로 보여진 실상, 남북한 역사관의 비교를 해보았다. 제5장은 고대사를 대표하는 위인상, 제6장과 7장은 중국 문헌에 나타난 삼국상과 중국학계의 왜곡된 고구려상(동북공정)의 비판, 그리고 마지막은 저자의 서술에 대한 국내·외의 평가를 추가하였다.

무엇보다도 본서에서 부각시킨 사실은 역사를 올바르게 보는 시각과 한국고대사가 보여준 역사적 성격에서 무엇보다도 수도 이전(천도)은 국가 멸망의 단초가 된다는 사실(고구려 · 백제와 다른 독자적인 신라의 위상)과 왜곡된 중국학계의 문제점(동북공정의 올바른 이해)을 밝히고 고대사가 남겨 준 역사적 교훈을 제기한 것이다. 여기서 이 책은 저자가 지금까지 쓴 여러 고대사 연구를 정리하여 고대사에서 배워야 할 사실을 통해 역사가 준 가치를 재정리해 보았다. 이로서 한국고대사의 성격에서 한국고대사가 지닌 역사적 교훈을 부각시켜 보았다.

한국고대사의 성격

1

1. 고대사가 보여준 역사적 교훈
2. 고구려사의 역사적 위상
3. 해외진출을 부각시킨 백제사
4. 신라사가 보여준 민족사적 의미
5. 가야와 발해사의 정리
6. 남·북한 역사관의 비교
7. 「삼국사기」의 성격
8. 「삼국유사」의 성격
9. 「삼국사기」와 「삼국유사」의 비교

고구려 벽화에서 가장 많은 인원(250여 명)의 기마대·의장대·수비대가 등장한 안악 3호분(황해남도 안악군 상산리)의 행렬도이다. 왕을 둘러싼 의장대 앞에는 각종 악기를 맨 군악대와 무기를 들고 말을 탄 기마대가 가고 있다. 병사들은 긴 창·북·활·도피필률 등 각종 악기와 무기를 들고 있어 왕의 모습을 보여준다. 현재 벽화내용이 불투명하여 복원된 그림으로 정리하였다.

1. 고대사가 보여준 역사적 교훈

우리나라의 고대사는 구석기시대부터 철기시대와 초기국가를 거쳐 삼국·통일신라·발해시대까지 포함하고 있다. 석기시대(구석기·신석기)는 청동기시대(군장사회)를 지나 철기시대에 이르러 초기국가를 이루고 고조선과 열국시대(부여·삼한)를 거쳐 정식 고대국가시대(삼국·남북국시대-통일신라와 발해)가 이룩된 것이다. 그러나 상고시대(석기시대-초기국가)는 뚜렷한 기록이 없으며 유적·유물의 설명으로는 많은 문제가 있어 한국고대사는 결국 「삼국사기」에 근거하여 삼국·남북조시대가 대표적인 사회로서 문헌에 바탕을 둔 한국의 정치와 문화가 그 기반을 마련한 시기였다. 따라서 본서에서는 문제는 있지만 「삼국사기」에 기록된 삼국·통일신라를 한국고대사로서 그 내용을 정리하고 있다.

한국고대사는 고구려사 705년(B.C.37-A.D.668), 백제사 678년(B.C.18-660), 신라사(통일신라사 포함) 929년(B.C.57-935), 발해사(698-926)까지 약 1000년을 유지하였는데 이 시기는 결국 신라왕조의 존속시기로서 동·서양을 막론하고 한 왕조가 천 년을 유지한 나라는 세계사에서 그 유례가 거의 없다.[1] 그러나 3국은 1~4세기는 각국의 국가 성립·발전기였으나 영토확장을 위한 입장과 주변국가와의 갈등으로 상호 갈등이 깊었으며 고구려는 한·위·전연과 만주지역 확보에 따른 대립이 이어졌고 3국은 영토확장을 위한 대립이 계속되었다.

---

1) 중국사에서 공식적으로 연대를 알 수 있는 周(서주~동주: B.C.1122-250) 왕조는 공식적으로 872년간 존속된 것으로 되어있으나 그 시기로 보아 믿기가 어려운 것이 사실이다. 그러므로 공식적으로 국가체제를 갖춘 漢나라(전한〈B.C.206-A.D.8〉, 후한〈25~220〉)는 426년 간 존속되었고, 중국 최대 강국이었던 당나라는 289년간(618-907) 왕조가 계속 되었을 뿐이다. 그 후 宋나라도(북송·남송-960~1279) 319년간 존속되었을 뿐이다.

4세기 근초고왕(346-375)때 전성기를 이룩한 백제는 고구려 정벌(고국원왕 피살)이 있었고 5세기 전성기를 맞은 고구려(광개토왕〈391-413〉·장수왕〈413-491〉)는 만주지역의 확보와 평양천도(427)와 백제공격(한성함락·개로왕 피살)으로 당시 최강의 국가가 되었다. 이에 대해 신라는 6세기(법흥왕〈514-540〉·진흥왕〈540-576〉)에 전성기를 맞아 북진을 시작하여 한강유역확보(신주설치: 551)로 계기를 영토를 함경도까지 진출하면서 통일의 바탕을 마련하였다.

이어 7세기(무열왕〈654-661〉·문무왕〈661-681〉)에 신라는 제·려를 정벌하고 통일을 완성하였으며 8세기(성덕왕〈702-737〉·경덕왕〈742-765〉)에 통일신라의 전성기를 이룩하여 전제왕권을 확립하였고 통일신라의 정치·문화를 발전시켜 고려시대로 이어져 한국고대사회의 모습을 보여주었다. 그러나 9세기 왕통이 무열계에서 내물계로 교체되면서 각 혈통간의 갈등이 심해지면서 신라는 쇠퇴기를 맞게 되었다. 이러한 통일신라의 변화기에 고구려 계열의 대조영이 발해(698-926)를 세워 남북국시대가 시작되었으나 신라와는 교섭이 거의 없어 발해가 망한 후 만주지역은 한국사에서 벗어나게 되었다.

이러한 고대국가사회의 주인공은 예외 없이 왕으로서 시조 외에는 영토확장의 업적을 남긴 근초고왕(백제), 광개토왕·장수왕(고구려), 진흥왕·무열왕·문무왕(신라) 등의 이름을 크게 남기고 있다. 동시에 고대국가는 외적퇴치와 전승을 이끈 장군으로 을지문덕과 김유신이 부각되고 있으며 그 외 유교·불교 등 새로운 학문과 종교활동의 주역인 강수·설총·최치원·원효·혜초 등의 인물이 나타나 있다. 이러한 사실은 중국사에서도 진시황·한무제·수양제·당태종 등의 황제와 서양의 Alexander대왕, 그리고 Aristoteles·Platon·Socrates를 비롯하여 공자·맹자·석가·예수의 이름을 남기고 있는 사실은 동·서양의 고대사가 보여준 큰 교훈이다(왕과 장군, 그리고 종교적 스승의 역할).

결국 우리나라 고대사도 시조를 비롯한 훌륭한 군주의 강력한 왕권이 이룩된 사회로서 고대 동방의 전제정치(Oriental despolism)와 비슷한 모습을 보여주었음으로 역대왕은 하늘의 아들의 계승자로서 초인적인 역할을 다한 인물이었음으로 善君(Benevolent despot)은 초인적인 외형과 인품을 지닌 인물임으로 일반인과는 구별되지만 이와 다른 폭군(Cruel tryant)은 고독과 공포로 창조된 고독감에 실려 폐위·축출되는 시련을 보게 된다고 하겠다.[2]

다음으로 한국고대사의 특징은 정복국가로서 영토확장의 사회였음으로 정복과 전쟁의 주인공인 역대 왕과 장군·순국자의 명장(충신)을 부각시켰으며 학문과 사상(유교·불교)으로 국민의 도리(호국사상)를 강조한 인물(학자·승려)을 강조하고 있음을 보게 된다. 이러한 애국자들이 남긴 말씀이 곧 우리 고대사가 주는 역사적 교훈인 것이다.[3]

(가) 신하된 자로서 충성만한 것이 없고 자식으로서는 효도만한 것이 없다. 나라의 위급함을 보고 목숨을 바치면 충성과 효도를 모두 갖추는 것이다. (「삼국사기」 권5, 무열왕 7년조)

(나) 전쟁의 승패는 대소(군인)에 달린 것이 아니고 정신(人心)에 달린 것이다. 이제 우리 백성은 뜻을 같이하여 생사를 함께할 수 있으니 백제를 두려워할 것이 아니다. (앞책 권41, 김유신〈상〉)

---

2) Wolfram Eberhard, The Political Function of Astronomy and Astronomers in Han China(Chinese Thought and Institution, Fairbank(ed) 1957)
V.M, Tikhonov, 삼국사기 열전, 김유신조가 내포하는 의의(「이화사학연구」 22, 1995)

3) 신형식, 한국고대사의 특징과 그 위상(「새로밝힌 삼국시대의 역사적 진실」 우리역사연구재단, 2017)
———, 고대사를 통해서 우리는 무엇을 배울 것인가(「한국고대사를 다시본다」 주류성, 2018)

(다) 잘 다스리면 흥하고 잘못 다스리면 망한다. 흥망은 과거로 거울을 삼을 수 있으니 잘한 것도 미화시키지 말고 못한 것도 숨기지 말라. 선악은 후세(장래)에 보여줘야 한다. (진동국통감전)

이 짤막한 글이 고대사가 우리에게 준 교훈으로서 우리가 배워야 할 내용이다. 무엇보다도 최초 만주 지역을 확보한 고구려는 수·당의 침입을 저지한 민족의 혼과 자주성을 보여주었고, 신라는 비록 당의 세력을 이용하여 통일을 이룩하였으나 곧 그들의 세력을 물리치고 최초로 민족통일을 이룩한 사실은 잊을 수 없는 고대사의 위상이다.

이와 같이 고대사는 비록 초기에는 3국이 영토분쟁으로 갈등이 심했으나, 만주지역을 확보한 고구려는 수·당의 침입을 저지한 민족의 혼과 자주성을 지켜 준 나라였다. 그리고 신라는 비록 당의 힘을 이용하여 통일을 달성하였으나 곧 그들의 세력을 물리치고 최초로 민족통일을 달성하여 정치·문화의 발전된 모습을 이룩하여 이를 고려왕조로 이어지게 하였다. 이러한 과정에서 고대사회는 대외관계에서의 장군들이 보여준 자주성과 국민의 호국정신, 그리고 훌륭한 인물(승려·학자)들이 남긴 국민의 도리(충효사상)이 보여준 역사적 교훈을 우리에게 보여준 사실은 큰 의미가 있다.

이와 같이 고대사는 고구려·백제·신라사·통일신라에 이르러 국가의 정치·사회·문화의 발전을 이룩하여 민족의 전통을 확보하여 이를 고려 왕조로 이어지게 하여 한국사의 바탕을 완성한 사회였다는 사실에 그 존재 가치가 있다. 동시에 대외관계에서 자주성과 호국정신을 보여준 장군들(을지문덕·양만춘·김유신)의 활동과 국민에게 올바른 도리(충효사상)를 가르쳐 준 훌륭한 인물들(승려·학자) 자세는 현재 우리에게 큰 역사적 교훈이 되고 있다.

그리고 신라가 끝까지 한 번도 수도를 바꾸지 않고 북진의 역사를 지켜온 사실은 큰 의미가 있다. 수도를 남쪽으로 옮기는 것은 작은 반도국가로서는 나라를 쇠퇴(멸망)시키는 계기가 된다는 것을 잊어서는 안 될 것이다.[4] 여기에 고구려사와 신라가 지닌 민족사적 의미가 있다.

2. 고구려사의 역사적 위상

1) 대외관계에서 본 고구려

동서고금을 막론하고 어떠한 국가도 단독으로 발전한 나라는 없다. 모든 나라가 주변제국과 끊임없는 교섭(外交)과 충돌(戰爭)을 거치면서 성장하기 때문에 이러한 대외관계를 효과적으로 이용한 나라가 최후의 승자가 된다. 따라서 전쟁은 영토확장이나 군주의 업적과 직결됨으로서 국가성장의 dynamics가 될 수 있는 동시에[5] 권력집중의 수단과 국민결속의 방법도 될 수 있음으로 국가 설명의 기준이 된다.[6]

따라서 외교도 국가의 위상이나 전쟁방지, 그리고 친선관계에 결정적 역할을 함으로써 국가유지에 큰 바탕이 되었다. 고구려의 대외관계는 그 나라가 처한 지리적 위치(산악지방)와 국제적 환경(북방민족과 인접) 때문에 외교와 전쟁〈和戰〉의 양면정책이 더욱 필요하였다. 이러한 내용(중국과의 교섭과 전

4) 이병도, 「두계잡필」(1956), p.52
신형식, 역사 속에서의 천도(『향도서울』 65, 2005), pp.175
——, 「한국고대사를 다시본다」 주류성, 2018, pp.139

5) Marton H. Freid, 「The Evolution of Political Society」(Random House, 1967), pp.213

6) Kent Flannery, 「The Cultural Evolution of Civilization(『Annual Review of Ecology and Systematics』, 1976), pp.96~118

쟁)은 「삼국사기」(본기) 기록에 나타난 사실에도 알 수가 있다.

고구려는 전쟁과 외교를 동시에 추진한 나라로서 대외관계기사(전쟁·외교)가 정치기사보다 비중이 높은데서 그 나라의 성격을 이해할 수 있다.[7] 고구려는 모두 20개국과 145회의 전쟁을 하였는데 3세기 이전은 주로 중국과의 요동확보를 위한 싸움이었고, 4−6세기는 제·라와의 싸움이 치열한 후, 6세기 말 이후 7세기는 수·당과의 싸움으로 이어졌다. 동시에 고구려는 모두 17개국과 200여 회의 외교관계 기록을 갖고 있어 제·라와 국가적 성격이 달랐다. 여기서 볼 때 백제는 려·라와의 싸움을 외교(왜)로 극복하려다 실패하였고, 신라는 려·제와의 싸움을 마지막에는 외교(당)로 극복하여 성공(통일완수)하였음을 알 수 있다. 그러나 고구려는 국가발전바탕을 초기(1-4세기)에는 전쟁으로 해결하였고, 중기(5-6세기 전반)는 외교로 국가를 유지하였으나, 말기(6세기 말~7세기 중엽)에는 전쟁(수·당)으로 국력을 탕진하게 되었다.[8] 결국 고구려는 전쟁과 외교의 균형을 상실함으로써 국가존립의 바탕을 잃은 것이다.

그러나 고구려의 끊임없는 영토확장사는 요동을 비롯한 북방지역의 확보를 위한 불가피한 투쟁이었고, 고구려인들의 불굴의 투지(불리한 지리환경 극복)와 민족적 자각(외침에서 각인된)에서 가능한 것이며[9] 또한 고구려가 대외정복에 성공할 수 있었던 것도 국제정세의 효과적 이용과 우수한 무기·무장을 바탕으로 한 영토확장에 대한 강한 의지가 있었기 때문에 가능하였다.[10] 동시에 고구려의 대외정책 특히 북방정책은 시기와 위협의

---

7) 신형식, 1981, 「삼국사기 연구」 일조각, p.153

8) 신형식, 「삼국시대 전쟁의 정치적 의미」「한서연구」 43, 1984; 「한국고대사의 신연구」 일조각, pp.285~288

9) 공석구, 1998, 「고구려 영토확장사 연구」 서경문화사 참조

정도에 따라 탄력적인 양면책을 활용할 수 있는 공존의 의미를 부각시키기도 하였다.[11]

이러한 시각에서 볼 때 중국의 동북공정에서 핵심 타겟은 고구려가 될 수밖에 없었다. 따라서 한·중 간에는 많은 토론과 논쟁이 계속되었으며, 고구려사에 대한 다양한 견해가 제시되었다. 그러므로 1994년 해외한민족연구소가 주최한 「고구려문화 국제학술대회」(集安)에서 중국측 발표자(孫進己·方起東·耿鐵華·徐德原)들의 견해에서 지나친 고구려사 왜곡의 모습을 본 바 있었다.[12] 이러한 사실은 결국 동북공정의 문제점으로 나타나 중국학계의 왜곡된 사실로 나타나게 되었다.

고구려는 765년간(B.C.37-668) 존속된 나라로 신라(B.C.57-935)다음으로 장기존속을 한 나라이다(북한의 경우는 B.C.277~668). 이러한 긴 역사는 중국사에서는 결코 볼 수 없는 사실이다. 동시에 그 영토는 북으로 遼河·松花江, 동쪽으로 연해주 남부, 그리고 남쪽으로 조치원·연기·충주·영주·영덕까지 이르러 한반도에서 가장 넓은 영토를 차지한 나라가 되었다. 특히 고구려는 북방의 흑룡강과 요하, 그리고 한·중 경계의 압록강과 두만강 뿐 아니라 한반도의 청천강·대동강(고조선 문명유역)으로부터 한강·낙동강·금강 유역(백제·신라·문화)까지 차지하여 그 문화의 복합성과 다양성을 가질 수 있었다.

만주대륙에서 성장한 고구려는 중국(中國)의 동진이나 북방민족(선비, 거란, 말갈)의 성장에 큰 지장이 되었다. 더구나 철생산지로서 중국과의 쟁처가

---

10) 이인철, 2000, 「고구려 대외정책연구」 백산자료원, pp.340~341

11) 이성재, 2004, 「고구려의 북방정책연구」 국학자료원, p.213

12) 孫進己는 「高句麗民族의 形成過程」에서 고구려가 200년간 遼東을 지배하였지만 漢人들은 고구려에 융합되지 않았으며 그곳에는 고구려유적이 거의 없다는 것이다(「고구려 문화학술회 논문집」 1994).
耿鐵華는 「中國高句麗史」를 동북공정이 시작되는 2002년에 맞추어 간행하였다.

된 遼東을 확보하고 있었으므로 고구려는 그들의 정복대상이었다. 645년 당태종이 고구려(보장왕)에 준 교서에서

> 지금 천하가 다 평정되었으나, 오직 요동만 복종하지 않고 있다. 그 후손들이 군사의 강성함을 믿고 모의하여 우리의 토벌을 유도(導以征討)하여 전쟁이 시작되었다. 이에 짐이 친히 그를 쟁취하여 후세에 걱정을 없애려 한다.
>
> (「신당서」 권220, 동이 〈고려〉)

라고 한 것을 보면 고구려의 존재를 알 수가 있다. 즉 사방을 다 정벌했는데 고구려만 정벌하지 못했으니 반드시 토벌(중국에서는 국내정벌이므로 전쟁이 아니라는 것)해야겠다는 것이다. 중국의 소위 「동북공정」에서도 '수·당과의 전쟁은 어디까지나 고구려의 도발에 대한 응징(征討)'이라는 사실을 보게 된다.[13] 그러므로 고구려는 서울을 두 군데(평지성과 산성: 都城體制)를 두었으며, 요하 일대에 천리장성을 두어 국토를 지켰던 것이다. 서울의 중심지를 두 곳에 두었다는 것은 경제적 어려움 속에서도 중국의 침략에 효과적으로 대응하려는 것이었다. 무엇보다도 요하 일대 요동반도 남단(대련)까지 천리장성을 쌓았다는 것은 중국 지방정권으로서는 있을 수 없는 일이기 때문이다.

고구려가 중국의 지방정권(蕃屬)이라면 중국과의 경계에 성을 쌓을 필요가 없다. 천리장성은 당의 침입을 막기 위해 영류왕 14년(631: 당태종 5)에 시작하여 16년 만에 완성하였으며, 연개소문이 감독자였다. 이때의 중국기록에는 하등의 반대 언급이 없었으며, '建武(영류왕) 懼伐其國 乃築長城(「구당서」 권199 〈上〉)이라고만 되어있다. 특히 고구려는 이러한 장성축조기간인 정

13) 李治亭(편), 「東北通史」 중국고적출판사, 2003, p.279

관 14년(영류왕 23: 640)에 사신을 보내 동정을 살폈으나 전혀 언급이 없었다.

고구려는 大連(여순) 바로 남쪽 바다에 병참기지가 烏胡島에 있었기 때문에 이에 대한 대비가 필요하였다. 다시 말하면 천리장성은 육지로 당군의 진격로를 막는 것이며 바다로 山東半島(봉래)로부터 오호도(현재는 廟島群島)를 거쳐 여순(대련)으로 이어지는 수군의 진로를 막는 양면성을 갖고 있게 된다. 그러나 천리장성은 중국의 만리장성과는 달랐으며 요소에 있는 성곽의 연결역할을 하고 있었다. 따라서 천리장성은 좁게는 요동확보를, 넓게는 한반도를 지키려 하는 방어성이었다.[14]

천리장성
천리장성은 여러 개의 산성으로 이룩되었으며 이들 산성은 독자적인 방비망을 갖고 있고 상호연락망의 방어체제가 있다.

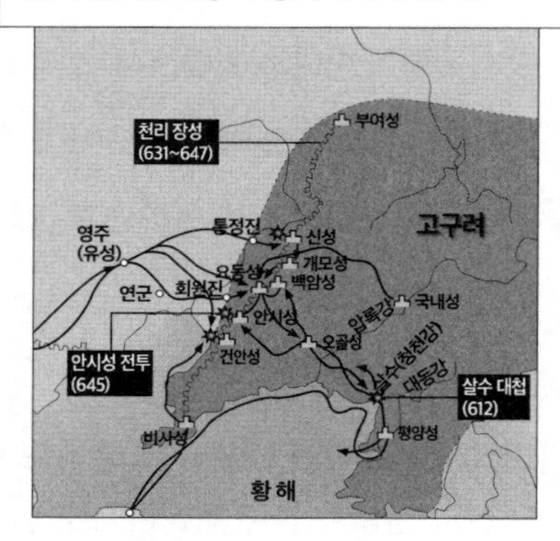

천리장성은 영류왕 14년(631)에 당나라의 침입을 막기 위해 조성하기 시작하여 16년 만에 연개소문의 도움으로 완성되었다. 1000리나 되는 이 성 맨 북쪽은 농안고성(농안)에서 시작되어 남쪽으로 신성(무순)·백암성(동탑)·안시성(해성)·건안성(영구)를 거쳐 비사성(대련)에 이르는 고구려의 장성이다.

고구려는 종국에서 볼 때 여러 기록에서 주변의 변방(소국)이라고 하였지만 7세기 이후에는 매우 강한 나라였음을 인정하고 당나라 고종(651-683)은

14) 여호규, 「고구려성 1·2」(국방군사 연구소, 1998)
——, 고구려 천리장성의 경로와 축성배경(「국사관논총」 91, 2005)
신형식, 고구려 천리장성 연구(「백산학보」 49, 1998)
——, 안시성의 진짜 위치는 어디인가(「새로 밝힌 삼국시대의 역사적 진실」, 우리역사연구재단, 2013)
윤명철, 천리장성의 구축시스템과 대륙적 성격(「한민족공동체」 16, 2008)

고구려는 군사가 강한 나라였으므로 고구려를 치는 것은 치지 않는 것과 같음으로 그 나라를 멸망시키려는 것은 멸망하지 않는 것만 같지 못하다.

(「신당서」 권220, 열전 145 〈고려〉)

할 정도였다. 따라서 대외관계에서 볼 때 고구려는 중국에 맞설 수 있는 나라였음으로 수나라 대군을 격퇴시켰으며(을지문덕의 살수대첩: 〈612년-영양왕 23년〉과 안시성 승리〈645년-보장왕 4년〉)에서 알 수가 있다. 무엇보다도 이 때 고구려는 패전하고 돌아가는 당나라군에게 고구려의 안시성 성주(양만춘이라고 추정)는 성위에 올라가 작별인사를 했다는 사실(「삼국사기」 기록)에서 고구려군의 멋(예의)을 보게 된다.

오랜 세월이 지나면서 원한이 깊어진 채 풀지 못하였다. 이제 두 나라(二國)가 서로 통화하여 간격과 차이(대립)를 둘 이유가 없다.

(「구당서」 권199 〈상〉 열전 149, 고려)

이것은 영류왕 5년(622년-당 武德 5년)에 당나라 고종이 고구려 영류왕에게 보낸 글로 고구려를 정식으로 당나라와 같은 나라로 서로 통화하자는 「구당서」의 내용이다. 이로써 중국도 이제는 고구려가 자신의 속국이 아닌 정당한 국가임을 나타낸 것이며, 이와 같이 고구려는 요하를 방파제로 만주의 주인공으로서 고구려 중심의 세계관을 이룩한 천하대국으로서의 위상을 보여준 것이다.[15] 그러므로 고구려왕이 행차할 때는 의장대·기마대·수비대

15) 노태돈, 5세기 금석문에 보이는 고구려인의 천하관(「한국사론」 17, 서울대, 1979)
양기석, 4-5세기 고구려 왕자의 천하관(「호서사학」 11, 1983, pp.50~70)
신형식, 당당한 천하대국(「고구려사」 이대출판부, 2003, pp.57)

등 250여 명의 수행원을 동행하는 위세를 안악3호고분의 행렬도에서 볼 수가 있다.

고구려는 살수대첩으로 수나라의 침입은 막았으나 당나라의 등장(618) 이후 국가적 위협이 커졌음으로 당나라 침입을 저지하는 대책이 필요하였다. 이것이 천리장성의 조성이유다.

① 건무(영류왕)는 당나라에 침입당할까 두려워 長城을 쌓았는데 그 길이가 천 여 리가 되었다. (「구당서」 권199, 고려)
② 영류왕 14년(631) 2월에 왕은 백성을 동원하여 장성을 쌓았는데 동북으로는 부여성으로부터 동남으로 바다에 이르렀는데 그 길이가 천 여리나 되고 16년 만에 완성되었다. (「삼국사기」 권20, 고구려 14년조)

여기서 보듯이 고구려는 국민의 협조를 얻어 천리장성을 조성하였으나 오랜 시기에 걸쳐 당과 신라의 위협에 주목하지는 못하였다. 그러나 고구려는 한반도 북방에 처한 지리적 입장에서 만주(나라)를 지키려는 강력한 국가의식을 통해 국민의 단합과 국토방어에 큰 뜻일 잃지는 않았지만 국가 말기에 이르러 정치적 혼란(연개소문 자식의 분열)과 나당연합군의 공격으로 붕괴되고 말았다. 그러나 고구려의 만주지배와 대중국대결은 우리 민족으로서 민족적 위상을 잊어서는 안 될 것이다.

2) 정치·사회·문화적 시각에서 본 고구려

고구려는 지리적인 불리함(多大山 深谷 無原澤 「三國志」 권30)을 극복하기 위해서 근검·절약하는 국민성을 갖게 되었으며 북방의 중국세력의 위협에 대항하기 위해서는 상무적·호전 특성을 나타낼 수밖에 없었다. 그러므로 무엇보다도 국민적 단결과 애국심이 요구되었다.

> 고구려는 매년 3월 3일에 낙랑언덕에서 사냥을 하였는데 이때 잡은 산돼지와 사슴으로 하늘과 산천신에 제사를 지냈다. 그 날 왕은 여러 신하와 5부 병사들과 함께 사냥을 하였다. (「삼국사기」 권45, 열전〈5〉 온달

이 기록은 「삼국사기」에 나타난 고구려 사회의 대표적인 모습이다. 「삼국사기」는 정치 위주의 내용이 중심이어서 사회·문화의 내용은 거의 보이지 않는다. 단지 제사풍속(귀신·사직·별신(零星)·신조신)과 음악에는 도피필률(풀피리: 草笛)과[16] 몇 개의 악기소개가 전부이다.[17]

이에 대해 중국 문헌에는 고구려 사회의 모습을 자세히 설명하고 있다. 국내 문헌에는 거의 없으나 중국 측 기록인 「후한서」(남조 劉宋의 范曄 저술)에 고구려의 사회모습이 나타난 이후 모든 중국문헌에 고구려에 대한 다양한 기록이 보이고 있다.

> 고구려의 풍속은 음란하고 깨끗한 것을 좋아하고 밤에는 남녀가 떼지어 노래 부른다. 하늘·귀신·사직·영성(零星)에 제사 지내기를 좋아하고 공공모임에는 비단에 수놓은 옷을 입고 금·은으로 장식한다. (「후한서」 열전 〈동이전·고구려〉)

16) 박찬범, 「한국 풀피리 음악의 역사와 자료」(정우출판사, 2009)
신형식, 풀피리는 우리나라 최고의 민속음악이다(「새로 밝힌 삼국시대의 역사적 진실」 우리역사 연구 재단, 2013)

17) 고구려인이 음악을 좋아한다고 해서 악공인(비단 모자에 비단색 자주 비단 띠)과 관쟁·비파·횡적·소(巢: 관악기-세로로 부는 악기)·피리(小篳篥·大篳篥)·도피필률(복숭아·앵두나무 껍질로 부는 피리)·타악기(腰鼓·齊鼓)·관악기(貝)의 종류 설명이 전부이다.

이러한 「후한서」의 기록은 그 후 「삼국지」(晋의 陳壽 저술)에는 결혼하면 신부 집 뒤편의 서옥(壻屋)에서 살다가 아들을 낳으면 집으로 돌아간다는 것과 결혼하면 壽衣(죽어서 입고 갈 옷)를 만들어 준다는 내용이 들어있다. 그 후 「梁書」(당의 姚思廉 저술)에는 형수가 죽으면 아내로 삼는다는 내용이 나오고 있다. 그 후 「南史」(당나라의 李延壽 저술)에도 그래도 고구려인의 모습(춤추고 노래·술 잘 빚는다)은 그대로 이어졌고, 앞에서 본 바와 같이 「수서」를 거쳐 「구당서」(후진의 劉昫 저술)에 비교적 자세한 내용이 나와 있으며 마지막의 「신당서」(송의 歐陽修 등이 편찬)에 아주 길게 기록되어 있다. 이와 같은 고구려사의 위상은 「삼국사기」에서도 볼 수 없는 고구려 사회의 모습이다. 중국문헌인 「삼국지」(권30, 서문)에도 고구려는 중국에서 오랑캐의 나라(東夷)이지만 천성이 예의가 있고 음식과 제사를 중히 여겼음으로 중국이 예의를 잃었을 때에는 그것을 동이에서 구했다고 해서 고구려는 예의가 바른 나라라고 箕子의 법도를 지킨 나라였다고 되어있다. 고구려사가 지닌 민족사적 성격이다.

고구려왕은 5색의 옷을 입고 흰색의 모자를 쓰고 가죽 띠에는 금테를 두른다. 고관은 청색모자, 서민인 베옷(褐)을 입는다. 풍속에는 바둑·투호(投壺: 항아리 던지기)·축국(蹴鞠: 공차기)를 즐긴다. 식기(食器)는 변두(籩豆: 제사 때 쓰는 식기)·궤보(簋簠: 제사그릇)·선(洗: 술 담는 그릇)을 쓴다. 법률은 엄격한 법률로써 다스리기 때문에 법을 어기는 자가 적다. 반란을 일으키는 자는 목을 베고 가족은 적몰(籍沒)한다. 적에게 항복한 자, 패전한 자, 살인자는 목을 벤다. 도둑질한 자는 그 열배를 갚아야 하고 소·말을 죽인 자는 노비로 삼는다. 혼인할 때는 폐백을 쓰지 않으며 받은 자는 수치로 여긴다. 부모상에는

3년간 복을 입고 형제의 喪에는 다음 달에 상복을 벗는다. 사람들이 배우기를 좋아하고 기난한 사람들도 서로 힘써 배우므로 길거리에 경당(扃堂)을 짓고 결혼하지 않은 아이들도 이곳에 모여 글을 외우고 활쏘기를 익힌다.

(「신당서」 권220, 열전 145, 고려)

이러한 긴 내용은 국내·외의 어느 문헌보다도 길게 고구려 사회의 모습을 보여준 것이다. 고구려인의 복식·풍속·법률·성격(배우기를 좋아하는) 등을 자세히 설명하고 있어 고구려의 사회·문화를 알게 하고 있다. 고구려의 사회 모습을 처음으로 소개한 「삼국지」에 보이는 다음과 같은 내용은

고구려인들은 노래와 춤을 좋아하여 밤이면 촌락마다 남녀가 떼 지어 집집마다 조그만 창고와 같은 부경(桴京)에서[18] 노래의 유희를 즐긴다. 이 부경에서는 무릎을 꿇고 절하는 곳이다. 남녀가 결혼하면 죽어서 입고 갈 수의(壽衣)를 미리 만들어둔다. 금·은 재물을 장례에 소비한다.

(「삼국지」 권30, 위서 30 동이전, 고구려)

여기서 볼 때 고구려인들의 습성을 알 수 있으며 대부분의 문헌에서는 예의가 있고 배우고 글 읽기를 좋아한다(경당에서)고 되어있다. 이러한 사실은 東夷族이지만 바탕은 다른 민족과는 다르다고 하였다.

18) 부경은 고구려인의 가옥(본채) 옆에 2층 창고를 말한다. 현재 집안(고구려서울) 일대에 그 유적이 남아있는 높은 다리(2층)의 창에서 그 모습을 볼 수가 있다. 이 부경은 국가의 재정기관으로서 지배층의 경제적 바탕으로서의 의미가 있었다(신형식, 부경의 사회적 의미, 「고구려서」 〈이대출판부, 2013〉).

부경 부경은 현재 집안 일대에 남아있는 창고로 알려진 2층 목조 건축물이다. 통나무를 좌우로 하여 위층으로 사다리로 연결되고 있으며 긴 기둥으로 세워진 건물의 위층(玉倉)은 곡물(옥수수·쌀·수수)을 보관하는 창고이며 아래층은 짐승(소·말)의 우리인 동시에 먹이보관소로 이용되었다.

고구려 문화에서 빠질 수 없는 것은 석조문화와 고분벽화이다. 석조문화에는 중국침략을 저지하려는 천리장성과 같은 山城과 거대한 석조유적(장군총·광개토대왕비) 등이 있다. 천리장성은 고구려사가 보여준 대표적인 국방시설로서 그 의미가 크다.

장군총 장군총은 한국판 피라미드로서 사다리꼴의 7층 무덤으로 높이가 13m로서 3m가 되는 3개의 호분석으로 되어있다. 장군총은 각층마다 흙으로 다져 틈을 메꾸었으며 22단계의 되물려쌓기를 하여 그렝이법을 이용하였다. 이는 고구려인의 천신 숭배사상을 반영한 것으로 현재 철다리를 층층대로 세워놓고 있다.

이러한 천리장성 외에 고구려의 석조유적에는 징군총과 광개토왕비가 있다. 장군총은 집안시에 남아있는 돌무덤으로 12.4m의 높이의 사다리꼴 7층 석총으로 맨 아래 각 변에는 3m가 넘는 큰 호분석이 있고 제5층에는 석실이 있고 꼭대기에는 돌덩이가 있는데 여기에 享堂이 있어 제사를 지낸 곳으로 생각되고 있으며 현재 철제 사다리가 있어 올라갈 수가 있다.[19]

고구려 문화를 상징하는 유적은 고분벽화이다. 현재 중국의 집안지역과 북한의 평양과 안악 일대에 수 10개의 고분에 그려져 있는 그림이다. 이 중에서 필자가 직접 답사한 우산하고분을 중심으로 그 특징을 정리하면 아래와 같다. 여기에는 유명한 각저총·무용총·4·5호분이 있어 고구려 고분의 특징을 알 수가 있다. 고구려 고분은 시기에 따라 그 특징이 바뀌고 있는데 전기(4-5세기 초)는 사회풍속도(사냥·연회·가무·씨름), 중기(5세기 중-6세기 초)는 장식도(문자·무늬: 연꽃무늬), 후기(6세기 중엽 이후)는 사신도가 중심이다. 따라서 벽화내용은 고구려인의 모습, 고구려인의 삶과 소망, 꿈 등이 포함된 생활상이다.[20]

백암성 앞에서 아들과 함께
고구려는 중국과의 대결관계로 산성 조성이 불가피하였다. 대표적인 백암성은 현재 중국의 요양시 등탑현에 남아있는 산성으로 동서·남북의 거리가 6m가 되고 因山險水·四面險絶의 모습이다. 산성에는 적을 격퇴시키는 방어시설로 馬面(치)과 그 위에 설치한 여장(女牆)이 있다.

---

19) 서길수, 「고구려성」(1994, K.B.C)
여호규, 고구려 천리장성의 경로와 축성배경(「국사관논총」 91, 2000)
신형식, 고구려의 석조문화(「고구려사」 2013)

20) 최무장·임연철 「고구려벽화」(신석원, 1990)
안휘준, 집안지역의 고구려벽화(「아! 고구려」 조선일보사, 1996)
전호태, 「고구려고분벽화연구」(사계절, 2000) 신형식, 「집안고구려유적의조사연구」(국사편찬위원회, 1990)
최무장·임연철, 「고구려벽화」(신서원, 1990)
경철화, 고구려 벽화 속의 사회 경제(「북방문물」, 1986)

끝으로 고구려(백제 포함)문화에서 빠질 수 없는 것은 고구려인이 즐겨 불던 악기로 도피필률(桃皮篳篥)이라는 풀피리(草笛)이다. 「수서」(권15, 음악〈下〉)와 「구당서」(권29, 음악2)에 등장된 도피필률은 「삼국사기」(권32, 樂)에 등장하고 있다. 이 음악은 복숭아·앵두나무껍질로 부는 것으로 조선시대에도 이어지고 있다. 「악학궤범」(1493, 성현)과 조선왕조(연산군일기)에도 번번이 등장하는데 연산군은 궁중연회 때 이 풀피리 연주회를 자주 열었다고 되어 있다.[21]

고구려문화에서 알아야할 것은 고분벽화이다. 고분의 돌벽에다 다양한 삶의 모습과 정신세계를 표현한 그림으로 현재 세계문화유산으로 국내성(초기 서울)과 평양성(후기 서울)에 남아있으며 중국벽화와는 다른 고구려 미술의 상징적 존재이다. 벽화 내용은 고구려인의 풍속(연희·가무·씨름·행렬·사냥)과 장식도·사신도 등이 그 대표적이다. 이러한 벽화는 집안 일대의 각저총·무용총·사신총·5회분4호묘·5호묘와 장천 고분에 나타나 있으며 평양일대(평양·안악군)에 많은 벽화가 남아있다.

고구려 벽화를 대표하는 것으로 무용총과 각저총이 있다. 중국 환인에 있는 무용총은 禹山 동남쪽기슭에 있는데 여기에는 많은 벽화가 그려져 있다. 무용도(동쪽)·수렵도(서쪽)·접객도(북쪽)가 있는데 수렵도는 말 탄 무인이 사슴과 호랑이를 쫓는 고구려인의 모습이 보인다. 각저총은 큰 나무 밑에서 두 주인공이 씨름을 하는 모습이다.

고구려의 벽화는 고구려문화의 상징적 존재로서 시대에 따라 그 형태(주제)가 변화되는 특성을 지키고 있다.

---

21) 신형식, 풀피리는 우리나라 최고의 민속음악이다(「삼국시대의 역사적 진실」, 우리역사재단, 2013) 박찬범, 「박찬범 국악가요집」(2019)

〈표〉 고구려 벽화의 내용

시기	벽화의 주제	종류(벽화)
4·5세기중엽 (생활풍속도)	연희·가무·행렬·사냥·전쟁·예술·가정집(디딜방아·부엌)	무용총·각저총·쌍용총 덕흥리고분
5세기~6세기중엽 (장식 도안도)	문자·꽃무늬·연꽃무늬 동심원·귀갑문	장천 1호분·귀갑총·동명왕릉
6세기 이후 (사신도)	사신도(청룡·백호·주작·현무) 복희·여와·대장장이·선언·문고	5회분·4호묘·사신총·강서대묘

각저총의 현장촬영 1993년 8월 「해외한민족연구소」(소장 이윤기)와 「조선일보」 주관으로 집안고구려벽화 촬영을 할 때 본인은 집안박물관장과 현지에서 촬영할 벽화 내용을 소개한 후 「조선일보」 기자(김태익·김주호·이오봉)에게 벽화사진을 촬영케하여 국내에서 벽화 전시회를 열었다. 이 사진은 본인이 처음으로 각저총에 들어가서 촬영하던 모습이다.

1993년 8월 고구려 문화국제학술회의를 주관할 때 이를 주관하던 필자는 공개가 금지된 집안 5회분 4호묘를 들어갈 수 있어서 고구려 벽화의 진면을 대할 수 있었다. 묘도(6m)를 따라 비밀에 쌓인 주실(현실)은 4각형(동서 4.2m, 남북 3.7m, 높이 1.9m)으로 4방벽에 가득 채운 4신도가 있는데 동벽의 청룡(두 개의 뿔과 긴 혀), 북벽의 현무(뱀과 거북), 서벽의 백호(부릅 뜬 눈과 치켜 든 꼬리), 남벽의 주작(양쪽의 붉은 새〈닭〉)·청룡(3색의 용), 현무(뱀과 거북)로 되어있다. 5회분 4호묘의 특징은 태양신(복희〈까마귀〉와 여와신〈두꺼비〉) 그리고 4신도(청룡·백호·주작·현무)가 있다.

특히 4신도 뒤에는 각종의 그림이 있어 고구려인의 예술적 감각을 나타내고 있다. 화염문 속에 있는 연꽃무늬 청룡·백호 뒤의 인물, 대좌 뒤에선 각종 인물은 중국(특히 북위)의 영향과 각종 씨름꾼과 특이한 신발을 신은 고구려 미술 모습을 보여주고 있다.[22]

3. 해외진출을 부각시킨 백제사

백제(B.C.18-A.D.660)는 3국 중 가장 늦게 건국 되었으나 제일 먼저 멸망한 국가지만 한강(하류)유역의 유리한 자연환경을 바탕으로 일찍 국가를 이룩한 나라였다. 무엇보다도 백제는 한강유역의 비옥한 지리적 바탕과 서해안 해양환경을 이용하여 바다로 진출하였으며 남방 마한의 沈彌多禮 정치·문화를 흡수하여 일찍 발전된 나라였다. 신라와 고구려와의 계속된 충돌 속에서 초기부터 어려움을 벗어나기 위해 일본과 연결되어 그 문화를 일본에 전수한 역사적 위상을 갖고 있었다. 「삼국사기」의 다음과 같은 기록을 볼 때

㉮ 온조왕 14년 2월에 왕이 부락을 순행하여 농사를 권장하였다.

(「삼국사기」 권23)

㉯ 온조왕 38년 3월에 사신을 보내 農桑을 권장하였으며 不急之事로 백성을 괴롭히지 못하게 하였다. (상동)

㉰ 구수왕 9년 2월에 관청에 명하여 제방을 수리케 하였고, 권농의 슈을 내렸다. (상동 권24)

22) 신형식, 집안의 5회분 4호묘 벽화(「다시 찾은 한국고대사의 해외유적」, 주류성, 2012), p.106

와 같이 백제는 한강유역의 유리한 이점으로 일찍부터 수리시설과 권농책을 중시한 사실로 보아 주민들의 생활안정을 꾀하였으며 동시에 한강유역의 보호를 위한 적극적인 정책으로 국가체제를 비교적 일찍 갖추어 국가의 발전을 꾀하였다.[23]

백제는 '百家가 바다를 건너왔다고 해서 국호를 백제라 하였다'라는 기록(「수서」 권81, 열전46)과 같이 바다와 깊은 관련 속에서 고구려와 신라와의 갈등(위협)을 극복하기 위해서 서해로의 진출은 불가피하였다. 그러므로 고이왕 13년(246: 동천왕 20)에 관구검(毌丘儉·魏)이 고구려를 공격하는 틈을 이용하여 고이왕이 낙랑을 공략한 것도 바다를 통한 침략으로 보인다. 이를 바탕으로 근초고왕 26년(371)의 평양성 공격도 해상진출의 결과였으며, 백제의 대외관계를 상징하는 遼西進出로 나타날 수 있었다.[24]

이러한 요서진출에 대해서 오히려 중국문헌(「양서」·「구당서」·「송서」)에 그 내용(위치)이 서술되어있다. 특히 「흠정만주원류료」(1777, 청나라 한림원)에는 여러 중국문헌을 소개한 후, 그 위치를 晋平(당나라 柳城)은 조양, 北平(북경부근) 사이라고 하였다(남주성, 「흠정만주원류고」 번역서, 글모아, 2020, pp.103~105). 백제는 수도를 두 번이나 바꾸는 과정(외세의 위협)에서 그에 따르면 정치·사

---

23) 신형식, 백제사의 성격(「백제사」, 이대출판부, 1992), pp.55
이도학, 「살아있는 백제사」(휴머니스트, 2003)

24) 백제의 해양진출은 이미 隋書(권81, 열전46)에 나타난 '百家濟海 因號百濟'라는 표현에서와 같이 지형적으로 북방(고구려), 동방(신라)의 어려움으로 남으로 馬韓을 흡수하고 서쪽(바다)으로 진출할 수 밖에 없었다. 그러므로 고이왕 3년과 진사왕 7년의 西海大島에 수렵, 분서왕 7년의 낙랑서현 점령과 같이 백제는 서해와 깊은 관계로 성장하였다. 결국 백제 서해안 진출의 관문은 關彌城(오두산성)이었음으로 광개토왕이 이곳을 먼저 점령하여 남진정책을 추진한 것이다.
유원재, 백제 略有遼西記事의 분석(「백제연구」 20, 1989)
이도학, 영락6년 광개토왕의 정복과 국원성(「손보기박사 정년논총」 1989)
신형식, 백제의 요서진출문제(「백제사」이대출판부, 1992)
윤명철, 「고구려 산성과 해양방어체제연구」(백산자료원, 2000)

회의 시련이 커서 국가의 발전에 큰 제약이 되었다. 신라가 끝까지 수도를 바꾸지 않은 사실과 비교할 때 빈번한 수도이전에 따른 정치적 시련은 고대사회에 있어서 수도의 위상(위치)이 지닌 의미를 외면할 수가 없었다.[25]

백제사는 크게 3시기로 나눌 수 있다. 이러한 구분은 결국 수도위치와 일치하게 된다. 첫째 한성시대(B.C.18-475)의 493년간은 백제가 국가적 성장을 하면서 한강, 금강, 영산강 유역으로 그 지배권이 확대된 시기이다. 이 시기를 대표하는 왕은 고이왕(234-286)과 근초고왕(346-375)이다. 고이왕은 온조왕의 직계가 아닌 최초의 왕으로서 국가체제(6좌평, 율령반포)를 갖춘 왕이며, 근초고왕은 영토를 영산강 유역까지 확대(마한정복)하면서 고구려를 공격하여 고국원왕을 패사시켰으며 바다를 통한 해외진출의 의욕에서 요서진출을 통해 산동지방(요서)과 일본(북구주)지역까지 세력권을 확대하여 백제 전성기를 이룩하였다.

둘째 웅진시기(475-538)로 고구려(장수왕)의 침입으로 한성이 함락(개로왕 피살: 475)되어 문주왕이 웅진(공주)으로 천도하여 성왕 16년(538)에 사비(부여)로 천도할 때까지이다. 다만 성왕의 경우 초기(원년-15년)는 웅진시대였지만 후기(16-32: 538-554)는 그 자신이 수도를 옮겼음으로 전체로 볼 때 그는 사비시대로 본다. 웅진시대 63년간은 5왕(문주왕-성왕)의 시기로 고구려는 전성기(장수왕-문자왕)로 그 군사적 위협이 계속 되었고, 신라도 큰 발전기(지증왕-법흥왕: 500-540)여서 백제는 양국의 도전과 백제 내부의 반발(문주왕, 동성왕 피살)로 큰 시련을 받고 있었다. 다만 이 시기에 왕이 된 무령왕(501-523)은 구주(일본)의 외딴섬(加唐島)에서 태어난 인물로 그 계보가 복잡하지만,[26] 재위기간에 고구려변경을 공략하였고(일시적이지만 한강하류지역 확보가

25) 신형식, 역사속에서 본 천도(「향토서울」 65, 2995)

능) 양나라와 외교관계를 통해 국력을 회복시켰다.

셋째 사비시대(538-660)는 무령왕을 이은 성왕 16년(538)부터 멸망할 때까지의 122년이지만 천도의 주인공인 성왕이 신라(진흥왕 15년 554: 관산성 전투)에게 패사됨으로써 계속된 두 나라간의 싸움으로 국력이 크게 약화되었다. 따라서 성왕을 계승한 위덕왕(554-598)은 려·라의 위협을 벗어나기 위해 陳(557-589), 北齊(550-577), 수(581-619) 등 중국과 친선을 꾀했으나 신라의 위협을 극복할 수 없었다. 마지막 왕인 의자왕(641-660)은 당나라(618-907)에 접근하면서 신라를 공략하여 대야성(합천) 싸움에서(642년: 선덕여왕 11) 성주 김품석 부부(김춘추의 사위와 딸)를 살해하였다. 이 사건은 결국 신라의 보복을 이끌어 낸 계기가 되어 백제는 결정적인 위기를 맞게 되었다.

신라는 대야성 비극을 계기로 적극적인 친당책을 추진하여 김춘추는 당나라에 들어가 군대요청(나당연합군 요구)을 한 후 계속해서 648년(의자왕 8: 진덕여왕 2)에는 김춘추가 아들인 문무왕을 데리고 당나라와 군사협정을 체결하여 당나라는 안시성패전(645) 이후 신라의 요구를 받아 적극적인 백제 정벌을 추진하게 되었다. 결국 한성시대(전기)는 국가 성장기로서 활발한 해외진출(요서진출)로 국가적 위상을 높였고, 웅진시대(중기)는 려·제의 위협 속에서 국가 위축기로서 일본(왜)과 접근으로 시련극복을 꾀한 시기였다. 마지막 사비시대(후기)는 신라와의 대립으로 위기가 시작되어 외교적 탈출

---

26) 무녕왕에 대해서 「삼국사기」(권26)에는 牟大王(동성왕)의 둘째 아들로 되어있다. 그러나 「일본서기」에는 이와 다른 내용 동성왕의 아들로 되어있어, 곤지(개로왕자)의 아들, 개로왕자 등 여러 견해가 있다. 대부분의 견해는 곤지의 아들로 보지만, 소진철 선생은 개로왕의 아들로 본다(「백제무녕왕의 세계」 주류성, 2010, pp.18). 도한 「일본서기」(권14, 웅략천황 5년, 개로왕 7년: 461)에는 개로왕이 동생(軍君: 昆支)에게 자기부인을 주면서 해산할 달이 되었으니 도중에 아이를 낳으면 돌려보내고 왜에 가서 천황을 모시라고 되어있다. 현재 구주 서북쪽 가카라섬(加唐島)에는 무녕왕릉 탄생지가 남아있다(「다시 찾은 한국 고대사 해외유적」(주류성, 2012, pp.174).

(진·북제·왜)을 모색하였으나 나·당 연합세력에 밀려 멸망되고 말았다.

백제사에서 빠질 수 없는 것은 발달한 불교·유학을 비롯하여 다양한 사회개발과 예술문화를 개발한 선진국이었다는 사실이다. 그러나 백제는 이러한 선진문화를 그대로 일본에 전해주어 일본의 고대문화를 개발시킨 훌륭한 나라였다. 백제는 고구려와 고구려와 신라에 대항하기 위해 친일정책(당시는 일본이 아니라 倭)을 써서 아신왕 6년(397)에는 왜국과 우호를 맺고 태자인 腆支를 볼모(人質)로 보냈으며 사신을 보내 백제특산물을 보내기도 하였다. 또한 일본문헌(「日本書記」)에도 백제의 학자·스승의 파견기록이 빈번하게 나와 있다.[27]

㉮ 응신천황 14년(403: 아신왕 12) 2월에 백제왕이 재봉기술자(縫衣工女: 眞毛津)를 바쳤는데 일본 의복기술의 시조이다. (「일본서기」 권10)

㉯ 응신천황 15년 8월에 백제왕이 阿直岐를 보내 良馬 2필을 바쳤다. (중략) 아직기는 경전에 능통하여 태자(菟道稚郞子)의 스승으로 삼았다. 천황이 아직기에 묻기를 너보다 훌륭한 박사가 있느냐고 물었다. 이에 王仁이라는 사람이 우수하다고 대답했다. (중략) 그래서 왕인을 모셔오게 하였다. (상동)

㉰ 승준천황 원년(588: 위덕왕 35)에 백제에서 사신과 승려 惠聰·令斤·惠寔들을 보내어 불사리를 바쳤다. (상동 권21 승준천황원년)

---

27) 이병도, 백제학술 및 기술의 일본전파(「한국고대사연구」, 1996)
田村圓登, 삼국유사와 불교(「삼국유사의 종합적 검토」, 1987)
이도학, 백제문화의 일본열도 전파(「살아있는 백제사」 휴머니스트, 2001)
신형식, 백제사의 성결(「백제사」 이대출판부, 1992)(「백제의 대외관계」 주류성, 2005)

위의 기록 외에도 아직기 이후 많은 백제의 유학자들과 흠명 1년(552: 성왕 30)의 노리사치계 이후에 수많은 백제 고승들이 일본에 건너가 그 나라 불교계를 주도하였다. 무엇보다도 6세기 중엽의 노리사치계 이후 7세기 말까지 백제 고승 23명이 일본에 건너가 고구려(14명) 신라(4명)와 비교할 때 백제 불교의 역할을 이해할 수 있다.[28] 일본에 건너간 인물에는 그 외 법률가(律師), 사찰건조 기술자(寺工), 박사, 기와공, 화공(畵工), 약사 등 다양한 기술자들이어서 이들의 역할을 짐작할 수 있다. 이와 같이 백제는 일본고대문화를 이룩하였기 때문에 (일본고대문화개발자) 백제 멸망 후 일본이 백제부흥운동을 지원한 이유를 알 수 있다. 여기서 볼 때 백제문화도 려·라와 같이 불교와 유학(특히 漢學)이 발달하였으며, 예술 문화(미륵사지탑 · 정림사지 5층석탑 · 서산마애석불 · 능산리와 송산리 고분벽화 · 무령왕릉과 출토유물)에서도 많은 유적을 남기고 있다.

이와 같이 백제는 불운의 역사를 이어온 나라였으나 불교와 유학이 발달하였으며 예술 문화에서 큰 족적을 남겨 문화 대국으로서의 위상을 잃지 않았다. 백제는 여러가지 시련 속에서도 바다를 통해 해외로 진출하였으며, 발달된 백제문화를 빠짐없이 일본에 전수하여 일본 고대문화의 바탕을 이루게 한 사실은 큰 의미가 있다. 비록 나라는 멸망하였지만 백제는 그 자신의 문화를 일본에 전해줌으로써 한국 고대 문화의 모습을 볼 수 있게 한 나라였다. 이러한 사실은 「일본서기」에도 알 수 있으며, 그곳에 남아있는 백제 유적이 이를 증명하고 있다.

---

28) 아직기(404) 이후 일본에 건너간 유학자는 王仁(405), 단양이(513), 고안무(516) 등 9명이며, 고승으로는 노리사치계(552) 이후 담혜(554), 아직기(404) 이후, 혜총·영근·도엄(588), 관륵(602), 도흔(609), 도장(683) 등 23명이다(신형식, 「백제의 대외관계」 주류성, 2005, pp.169). 신정훈, 4세기 후반 백제의 침미다례 공격과 그 동향(「역사와 실학」, 2002)

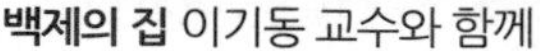

백제의 집 이기동 교수와 함께

난고온천(南鄕温泉) 가는 길가의 백제마을 표지판

백제사의 위상은 정치·군사적인 입장에서는 고구려·신라와 비교될 수 없었으나, 한강유역의 유리한 환경과 호남지역의 풍부한 농산물과 문화(沈彌茶禮와 馬韓)를 기반으로 일찍 나라를 발전시켰으나 북방(고구려)·동방(신라) 진출이 어려웠다. 그러나 일찍부터 서해안으로 진출한 해양강국으로서 조선술, 항해술로 해외에 눈을 뜬 나라였다. 이를 바탕으로 일본에 백제 문화(불교·유교·천문·의술·건축술)를 전파하여 아스카(飛鳥)문화와 같은 일본고대문화개발에 적극적으로 기여한 나라였다는 사실이다.[29] 동시에 미야자키(南鄕村)에는 백제의 마을이라는 표지판이 남아있으며 동시에 고구려의 부경을 닮은 고상건물과 백제의 집(百濟館)이 남아있다.[30]

백제 문화에서 빠질 수 없는 것은 금동향로이다. 1993년 부여 능산리 절터에서 발견된 금동향로는 독특한 새(鳥)와 나무를 장식하는 백제예술의 멋을 나타낸 유물이다. 이 향로는 꼭지(뚜껑장식), 몸통, 받침으로 되어있고 꼭지의 새(또는 매)는 날개를 펴고 있으며 그 아래의 산 모양 봉우리에는 5명의 주악상(奏樂像)이 나타나있다. 몸통은 3단의 연꽃무늬로 되어있으며 용무늬를

29) 신형식, 백제는 왜와 어떤 관계를 가졌는가(「백제의 대외관계」 주류성, 2005)
30) 신형식, 백제는 어떤 나라인가(「다시 찾은 한국고대사 해외유적」 주류성, 2012)
——, 백제문화의 성격(「한국의 고대사」 삼영사, 1992)

띤 화려한 받침이 상체를 떠받치고 있는 불교 예술품의 상징적 존재이다.

백제는 삼국 중에서 가장 단기간에 붕괴된 나라이다. 백제는 마한문화를 바탕으로 고구려와 중국문화를 융합시킨 성격을 갖고 있지만 웅진·사비시대의 정치적 변화로 큰 발전을 이루었으며 무엇보다도 일본문화 성장에 큰 영향을 준 나라였다. 무엇보다도 백제 문화는 비옥한 농토와 온화한 기후에서 다양한 복식과 음식문화를 바탕으로 문학과 예술의 발전을 이룩하였으며 불교와 유교의 조화로 우리 민족 문화의 한 축을 이룬 나라이다.

백제 금동향로 1993년 부여군 능산리 고분사지 발굴 때 발견된 백제향로이다. 용을 조각한 받침 위에 3산 모습의 산봉우리의 뚜껑 위에 5인의 주악·악기(비파·피리·퉁소·북·거문고)가 보이는 백제예술품의 대표적 유물이다(부여 박물관에 보관).

이러한 백제문화는 결국 신라에 멸망되었으나 그 문화전통은 한국고대문화의 한 층을 이루었으며, 그 문화의 발전상을 그대로 일본에 전해 준 의미를 갖고 있다. 백제문화는 소도(蘇塗) 문화와 같은 토착문화이다. 북방·남방 문화를 결합시켜 종합적인 문화를 이룩하였으며, 비록 국가는 삼국 중 가장 먼저 붕괴되었으나 그 문화를 일본에 전해 준 의미는 크다고 보겠다. 또한 백제는 비옥한 농토와 온화한 기후에서 비롯된 풍요와 다양성에서 빈번한 외침에 시달렸고, 귀족 간의 갈등은 있었지만 일반인들은 풍부한 농산물과 온난한 기후 속에서 생활의 여유를 즐길 수 있어 다양한 문학과 예술의 발전은 큰 의미가 있었으며 귀족층은 풍류와 여유를 즐긴 특징을 갖고 있었다.

4. 신라사가 보여준 민족사적 의미

1) 신라사의 위상

신라는 천년간(B.C.75-935) 계속된 한국 사상 최장기 왕조로서 최초로 우리 민족의 통일을 달성한 나라이다. 한 왕조가 1000년에 가까운 시기를 유지한 경우는 동·서양을 통해서 볼 수 없는 것은 사실이다.[31] 신라는 초기부터 주변국가(특히 倭와 백제)의 계속된 위협과 려·제와의 갈등 속에서도 이를 극복하고 장수를 누릴 수 있었던 것은 정치적 안정과 국민의 국가(국왕)에 대한 믿음(국민적 단결력)이 있었기 때문으로 생각된다. 무엇보다도 삼국간의 치열한 싸움을 승리로 이끌면서 통일을 달성하는 과정 속에서 보여준 爲國忠節·殺身成仁의 화랑정신에 따른 국가의식은 신라사가 우리에게 주는 교훈이다.[32] 무열왕 7년(660)에 백제정벌전에서 金庾信 동생인 金欽春이 자기 아들(盤屈)에 준 마지막 말인

> 신하가 되려면 충성을 다함과 같은 것이 없고 자식이 되려면 효성을 다하는 것과 같은 것이 없다. 국가의 위급을 보고 목숨을 다하는 것은 충효를 함께 하는 것이다. (「삼국사기」 권5)

---

31) 중국의 경우 漢민족의 대표적인 漢王朝도 전·후한을 합해서 400여 년에 불과하였고 唐(618-907)·元(1206-1368)·明(1368-1644)·淸(1616-1911)왕조들도 길어야 300년 전후에 불과하다. 그러나 우리나라는 고구려(B.C.37-668)·백제(B.C.18-660)·고려(918-1392)·조선(1392-1910)은 거의 500-600년의 장기지속을 하였다.

32) 「삼국사기」(권41-50: 열전)에 실린 신라인 56명(고구려인7, 백제인4) 중에 절반이 7세기에 국가를 위해 죽은 사람의 기록이다(고구려·백제인도 거의 같은 시기 인물이다). 결국 열전은 盡己盡心의 국가를 위한 실천행동으로서 충성과 인간으로서의 信義를 부각시킨 의미를 보이고 있다(신형식, 삼국사기 열전의 분석, 「삼국사기 연구」 일조각, 1981: 「삼국사기의 종합적 연구」 경인문화사, 2011: pp.601-648).

라는 사실에서 그 깊은 뜻을 알 수가 있다. 이러한 정신은 김유신이 위태로움을 보고 목숨을 바치며 어려움을 당하며 자신을 잊는 자세를 내세워 전쟁의 승부는 '숫자의 대소에 있는 것이 아니라 정신에 있다'는 말이 김유신 개인의 생각이 아니라 신라인의 한결같은 자세였다고 하겠다. 무엇보다도 신라는 왕조를 천 년 간 유지하면서 북진을 추진하였으나·수도(慶州)를 끝까지 바꾸지 않은 모습은 수도이전에서 나타나는 문제점을 끝까지 보이지 않은 의미를 보여주고 있다.

신라의 성격에서 가장 큰 의미는 삼국 중 가장 후진 국가였던 나라가 당나라의 힘을 이용하여 제·려 양국을 정벌한 후, 영토적 야욕을 나타낸 당나라를 끝까지 한반도에서 축출하여 최초로 민족통일을 달성했다는 사실이다. 비록 영토의 축소와 외세의존을 반민족적 행위로 김춘추·김유신의 업적을 비판하고 신라통일을 부인한 신채호(丹齋)의 견해는 있으나 여러 학자들의 견해는 신라통일의 의미를 부각시켰으며 신라사의 적극적인 국가의식을 특히 강조하고 있었다. 특히 장도빈(산운: 1888-1963)은 신라인의 국가의식과 통일의 주역인 김춘추·김유신에 대한 현명하고 긍정적인 입장을 위와 같이 보이고 있다. 무엇보다도 반도 남부에서 성장한 신라는 북진의 역사를 통해 우리 민족의 전통을 이어왔으며 끝까지 수도를 바꾸지 않은 성격은 신라사의 위상을 보여주고 있다.

> 신라가 마침내 당군과 함께 고구려·백제를 망친 후에 곧 병력으로 당군을 쳐서 6년 전쟁에 결국 당군을 쫓아 보내고 강토를 확장하였으니 신라인의 정신과 실력이 상당히 강하였던 것을 알 수 있다. 신라는 태종·김유신·문무왕이 다 영걸로 국사에 진력할 뿐 아니라 신라 역대의 정치와 교육이 현명하고 특

히 화랑도의 교육이 있어 국민의 무력·애국심·단결력이 비상히 강한 것은 사실이다. (「국사개론」, p.556)

라고 하여 신라가 통일할 수 있었던 것은 화랑도 교육에 의한 국민의 애국심·단결력(과정의 의미)에 강조하고 있었다. 특히 그는 「국사개론(1959)」에서 '국가의 흥망은 국가의 대소에 있는 것이 아니라 국민의 정신과 화랑도가 보여준 정의·애국·무용의 교육(정신문화)에 있다'고 한 사실에 앞서 그의 저서인 「조선역사요령」(1923)에서도 신라의 흥융의 바탕을 정치의 현명성, 선미한 교육에 의한 백성의 충량성, 그리고 외침(고구려·백제)에서 익힌 국방에 따라 국민의 의용심과 단결심을 들고 있다.[33] 여기서 더욱 주목할 것은 산운은 Spengler(「서구의 몰락」: 소년–청년–장년–노년)와 Toynbee(「역사의 연구」: 탄생 〈Genesis〉–성장 〈Growth〉–쇠퇴 〈Breakdown〉–붕괴 〈Disintegration〉)의 순환과정[34]에 앞서서(국내에 소개되기 훨씬 전에) 역사의 진화과정을 구체적으로 설명하고 있어 그 내용을 성장(봄)–융성(여름)–쇠퇴(가을)–멸망(겨울)로 해석하고 있어 이어진 후세 역사연구에 큰 영향을 보여주었다.[35]

이를 이어 한국사(특히 고대사) 서술과정과 그 내용을 정착시킨 주인공은 李丙燾(두계: 1896–1989)였다. 그는 엄격한 사료고증을 통해 실증사학을 본 제도에 올려놓은 한국고대사연구의 제1세대로 후세에 큰 영향을 주었다.

우리 민족이 남북으로 대립, 투쟁하고 있을 때 한강유역은 반드시 그들 사이

33) 신형식, 산운 장도빈의 신라사관(「산운사학」 3, 1989), 「통일신라사연구」(신지원, 1998), p.71
———, 「산운 장도빈의 역사관 연구」(주류성, 2019)

34) 박성수, 순환론적 역사관(「새로운 역사관」 삼영사, 2005), pp.409~437

35) 신형식, 「산운 장도빈의 역사연구관 연구」, pp.25

> 의 다투는 보배와 구슬 같이 되었다. 그리하여 한강유역을 오래 지닌 자는 성하고 강하며 마침내 통일의 패업을 이룩하였으니 한강유역의 득실은 국가의 흥망성쇠와 지대한 관계를 가졌던 것이다. (「두계잡필」)

라고 하여 두계는 신라의 번영과 통일의 바탕은 한강유역의 확보(과정의 중요성)라는 사실을 부각시켰다. 이러한 두계의 사관은 그대로 제2세대(李基白·金哲俊·邊太燮 등)로 이어졌으며 제3세대 이후에는 인류학·사회학뿐만 아니라 신문화사학의 시각에서 한국고대사 연구는 새로운 발전을 보게 되었다.[36] 무엇보다도 신라가 지닌 역사적 의미는 진흥왕 이후 북방진출(北進의 歷史)의 정책을 꾸준히 유지하여 단양(단양적성비)과 충주를 거쳐 서울지역(북한산순수비)을 지나 평안남도지역(함주-함초령비, 이원-마운령비)까지 진출한 사실이다. 이러한 과정은 신라 통일의 바탕을 의미하며 무열왕(654-661)·문무왕(661-681)의 통일이 완성될 수 있었다. 이 시기에 군사적 활동을 주도한 세력은 금관가야 후손인 金武力-김서현-김유신 3세대의 역할이 바탕이 되었으며 무엇보다도 신라는 끝까지 서울을 옮기지 않았다는 사실이 큰 의미가 있었다. 수도이전은 국가 멸망의 단초가 됐다는 사실을 신라가 보여준 교훈이다.[37]

한국 고대사의 구체적 모습을 이룩하여 이를 고려로 이어지게 하였으며, 유학(國學)과 불교의 융성(의상, 원효)으로 민족문화의 개발과 석굴암·불국사 조성으로 왕실의 안녕과 국가 번영의 바탕을 후세에 남겨주었다.

특히 당나라에 파견된 최치원을 대표로 하는 숙위학생의 역할은 신라문

---

36) 신형식, 한국고대사 체계화의 정착(「한국고대사 서술의 정착과정 연구」, 경인문화사, 2016)
37) 신형식, 역사 속에서의 천도(「향토서울」 65, 2005), pp.175

화의 수준을 높일 수 있었다. 무엇보다도 신라불교사상을 집대성하고 국민에게 큰 가르침을 준 元曉(617-686)는 천촌만락(千村萬落)을 떠돌며 노래와 춤을 추며 인간의 참모습을 깨닫게 한 민족사를 대표하는 위인이다. 그가 남긴 글 속에서 대표하는 내용이 보인다. 이러한 원효의 견해(화쟁사상, 「미륵상생경종요」)는 신라의 불교사상만 아니라 신라인의 의식세계(분열의 극복·화합의 정신)를 정리한 내용이 될 것이다. 이러한 신라의 성격을 남쪽에서 시작된 반도국가로서는 우리 민족의 올바른 번창과 의미를 보여준 교훈이 될 것이다.

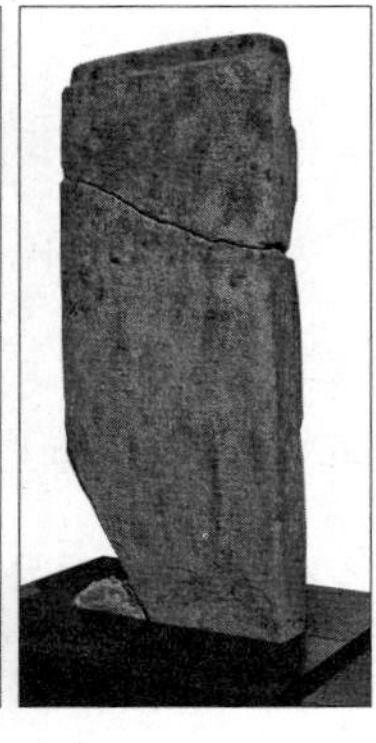

북한산순수비와 유지비 진흥왕이 16년(555)에 서울 북방을 정복하고 북한산 순수비를 그 기념으로 설치하였다. 높이 155cm(폭 72cm) 200여 자의 비문인데 절반가량이 보이지 않고 있다. 그 내용은 金武力(김유신 조부) 등 수십 명의 신하들과 북한산을 순행하고 민심을 확인(위로)하고 정사를 살핀 내용이다. 그 내용이 마멸되어 1986년에 유지비를 세우고 비석은 중앙박물관으로 이전하였다.

2) 신라통일의 역사적 교훈

신라의 통일은 제·려 멸망과 당군의 축출로 이룩된 것은 사실이다. 그러나 이러한 통일이 실제로 단순한 제려멸망과 당나라의 축출로 이룩된 것이 아니라 그것이 가능하게 된 과정의 의미와 시련을 외면할 수는 없다. 그러므로 신라통일은 무엇보다도 국가체제를 갖추기 시작한 법흥왕(514-540)을 이은 진흥왕(540-576)의 북진정책으로 한강유역으로 진출하여 한반도의 주인공이 되었다. 고구려가 수·당과의 전쟁으로 시련을 겪고 있었고 백제

말기(의자왕)의 정치적 갈등을 이용한 신라는 나·당연합군에 의해서 백제를 멸망시켰다(무열왕 7년, 660). 이것이 신라통일의 첫 단계이다.

한편 고구려는 백제멸망 후 나·당 연합군의 위협으로 큰 위기에 처하였는데 마지막 보장왕(642-668)때 연개소문의 폭정과 그 아들간의 혼란이 계속되자 나당연합군의 공격으로 통일의 제 2단계로 고구려를 멸망시켰다(668: 문무왕 8년).

통일신라의 정치구조는 전형적인 전제체제를 갖춘 것으로 3성 6부를 바탕으로 정리된 당나라와는 달리 독자적인 제도를 갖추고 있었다. 중앙정치체제인 14관부로서 4部(집사부·병부·창부·예부)와 10府·(기타 15관부), 수도관리를 위한 京城周作典, 사찰관리를 위한 四天王寺成典, 국왕업무관할(內省), 궁전업무관할(內省), 국왕의 행차관리(御龍省), 국왕시종업무(洗宅) 등이 나타나 국왕 측근의 권위유지를 위한 가능성이 컸다. 특히 병부와 위화부장(令)을 3인으로 한 것은 유력한 귀족층의 안배라는 견해도 있지만[38] 이는 어디까지나 통일신라의 전제정치가 지닌 특징으로 생각된다.

이상에서 볼 때 통일신라의 전제왕권은 결국 성덕왕(702-737)·경덕왕(742-765) 시기에 특수한 체제의 정비로 왕권의 절대화를 이룩하였다고 하겠다. 그러나 서양의 Oriental Despotism·절대주의(Absolutism) 또는 전체주의(Totalitarianism)와는 다르겠지만 적절한 명칭이 없어 전제왕권이라는 표현을 쓸 수밖에 없었다. 물론 일방적인 독재권을 거부할 수 있는 견제기구가 없었으며 각부처 장관의 복수제와 內省제도 (7사성전·수도행정) 등 특수한 기구의 존재가 유교와 불교사상이 갖는 사상적 융합으로 무조건 일인전제정치는 아니었을 것이다. 그럼에도 불구하고 성덕왕(702-737)과 경덕왕(742-765)

38) 신형식, 통일신라 전제왕권의 실상, 「한국고대사를 다시본다」(주류성, 2018)

은 각기 10명과 7명의 待中을 교체시킨 사실은 강력한 권한을 지닌 신라의 전제왕권이 지닌 성격을 알 수가 있다. 그러나 이러한 강력한 권력정치 속에서도 여러 제도의 분리(部와 府의 분리, 장(令)·차관(卿)의 복수제)와 각 부처 간의 균형(內省) 수도행정(京城周作典)·七寺成典을 유지하고 유교·불교 사상을 반영하는 자세는 왕의 일방적인 독재정치가 아닌 합리적인 전제정치의 모습으로 보여진다. 이러한 통일신라의 전제정치는 그 후 고려나 조선으로 이어져 통일신라 정치가 남겨준 역사적 교훈이라 하겠다.

통일신라의 성격을 이해하는 데는 통일을 이룩한 당시 큰 활동을 한 위대한 스승 元曉(617-686)의 가르침으로 대변할 수가 있다. 모든 일에 구애받지 않는 영원한 자유민인 그는 왕(무열왕)의 딸(요석공주)과 결혼(설총을 출생)한 후 국민의 융합을 실천하면서 자기 스스로가

옷을 기울 때는 짧은 바늘이 필요하고 (縫衣之時 短針爲要)
긴 창이 있어도 그것은 소용이 없다 (雖有長戟而無所用)
비를 피할 때는 작은 우산이 필요하고 (避雨之日小盖是用)
온 하늘을 덮는 것이었다 한들 소용이 없다 (普天雖覆而無所救)
그러므로 작다고 가벼이 볼 것이 아니라 (是故不可以小爲經)
그 근성을 따라서는 크고 작은 것이 다 보배다 (隨其根性 大小皆珍者也)

라고 행동함으로써 그의 견해(화쟁사상, 「미륵상생경종요」)는 신라의 불교사상뿐만 아니라 신라인의 의식세계(분열의 극복·화합의 정신)를 정리한 내용이 될 것이다.[39] 원효는 「아미타경소」에 보이는 크거나 작거나 같은 것이며 '빠

39) 장도빈, 「원효전」(1917)-신형식
고익진, 원효사상의 사적 의의(「동국사상」 14, 1981)

르거나 느린 것도 결코 다르지 않은 것이며 움직이지도 않고 고요한 것도 아니고, 하나와 많은 것도 결코 다른 것이 아니라'는 「화엄경소」의 내용을 따라 일체의 행동과 생각도 아무 걸림이 없는 一心으로 계급·내외·선악도 결국은 믿음과 평등을 강조하는 극락왕생이라는 원효사상은 의미가 크다. 여기에 원효사상이 지닌 민족사적 교훈이 있다.[40]

5. 가야와 발해사의 정리

1) 가야는 어떤 나라였는가

삼국시대(고구려·백제·신라)는 우리나라 고대사의 대표적 국가로서 이해되고 있다. 이 시기에 존재한 또 다른 나라로 가야와 발해가 있다. 낙동강을 중심으로 한 가야는 6개 나라로서 초기에는 김해지역을 중심으로 한 전기가야(금관가야: 본가야)와 고령을 중심으로 한 후기가야(대가야)가 대표적인 나라였다. 그런데 「삼국사기」에는 가야국에 대한 설명이 없으며 다만 强首(대가야 후예)와 于勒(금관가야 후손)의 이름만 나올 뿐 가야에 대한 정치·사회·문화 설명은 없다. 여기에 가야사 연구에 한계가 있다.[41] 다만 「삼국

김운학, 원효의 화쟁사상(「불교학보」 15, 1978)
이기영, 「원효사상연구」(한국불교연구원, 1994)
김상현, 「역사로 읽는 원효」(고려원, 1991
김영미, 원효의 여래장사상과 중생관(「선사와 고대」 3, 1992)
신형식, 원효와 의상은 우리에게 무엇을 가르쳤는가(「새로 밝힌 삼국시대의 역사적 진실」, 우리역사연구재단, 2013)

40) 신형식, 한국고대사연구의 회고와 전망(「한국사연구회보」,33, 1981)

41) 문경현, 가야사의 신고찰(「신라사연구」경북대출판부, 1988)
주보동, 가야멸망문제에 대한 일고찰(「경북사학」 4, 1982)
윤석효, 「가야사」(민족문화사, 1990)

유사」에 「가락국」(삼국유사)에서는 「후한서」 기록에 근거하여 금관가야 시조인 수로왕의 개국전설신화에 대한 긴 내용[42]과 수로왕 이후 10대 구형왕(B.C.42-A.D.532)의 왕성명과 그 재위기간에 대한 자세한 설명이 있으며, 특히 「삼국유사」는 許黃玉(허황후)이 아유타국 공주로 가야에 오게 된 상황을 아주 길게 설명하고 있다.[43] 그러나 490년을 존속했다는 금관가야의 설명에도 국가체제의 설명은 전혀 없어 국가로서의 위상이 보이지 않는다. 또한 대가야도 16대에 걸친 나라라지만 3왕명(시조 아진아시왕-9대 이뇌왕-16대 도설직왕)의 이름뿐이다. 다만 「일본서기」(9권, 신공황후 49년: 369)에 일본장군(荒田別 · 鹿我別)이 卓順國(대구 · 창원 · 고령일대)을 점령하고 任那日本府를 두고 신라를 격파하여 가야일대를 지배하였다고 하였으나 우리 기록에는 전혀 보이지 않는다. 더구나 「일본서기」에는 신공황후 52년(372)에 백제왕이 七支刀(현재 일본 나라현 天理市 石上神宮에 보존)를 보냈다고 되어있으나 당시 백제는 근초고왕(346-375)의 전성기여서 晋(265-420)나라와의 관계만 보이고 있다.

김태식, 「가야연맹사」(일조각, 1993)
김현구, 「임나일본부연구」(일조각, 1993)
노중국, 「가야사연구」(한국고대사연구회, 1995)
연민수, 임나일본부론(「고대한일관계사연구」, 혜안, 1996)
서동인, 미완의 제국 가야(주류성, 2017)

42) 김수로왕의 개국신화내용은 「삼국유사」(권2, 가락국기)에 나와있다. 후한 광무제 건무18년(A.D.81년)에 龜旨峰이 하늘에서 떨어진 6개의 金卵이 전부 6가야의 왕이 되었는데 그 중에 한사람인 김수로가 금관가야 왕이 되었다. 왕은 그후 아야타국공주인 許黃玉과 혼인하였고 아들 居登이 태어났으며 A.D.189년에 왕후(157세), 199년에 왕(158세)이 사망하였다.

43) 수로왕이 즉위 6년(48년: 유리왕 25년)에 하늘의 뜻이라 하여 望山島에서 기다릴 때 갑자기 바다 서쪽에서 붉은 빛의 돛을 탄 배가 이곳으로 오고 있었다. 이 때 허황옥(16세)은 신하 4명(申輔 · 趙匡과 부인 2명)과 노비 20여 명을 데리고 많은 패물(비단 그물, 옷, 주옥, 구슬)을 갖고 있었다. 그 여인이 말하기를 자기는 아유타족의 공주로 하느님이 보낸 국왕의 배필이 되려고 왔다고 하여 왕후가 되었으며 157세로 세상을 떠났다고 되어있다. 아유타국은 인도 중부지역(Ganges강 유역)의 현재 우타르 프라터키주에 있는 인두교 중심지로 双魚文이 모든 도시에 그려져 있다. 이 쌍어문은 Mesopotamia 문화의 상징으로 현재 중국 사천성(허씨 집성촌)에서 유행되고 있으며 전라남도 일부사찰에도 남아있다.

그러나 낙동강 하류 일대에서 400여 년이 존속했던 가야는 법흥왕 19년(532)에 금관가야가 신라에 투항하였고, 그 후 진흥왕 23년(562)에 대가야도 신라에 흡수되었으므로 국가적 위상은 소멸되었다. 다만 오랜 기간 존속과정에서 가야문화의 유적과 유물이 나타나 있어 김해지역의 패총·고분·토기·무기(철제유물)가 발견되고 있어 현재 김해·남원·순천 일대 고분에 가야 명칭(가야산)이 보이고 있다. 무엇보다도 가야의 전통은 그대로 신라로 이어진 것은 우륵의 가야금이다. 우륵(금관가야)이 12곡의 가야금을 만든 주인공으로 신라에 귀화하였는데 진흥왕 12년(551)에 지방 출장 중에 그 사실을 듣고 가야금을 연주케 하여 이를 階古·法知·萬德 등에게 배우게 하여 가야금은 거문고(玄琴)·비파(琵琶)와 함께 신라3대 현악기로 발전되었다.[44]

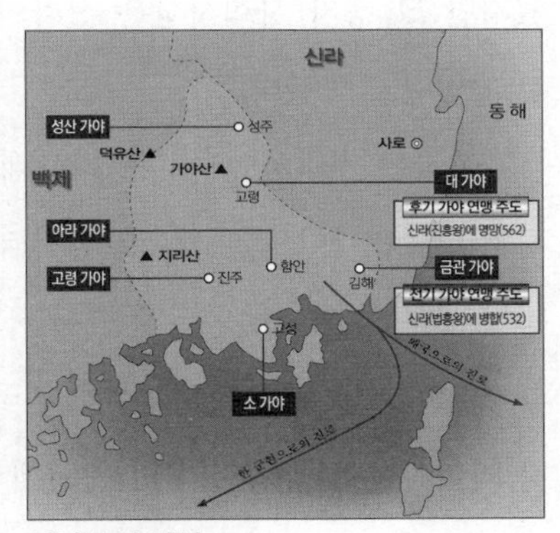

가야국의 위치

무엇보다도 가야사에서 빠져서는 안 될 사항은 김유신 가문의 활동이다. 법흥왕 19년(532)에 금관가야 마지막 왕인 김구형(金仇衡 원래는 金仇亥)이 아들 3인(奴宗·武德·武力)을 데리고 신라에 항복한 것이다. 이때 신라에서는 이들 가문을 진골로 편입시켜 신라정부에 협조하기를 청하였다. 김구형 아들인 武力은 진흥왕의 북진을 도와 단양점령 (진흥왕 11년: 550)에 일등공신이 되었고 이어 진흥왕 14년

44) 가야금은 오동나무 바탕에 12개의 명주실을 매고 12개의 거멍이 있으며 독특한 연주법(책상다리에 왼발은 안으로, 오른발은 허벅지 밑에 넣고 오른발 뒤꿈치를 왼발 무릎 밑에 둔다)으로 오른손으로 줄을 뜯고 튕기면서 왼손으로는 줄을 눌러서 소리를 꾸며대는 독특한 민족 전통의 악기이다.

(553)에 신라가 더욱 북진하여 한강유역에 新州를 설치하고 武力(김구형의 3남-김유신의 조부)을 軍主로 삼았으며 진흥왕 29년(568)에 세운 북한산 진흥왕순수비에는 그 이름이 등장하여 신라의 대표적인 세력이 되었다.

그후 김용춘(김춘추의 아버지: 진흥왕의 손자)과 김서현(무력의 아들: 김유신의 아버지)은 선덕여왕과 진덕여왕 등장에 주역이 되어 신라정치를 주도하게 되었다(김춘추의 부인〈文明夫人〉은 김유신의 여동생이었고, 김유신의 공식부인 智炤夫人〈김유신 동생〉은 무열왕의 딸이었다). 이어 김유신은 김춘추를 무열왕(654-661)으로 추대하여 신라통일의 주인공이 되었다. 결국 가야는 비록 붕괴되었지만 그 정치·사회사상은 신라의 정치적 안정에 기여한 역사적 의미를 갖고 있다고 하겠다.[45]

가야국은 가락국이라고도 하는데 6개국으로 시작되었으나 실제는 김해지역의 금관가야(금관국)와 고령지역의 대가야가 대표적인 나라로서 김수로왕이 세운 금관가야가 실제 중심 국가였다. 수로왕이 세운 금관가야(본가야, 42~532)는 A.D.42년(유리왕 9)에 건국하여 가야국을 대표한 나라였다. 그러나 가야국은 신라의 정치적 발전에 지배되어 본가야는 법흥왕에게 53년에 정복되었고, 대가야도 진흥왕에게 정복되어 562년에 멸망하였다.

2) 발해는 어떤 나라였는가

발해는 고구려를 이어 만주를 지배했던 나라로 고구려가 망한 지 30년 후에 대조영이 발해(698: 효소왕 8년)를 세운 후 15대 인선왕(906-926: 경애왕 3년)까지 227년간 존속하였다. 고구려의 유민인 大祚榮이 고구려 유민을 이끌고 東牟山(지금의 길림성 돈화)에서 나라를 세우니(震國) 이것이 발해이다.[46]

---

45) 신형식, 김춘추와 김유신의 관계 속에서 밝혀져야 할 내용은(「새로밝힌 삼국시대의 역사적 진실」 우리역사연구재단, 2013), pp.234~240

발해는 돌궐과 연결하여 당세력을 견제하고 713년에는 당나라와 외교관계를 맺으면서도 신라와는 거의 관계가 없었고 일본과 교섭을 하면서 고려국(「속일본기」)이라 칭하기까지 하였다. 유득공은 「발해고」에서 남북국으로 부르기도 하였으나, 신라와 발해는 외교사절 또는 숙위학생의 좌석문제로 갈등을 빚었으나 당나라는 신라입장을 인정하고 있었다.

「삼국사기」에는 신라가 공식적으로 발해(北國이라고 하였다)에 사신을 파견한 것은 798년(원성왕 6년)과 912년(헌덕왕 4년)의 2회 뿐이다. 발해가 사신을 파견한 기록은 없으나 최치원의 「謝不許北國居上表」에 처음 나타나있으며 공식기록에는 「東文選」(권33, 表箋)에,

> 그들이 처음 거처할 邑을 세우고 와서 인접하기를 청함으로 그 추장인 대조영에게 비로소 臣蕃의 제 5품인 대아찬의 관직을 주었다.

라며 대조영에게 제 5품의 관직을 주고 있어 발해를 국가로 인정하지 않는 모습이다. 그러므로 당시 신라는 北國이라는 표현은 썼지만 발해를 고구려를 계승한 국가라기보다는 '말갈족이 세운 북방의 나라(北國)'라고 본 것으로 생각된다. 그러나 발해가 지닌 영토적 입장과 정치제도의 확립으로 국가적 존재는 인정하게 되었으며, 발해가 지닌 국가적 독립성(독자적 年號〈武王의 仁安〉, 경제발전·정치제도 정비)과 당나라와 일본 측 기록으로 볼 때 발해는 독자적인 국가로서 신라와 고구려 유민이 세운 소고구려국으로서 남북국의

---

46) 노태돈, 발해인의 주민구성과 발해인의 족원(「한국고대의 국가와 사회」 1985)
송기호, 대조영의 출자와 발해의 건국과정(「아시아문화」 7, 1991)
한규철, 발해건국세력의 종족계통(「발해의 대외관계사」신서원, 1999)
임상선, 「발해의 지배세력연구」(신서원, 1999)
조이옥, 「통일신라의 북방진출연구」(서경문화사, 2000)

위상이 나타나있다.

발해 상경성유지 발해의 중심 서울(3차·5차: 755~785–794~925)인 상경성(흑룡강성 영안현)에는 왕궁지가 남아있다. 상경의 정문인 오봉루(남문–윗부분)를 지나면 내성(주요 관정 유지)이 있고 내성을 지나면 중심지가 있고 현재 제1 왕궁지(아래부분–3m의 기단위에 동서〈55.5m〉·남북〈24m〉, 이어 제2·제3 궁궐지가 있다.

발해를 처음으로 등장시킨 「구당서」(945, 劉昫 편찬)의 동이전이 아니라 北狄列傳(149권)이다. 여기에 대조영은 고구려 별종이라고 하였고 풍속은 고구려와 같으며 우리문헌에 대조영이하 역대왕명(무왕–문왕–성왕–강왕–정왕–희왕–선왕–이진)을 주체적으로 서술하였다. 그리고 발해의 역대 왕이 당나라에 빈번하게 조공하고 발해국왕으로 책봉한 기록과 732년(개원 20년–무왕 14년)에는 무왕이 張文休를 보내 등주(산동반도)를 공격하였고, 당시 중국에 사절로 가있던 金思蘭에게 발해 남경(南境)을 공격하게 했다고 되어있다(「삼국사기」에는 733년〈성덕왕 23년〉에 이와 같은 기록이 남아있다).

성덕왕 32년 7월 발해 말갈이 바다를 건너 登州를 쳐들어갔음으로 당현종은 김사란을 귀국시켜 왕에게 開府儀同三司 寧海軍使를 삼고 군사를 일으켜 말갈 남쪽 변방을 치게하였다. 때마침 큰 눈이 내려 한길 남짓 되었음으로 산길이 막히고 군사 진격 중 죽은 사람이 절반이 넘어 아무런 전공 없이 돌아왔다. (「삼국사기」 성덕왕 32년조)

이러한 「삼국사기」의 기록은 「구당서」의 내용을 거의 그대로 옮긴 것으로 「구당서」에서는 발해의 역대 왕이 한결같이 당나라에 조공을 한 독자적인 국가로 서술하고 있었다. 다만 夷狄(동이족〈삼국〉과 북적〈말갈·발해〉)의 나라는 돌밭(石田)과 같아서 얻어도 이득이 없고 잃어도 손상될 것이 없어 수고로움에 비해 쓸모가 없는 나라임으로 수비를 단속하여 조공을 바치게 하는 것이 옳다고 하면서도 문화수준을 인정하지 않고 있다.

한편 「신당서」(1044-1060에 편찬)에는 발해전(권219)이 동이전(권220)보다 앞서서 설명하고 있다. 발해는 물길 말갈로서 고구려에 부속되었고 그 위치 설명 후에[47] 발해건국과정의 내용이 소개되어 있다.[48] 그 후 中宋이 시어사를 보내 위로하니 대조영이 人侍하였고, 당의·失天연간(712~713: 고왕 14-15년)에 사신을 보내어 대조영을 발해군왕에 임명하니 이후 말갈이름을 버리고 발해로만 불렀다는 것이다. 현종·開元 7년(719: 발해 무왕 1년)에 대조영이 아들 武藝(무왕)가 계승하여 영토를 크게 개척하고 仁安이라고 하였다.

발해는 제 2대 왕인 武王(719-737: 이때 신라는 성덕왕〈702-737〉)이 국가를 발전시켜 黑水(당나라에 복속)를 정벌하려는 노력이 있었으나 왕의 동생인 門藝(당나라에 인질로 파견)와의 갈등이 심했으며 732년(무왕 4년)의 등주 공격 시에 이를 공략케 하였고 김사란(당나라에 머물러 있던 신라숙위)을 신라로 보내

---

47) 발해는 營州에서 동쪽으로 2천리 밖에 위치하여 남쪽은 신라와 泥河(연변 부근 南大川)를 경계로 하고 동쪽은 바다, 서쪽은 거란과 접한다고 하였다.

48) 696년(신라 효소왕5)에 거란의 李盡忠이 趙翽를 죽이고 반란을 일으키자 乞乞仲像이 乞四比羽와 고구려종족을 이끌고 태백산 동북지역에서 세력을 확보하게 되었다. 그러므로 측천무후는 걸사비우를 許國公, 걸걸중상을 震國公으로 삼았다. 이때 걸사비우가 이를 거부하자 李楷固 등이 그를 죽였다. 이어 걸걸중상이 죽고 그 아들인 대조영이 패잔병을 이끌고 도주한 후 걸사비우의 무리를 이끌고 나라를 세워 스스로 진국왕이 되었으니 이가 발해국의 시조이다. 이러한 기록에서 일본의 地內宏은 걸걸중상과 대조영은 同人異名이라는 견해를 보이고 있다(「渤海の建國者について」, pp.1~13).

발해를 공격하게 하였다.

왕이 죽자 아들인 欽武가 문왕(737-793)으로 등장(연호는 大興)하였고 당의 현종(712-756)은 忽汗州 都督으로 임명하였다.[49] 문왕은 도읍을 上京(용천부-영안현: 742-755)으로 옮겼고 다시 문왕은 도읍을 東京(용원부-훈춘: 785-804)으로 옮겼으며 다음 成王(794-795)이 다시 上京으로 수도를 옮겼으며 그 후 복잡한 왕위계승문제를 다루고 있다. 이러한 왕위계승과 수도이전문제는 국내 문헌에서는 전혀 알 수 없는 내용이다. 발해는 8세기(문왕 〈737-793〉) 때 수도를 4번이나 옮기는 문제가 있었는데, 이는 특히 고대사회에 있어서 빈번한 수도 이전은 국가쇠락(결국은 멸망)의 원인이 된다는 사실이다.[50]

이어 발해의 정치·사회·제도 내용이 나와 있어 우리가 발해사의 구체적 내용을 알게 되었다. 발해의 5京으로 上京(숙신의 옛 땅인 龍泉府-길림성 寧安縣의 동경성)·中京(顯德府)·東京(예맥의 옛 땅-龍原府)·南京(옥저의 옛 땅 南海府)·西京(고구려의 옛 땅-鴨綠府)을 설명하고 있다. 무엇보다도 우리 문헌 어디서도 볼 수 없는 중앙제도 3省(宣詔省·中臺省·政堂省)·6부(忠·仁·義·智·禮·信部)는 당의 제도(명칭)와 달리 우리나라의 독자적인 명칭을 처음으로 사용하여 신라와 고려와 다른 관직명을 보여주고 있다.[51] 그리고 武官에도 左猛賁·右猛賁과 6衛가 있으며 품계(秩)는 3품 이상은 紫服에 아홀(牙笏)과 銀魚(장식품), 6-7품은 붉은식 옷, 8품은 녹색 옷을 입는다. 이러한 발해의 정치제도와 사회모습 외에 발해의 특산물(토끼·다시마·된장·돼지·철·벼·배 등)의 설명이

49) 忽汗州는 발해의 上京 龍泉府(홀한하 일대: 목단강)의 행정 구역으로 당나라는 이곳에 홀한주 도독부를 두고 대조영에게 준 관직으로 발해를 독립국으로 인정하지 않고 발해국왕은 당의 州長官이라는 그들이 제시하는 천하관의 조치라고 생각된다.

50) 신형식, 역사 속에서 본 천도(「향토서울」 65, 2005), pp.157~186

51) 6부의 忠部는 吏部, 仁部는 戶部, 義部는 禮部, 智部는 兵部, 禮部는 刑部, 信部는 工部를 의미한다.

발해의 수도 이전 과정

수도명	현재위치	천도시기	기간
동모산 구국	돈화시 성산지촌	698	44년
	돈화시 영승유적	?-742	
중경	화류현 서고성	742-755	13년
상경	흑룡강성 동경성	755-785	30년
동경	흔훈시 팔련성	785-794	8년
상경	동경성	794-926	132년 〈전체 162년〉

대조영이 발해를 세운 곳은 동모산이지만 그 일대는 산간지역이어서 그 부근인 구국(영승 일대)에서 국가가 성장되었다. 최후로 이전된 상경은 세 번째 수도로서 전체로 162년만의 수도였다.

나와 있다. 결국 우리는 발해사의 구체적인 모습을 「신당서」에서 알게 되었음으로 이 책의 가치를 느낄 수 있다.

발해는 비록 단기간에 존속된 왕조(15대 228년간: 698-926)였지만 만주를 마지막으로 지배한 나라로 고구려의 계승국으로 신라와 함께 남북국시대를 이룩한 왕조였다. 다만 신라와 연결은 되지 않았으나 그 전통(민족과 문화)은 고려로 이어졌으며 당나라와 맞선 당당한 우리 민족의 전통을 지켜준 海東盛國이었다. 무엇보다도 중앙정부를 당나라와 달리 6부(忠·仁·義·智·禮·信部)의 명칭을 썼고, 독자적인 年號(仁安·大興·寶曆·朱雀 등)를 썼으며 특히 일본과 밀접한 관련을 유지하고 불교와 유교를 바탕으로 한문화와 다양한 석조문화를 개발한 나라였다. 무엇보다도 발해는 신라와의 갈등(대립관계)과

빈번한 수도 이전의 문제점을 갖고 있었다.[52]

6. 남·북한 역사관의 비교

1) 남북한 역사관의 차이점 인식

우리나라의 남북한 분단은 정치적인 장벽을 넘어 사회·문화·사상 등에 이르기까지 심각한 차이를 가져왔다. 따라서 남·북간에는 역사해석은 물론 歷史認識의 간격이 커졌기 때문에 남북간의 역사서술에는 상상할 수 없는 異質化 現象이 나타나고 있다. 그러므로 제 3국의 입장에서 볼 때 이해할 수 없는 문제가 보일 수밖에 없으며, 또는 장래 통일이 되었을 때의 상황에서 생각할 때 그 심각성을 말하지 않을 수 없다. 그러므로 우선 우리는 현재 남북한 역사서술에 나타난 '현격한 차이'를 확인하고 그것이 나타나게 된 문제점(정치적 입장)을 찾아 역사의 진실을 통해 바람직한 해결방법을 모색할 당위성과 필요성을 느껴야 할 것이다.[53]

역사는 과거를 통해서 현재를 비추는 거울이며, 미래를 바라보는 창이 되

52) 김정배 · 유래신, 「발해사」(정음사, 1988)
송기호, 「발해정치사연구」(일조각, 1995)
한규철, 「발해의 대외관계사」(신서원, 1994)
신형식, 발해사의 민족사적 위치(「한국의 고대사」 삼지원, 1999)
——, 발해사의 실상은(「한국고대사를 다시 본다」 주류성, 2018)

53) 김정배(편), 「북한이 보는 우리 역사」(을유문화사, 1989)
안병우, 도진순(편), 「북한의 한국사 인식」 1. 2(한길사, 1990)
신형식, 「남북한 역사관의 비교」(솔 출판사, 1994)
한국정신문화연구원(편), 「韓國史 時代區分에 관한 연구」(1995)
최광식, 「남북한의 한국사의 시대구분론 비교연구」(「사총」 51, 2000)
도면희, 「북한의 시대구분론」(「북한의 역사학」 1, 국사편찬위, 2002)

기 때문에 객관적이며 진실한 사실규명이 요구된다. 이러한 시도는 무엇보다도 '역사를 정치로부터 독립'시켜야 한다는 사실로부터 시작되어야 할 것이다. 북한의 역사서술목표가 어디까지나 '사회주의 국가건설의 방향이나 主體思想의 확산을 위한 수단'으로 일관하는 데는 정치적 변조와 왜곡이 있게 되며,[54] 동시에 역사발전과정을 지나치게 '인민들의 투쟁'에만 초점을 두고 있다는 사실에 문제의 심각성이 있다.[55] 역사가 정치현실에 좌우될 때 거기에는 객관적인 역사서술과 올바른 사실파악이 불가능하다는 점이다. 때문에 우리는 과거사실을 오늘의 현실 속에서 해석하고 있는 북한의 역사관을 심층 분석함으로써 통일 후에 이룩될 통일한국사관의 방향과 그 필요성을 제시하고자 한다.

물론 한국의 역사해석이 전부 옳다는 것만은 아니다. 그러나 적어도 현재의 정치현실에 좌우되지 않았다는 사실과 북한이 주체사학이라는 합법칙성에 기초한 일방적인 演繹的(deductive)인 해석에 매달려 있지만, 남한은 객관적인 사실위주의 歸納的(inductive)인 접근에 치중한다는 현실에 충실하다는 점은 분명하다. 여기서 우리는 북한의 역사서술은 국가적 편찬이나 개인저술을 막론하고 누가 쓰던 획일적인 현상을 바라보면서 각기 다른 견해와 주장을 나타내고 있는 남한의 그것과는 다르다는 것을 쉽게 느낄 수 있다.

이러한 시각에서 필자는 시대구분으로부터 역사 개념(명칭), 그리고 역사사실의 호칭상의 간극을 살펴보고, 남북한 역사관의 차이를 밝혀 그 문제점과 해결방안을 모색하고자한다. 따라서 이와 같은 시도는 북한 역사관의 비

---

54) 신형식, 「북한의 역사서술방향과 인식체계」(「남북한 역사관의 비교」), p.38
이현희, 「북한에서의 시대구분과 그 특징」(「한국사시대구분에 관한 연구」) 참조

55) 이러한 사실은 「조선전사」(1979-1983)의 전체 항목 170개 중에서 투쟁의 항목이 102개이며, 중학교 교과서(「조선역사」 34)의 전체항목 46개에서 20개가 투쟁이라는 제목이다(필자의 앞 책, p.38).

판을 목적으로만 한 것이 아니라, 통일된 한국사관의 올바른 방향을 제시하는데 주안점을 두려는 것이다. 다만 시대구분이 진보적이며, 성숙한 역사적 사고라 해도[56] 복수적 요소에 의해서 좌우되기 때문에 특정한 획일적인 기준으로 서술될 때는 문제가 된다는 사실도 아울러 지적하고자 한다.[57]

그러나 서양의 三分法(Trilogy: Three Old Periodization)이 나타나 시대구분의 기준으로 이해하게 되면서 역사변화의 과정과 발전을 꾀하게 되었다.[58] 다만 이러한 3분법의 모순이 다각적으로 비판되는 과정에서 現代가 추가되면서 현재 다양한 시대구분이 제시되었지만 아직도 우리가 그러한 구분을 활용하고 있다. 다만, 북한은 이러한 시대구분을 응용하고 있지만 그 용어가 고대 대신에 노예소유자사회, 중세 대신에 봉건사회 등을 사용하고 있어 내면적 차이를 보여주고 있다.[59]

2) 남북한 시대구분의 비교

역사는 끊임없이 변화하는 연속성을 갖고 있다. 그러므로 이러한 연속성을 인위적으로 단절하여 역사를 구분한다는 것은 기만적이고 비역사적인 행위라는 비판도 있다. 一回的이며 主觀的인 역사를 외형적인 기준으로 절단하는 것은 역사를 모독하는 현상일 수 있기 때문이다. 그러나 장기간의 역사지속을 이해하기 위해서는 정치적 변화(왕조 교체)나 사회변동에 따라

56) R.G.Collingwood, The Idea of History, (이상현〈역〉, 1967), p.58

57) 차하순, 「시대구분의 이론적 기초」(「역사학보」 45, 1970), p.147

58) 차하순, 「시대구분의 이론과 실제」(「한국사 시대구분론」 소화, 1994), pp.40~44

59) 정찬영·김세익, 「조선 노예소유사회의 존재시기 문제에 대한 논쟁 개요」(「력사과학」, 1961-3)
도유호, 「삼국시대는 봉건시대가 아니다」(「삼국시기 사회경제 구성에 관한 토론집」, 1957)
리나영, 「조선근대사의 시기구분에 대하여」(「력사과학」, 1957-4)
장문선, 「조선근대사의 시기구분에 대하여」(「력사과학」, 1960-3)
허종호, 「주체의 력사관 연구의 몇 가지 문제」(「력사과학」, 1981-4)

그 해석이나 시대구분에 따른 설명을 필요로 한다. 여기에 시대구분의 당위성 내지는 타당성이 있다.

이러한 시각에서 과거에 유행하였던 시기구분은 왕조별 구분이었다. 중국의 唐(618-907)·宋(960-1279)·明(1368-1644)·淸(1616-1912), 영국의 Norman 왕조(영; 1066-1154), Hapsburg 왕조(독: 1438-1870)·Bourbon왕조(프랑스: 1814-1830), 그리고 우리나라 新羅(B.C.57-935)·高麗(918-1392)·朝鮮王朝(1392-1910) 등이 그것이다. 실제 과거에는 이러한 구분이 역사이해의 기준이었다.

그러나 서양의 3분법이 수입되면서 우리나라도 중학교 과정에서는 왕조별 시대구분을 설명해주고 있으나, 고등학교 이상에서는 3분법을 사용하고 있다. 다만 근대 이전에 近世와 근대 다음에 現代가 첨가되어 있어 대체적인 시대구분의 틀이 이루어졌지만 중세의 下限에 대한 다양한 견해는 한국사 뿐만은 아니다.[60]

동서고금을 막론하고 단독으로 발전한 나라는 없다. 모든 나라가 주변제국과 끊임없는 교섭과(외교)와 충돌(전쟁)을 거치면서 성장하기 때문에 이러한 대외관계를 효과적으로 이용한 나라가 최후의 승자가 된다. 따라서 전쟁은 영토확장이나 군주의 업적과 직결됨으로써 국가성장의 다이내믹스가 될 수 있는 동시에 권력집중의 한 표현인 것이다.

〈 남북한 시대구분의 비교 〉

( )는 공화국의 명칭

<table>
<tr><th rowspan="2">시기</th><th colspan="3">남한</th><th colspan="2">북한</th></tr>
<tr><th colspan="2">시대 구분</th><th>주요 항목</th><th>시대 구분</th><th>주요 항목</th></tr>
<tr><td rowspan="2">선사
시대</td><td rowspan="2">원시시대</td><td colspan="2">석기시대</td><td rowspan="2">원시시대</td><td>원시무리·모계공동체</td></tr>
<tr><td colspan="2">청동기시대·군장시대</td><td>부계씨족 공동체</td></tr>
</table>

60) 이태진, 「사회사적 측면에서 본 중세의 시작」(「한국사의 고대와 중세의 분기점」 1993) 참조

<table>
<tr><td>부족
국가</td><td rowspan="3">고대시대</td><td colspan="2">초기국가시대</td><td colspan="2">노예제시대</td><td colspan="2">노예소유자사회</td></tr>
<tr><td>삼국
시대</td><td colspan="2">고대국가시대</td><td colspan="2" rowspan="9">〈B.C.277〉
봉건사회</td><td colspan="2">봉건제도의 성립기(고구려)</td></tr>
<tr><td>남북국
시대</td><td colspan="2">통일신라 · 발해시대</td><td colspan="2">봉건제도의 발전기</td></tr>
<tr><td rowspan="3">고려
시대</td><td rowspan="3">〈918〉
중세사회</td><td colspan="2">귀족문벌시대</td><td colspan="2" rowspan="3">봉건적 예속강화기
〈무신관료배의 정권장악〉</td></tr>
<tr><td colspan="2">무신정권 · 몽고간섭기</td></tr>
<tr><td colspan="2">권문세족 · 신흥사대부</td></tr>
<tr><td rowspan="7">조선
시대</td><td rowspan="4">〈1392〉
근세사회</td><td colspan="2">양반관료사회</td><td colspan="2" rowspan="2">봉건체제의 재편성
〈리조봉건국가의 성립〉</td></tr>
<tr><td colspan="2">사림정치</td></tr>
<tr><td colspan="2">조선후기사회변동</td><td colspan="2">자본주의적 관계의 발생</td></tr>
<tr><td colspan="2">양반사회파탄</td><td colspan="2">봉건제도의 위기</td></tr>
<tr><td rowspan="4">〈1863〉
대원군

근대사회</td><td colspan="2">개화 · 보수의 갈등</td><td colspan="2" rowspan="3">〈19세기후반〉
근대사회</td><td colspan="2">부르즈와운동의 시작</td></tr>
<tr><td colspan="2">동학혁명 · 근대개혁</td><td colspan="2">부르즈와개혁</td></tr>
<tr><td colspan="2">대한제국 · 국권수호</td><td colspan="2">부르즈와운동의 종말</td></tr>
<tr><td>일제
시대</td><td colspan="2">일제시대 · 국권회복운동</td><td rowspan="11">〈1926〉
현대사회</td><td rowspan="6">김일성
시대</td><td>26~45</td><td>항일무장
투쟁시대</td></tr>
<tr><td rowspan="11">대한
민국</td><td rowspan="11">〈1945〉
현대사회</td><td>45~48</td><td>미군정시대</td><td>45~50</td><td>민주건설시대</td></tr>
<tr><td>48~60</td><td>이승만정부[1]</td><td>50~53</td><td>조국해방전쟁</td></tr>
<tr><td>60~61</td><td>장면정권[2]</td><td rowspan="3">53이후
1968
1994</td><td rowspan="3">사회주의건설
주체사상확립
김일성 사망</td></tr>
<tr><td>61~63</td><td>군정시대</td></tr>
<tr><td>63~81</td><td>박정희정부
[3·4]</td></tr>
<tr><td>93~98</td><td>문민정부</td><td rowspan="3">김정일</td><td rowspan="3">1994
2012</td><td rowspan="3">김정일 승계
〈선군정치〉</td></tr>
<tr><td>98~03</td><td>국민의 정부</td></tr>
<tr><td>03~08</td><td>참여정부</td></tr>
<tr><td>08~13</td><td>MB 정부</td><td rowspan="2">김정은</td><td rowspan="3">2012</td><td rowspan="3">김정은
시대 시작</td></tr>
<tr><td>13~17</td><td>박근혜정부</td></tr>
<tr><td>19~</td><td>문재인정부</td><td></td><td></td></tr>
</table>

위에서 보듯이 남북의 시대구분에 대한 표현은 남한은 고대사회, 북한은 노예사회, 남한은 중세사회, 북한은 봉건사회, 남한은 조선시대를 근세사회로 보고 있으나, 북한은 봉건사회로 이어온다. 양측이 서양의 3분법(또는 4분법)을 활용하지만 그 표현과 시기에는 큰 간격이 있음을 알 수 있다. 우선 원시시대는 차이가 없지만, 고대 사회(노예제사회)는 그 시작(단군조선)은 거의 같으나 종국에서는 큰 차이(남한은 통일신라, 북한은 삼한)가 있다. 더구나 중세(봉건사회)의 경우 남한은 고려시대,[61] 북한은 고구려(B.C.277) 이후로부터 조선후기(1860년대)까지 2,100여 년을 그 범위로 삼고 있다. 여기서 우리는 중세의 존속기간을 남한은 500년, 북한은 2,100년, 그리고 서양은 1,000년으로 하고 있기 때문에 해석의 난점이 있다.[62]

다만 18세기 후반을 근대의 준비시기로 보는 것은 남북한이 공통된 사실이지만 그 사회명칭에서는 큰 차이가 있다. 다만 이 시기가 근대사회로 넘어가는 自生的 또는 內的 發芽期라는 점은 양측의 견해가 같다. 그러나 고대사에서 북한은 통일신라시대(신라의 남반부 지배: 후기신라)가 없으며, 근대에서는 일제 강점기(반봉건 부르주아 민족 운동기-항일무장투쟁시대)라는 공식 명칭은 없다.

또한 현재기점 시기에 있어서 남한은 1945년(해방·광복), 북한은 1926년

---

61) 남한의 경우도 고려=중세란 공식이 일반화된 것은 아니다. 대표적인 개설서(변태섭·한영우 등)나 국정교과서에 이렇게 나타나 있어 대부분의 학계가 인정하고 있다. 다만 민중사학을 강조하는 역사연구회의 「한국사」(1994)에는 신라(통일)시대부터 중세(19세기 중엽)로 보고 있다. 그러나 姜晉哲은 조선초기(「韓國土地制度史」 상, 1965), 이태진은 고려말(사회적 측면에서 본 중세의 사학, 1993), 그리고 김기흥은 8세기 전반기(「삼국 및 통일신라세제의 연구」, 1991)로 중세의 출발을 보고 있다.

62) 북한의 중세(봉건사회)가 2000년을 넘고 있어 역사의 발전상을 외면하였다는 지적이 가능하다. 그러므로 북한은 삼국시대를 봉건제도 성립기, 통일신라시대를 봉건제도발전기, 고려시대를 봉건적 예속강화기, 그리고 조선시대를 봉건체제의 재편성(전기), 자본주의적 관계의 발생(후기), 봉건제도의 위기(19세기)로 설명하고 있다.

(타도 제국주의 동맹결성)을 잡고 있어 그 시점은 큰 차이가 없지만 내용상은 전혀 다른 접근이라 생각된다. 그 내면에는 타율적 계기(해방·광복)와 항일을 위한 자율적 계기라는 차별과 명분을 갖고 있다. 무엇보다도 북한은 현대사에 치중하여 「조선전사」 33권(1979-1983) 중에 현대사(12년간: 1926-1983)에 18권(54%)인 반면, 남한은 「한국사」 22권(한국사 30년간: 1945-1981) 중에 한 권도 배려하지 않고 일제 강점기(1910-1945)에 2권만을 할애하고 있을 뿐이다.[63] 이러한 현상은 「신편한국사」(1993-2003)에서도 일제 5권, 대한민국 1권뿐이다. 북한의 이와 같은 현대사 위주 서술은 '역사가 정치의 시녀'라는 현실을 단적으로 나타내주고 있다.

다만 18세기 후반 조선사회의 일련의 변화(산업발전·신분제 동요·세제의 개혁·실학의 발달)는 남북이 공통적인 견해를 보여 북한 역시 자본주의적 관계의 발생(농업·수공업 발달·상품화폐관계의 발전에 따른)으로 간주하여 근대 사회로의 內在的 發展過程으로 풀이하고 있다. 그러나 북한서술의 가장 큰 특징인 현대사에 대한 파격적 우대는 사회주의 혁명·건설·완승기로 김일성의 偶像化(주체사상의 정착)와 김정일의 先軍政治確立으로 설명된다. 이와 같은 현대사 위주의 역사서술은 북한 공산정권을 정통화하려는 정치적 목적에 기여하려는 것으로 김일성의 항일투쟁으로부터 시작하여 불멸의 주체사상(혁명활동)을 거쳐 김정일의 혁명력사로 정리되고 있다.[64]

이에 대해 남한의 경우는 3·1운동과 임시정부의 법통을 계승한 대한민국이 광복이후 민주주의 시련(4·19, 5·16, 민주화투쟁)을 거쳐 박정희(유신체제)·

63) 북한의 「조선전사」(1979-1983: 33권)과 남한의 「한국사」(1975-1981: 22권)는 남북이 마련한 최초의 우리나라 역사대계였다. 그 후 한국은 「신편한국사」(53권, 1993-2003)를 편찬하였으나, 북한은 개정판(1990-1991)으로 5권(선사~통일신라)만 간행되었다.

64) 신형식, 앞의 책 p.41

신군부(전두환, 노태우)·문민정부(김영삼)·국민의 정부(김대중)·참여정부(노무현)로 이어짐으로써 '변화 속에 발전'을 묵시적으로 나타내고 있다. 한편 북한의 경우는 「조선통사」(1956)와 「증보판 조선통사」(1991)에서 보여진 서술의 변화처럼 90년대에 이르러 큰 차이를 나타내고 있다. 북한은 무엇보다도 민족이 근대(부르주아사회형성기)에 형성된다는 서구학계의 견해를 부인하고 '檀君에 의한 민족의 원초성'을 강조하고[65] 그것이 김일성(1912-1994)에 의해서 순수한 혈통이 계승됨으로써[66] 김일성의 탄생년을 '주체의 연호'로 쓰게 된 것이다. 이로써 북한의 시대구분은 마르크스사상을 주체적으로 원용하여 현대사를 재편성하기에 이르렀다.[67] 따라서 북한의 시대구분은 고대·중세는 지배세력(봉건통치배)과 외세에 대한 투쟁의 역사이고, 근대는 반제·민족해방을 위한 투쟁의 역사이며, 현대는 김일성에서 김정일로 이어지는 사회주의 혁명의 완성시대라는 것이다.

3) 남북한 역사서술의 비교

앞에서 보듯이 남북한의 역사해석에 있어서 그 기본이 되는 時代區分에 큰 차이가 있다는 사실은 역사서술에도 그대로 이어지고 있다. 우선 1933년의 동관진 구석기 유적이후 북한은 조선사람의 기원문제로 력포사람과 덕천사람을 古人으로, 승리산인과 만달사람을 新人으로 설명하여[68] 남한의 1964년 석장리 유물을 비롯하여 전곡리·두루봉·수양개등 구석기 시대의

65) 영환, 「우리민족 제일주의론」(평양출판사, 1989) 참조

66) 김창호, 「김일성 민족으로서 우리 민족의 혈통을 고수해 나가시는 위대한 령도」(「력사과학」 2000), p.18

67) 도면희, 앞의 글 p.325

68) 장우진, 「조선사람의 기원」(과학백과사전 종합출판사, 1989), pp.14~69

존재로 남북한 다같이 확인되었다.[69] 무엇보다도 북한이 고조선 문제를 들고 나오기 시작한 것은 1993년 단군릉의 발굴 이후 고조선의 중심지가 요동지방에서 평양으로 옮겨졌다는 주장과 더불어 본격화되었다.[70] 1991년도 판 「조선통사」에서도 료동반도 끝(대련시 감정기구 후목성역)에 있는 강상(岡上)무덤은 기원전 8~7세기 고조선의 생산력 발전수준과 계급관의 일면을 보여준다고 하였다.[71]

단군영정

이 檀君陵의 발견으로 북한은 민족의 주체로의 혁명적 변화를 꾀할 수 있었다. 그러나 남한의 견해는 단군릉에서 나온 사람 뼈의 연대측정문제나 그 중심지 이동 등으로 북한의 견해에 동의하지는 않는다.[72] 그 후 북한은 고조선은 요동지방에 있던 것이 아니라 원래부터 평양지방에 있었고, 평양지방이 요동보다 더 일찍 고대문화가 발전하였다는 주장을 통해 평양이 단군이래 고조선의 중심지였다는 것이다.[73]

북한은 이러한 단군릉 발견이후 평양중심의 고조선론을 확대하여 이른바

---

69) 손보기, 「한국구석기학연구의 길잡이」(연세대출판부, 1988)
배기동, 「전곡 구석기 유적」(학연문화사, 1996)
이융조, 「단양수양개 구석기 유적 발굴조사 보고서」(충북대 박물관, 1985)

70) 이형구, 「단군과 단군조선」(살림터, 1995)

71) 현재 강상무덤은 누상무덤과 함께 합장되어 있는데, 그 지역의 오물 집합지로 폐허화되고 있다.

72) 서영수, 「고조선의 위치와 강역」(「한국사시민강좌」 2, 1988)
노태돈, 「고조선 중심지의 변천에 대한 연구」(「한국사론」 23, 1990)
김정배, 「고조선의 국가형성」(「한국사론」 4, 1997)
조법정, 「고조선, 고구려사 연구」(신석원, 2006)

73) 박득준, 「고조선의 력사개관」(사회과학출판사, 평양, 1999), p.24

'대동강문화론'을 전개하여 우리가 이해할 수 없는 세계 5대 문명론을 제기하였다. 1998년 3월 11일자 「로동신문」에는 '대동강과 더불어 빛을 뿌리는 유구한 역사와 찬란한 문화'라는 제목으로 평양을 중심으로 대동강 문화를 꽃피웠다는 것이다. 평양일대는 거대한 무덤, 고인돌과 성곽, 집단취락, 그리고 청동기유물(비파형 청동검, 금제품) 등이 다수 발굴되어 구석기 시대 이래 5,000년 전(황화문명은 4,100년, 인더스 문명은 4,500년)에 이룩된 이후 단일혈통과 단일문화를 이어왔다는 것이다.[74] 그러나 이러한 견해는 주변학계의 공인을 받기에는 어려움이 있으며 보다 합리적이며 객관적인 주장이 요구된다. 그러나 현재 고조선의 대표적인 유적지였던 강상무덤(누상무덤을 합침)은 인분퇴적지 뒤에 방치되고 있다.

이와 같은 북한식의 주장은 주체사상에 얽매인 자기정당화의 이론이기 때문에 주변국가의 반응이 있을 수 없다. 다만 1만년 전에는 황해가 없었으며, 이집트·메소포타미아 문명도 그 중심지가 하나가 아닌 점,[75] 그리고 평양일대의 고인돌이 성벽 위에 세워진 점, 거대한 祭檀遺址, 殉葬무덤, 그리고 성벽 등을 통하여 고대 국가 성립의 조건을 갖추고 있는 점을 고려할 때 이와 거의 같은 유물, 유적 그리고 조건(역사적 배경) 등을 가진 것 때문에 한강유역에도 '未知의 王國(이른바 한강문화권)'이 성립될 가능성은 높다는 주장이 제기되고 있다.[76]

---

74) 허종호, 「조선의 대동강문화는 세계 5대 문명의 하나」(「력사과학」 1999-1)
이순진, 「대동강문화의 기본내용과 우수성에 대하여」(「력사과학」 1999-1)
서일범, 「북한고고학의 최근동향과 대동강문화론」(「백산학보」 53, 1999)

75) 예를 들면 이집트 문명은 Memphis와 Thebes, 메소포타미아문명은 Lagash와 Ur, 인더스문명은 Harappa와 Mohenjo-daro, 그리고 중국(황화)문명은 仰韶(河南省)와 龍山(山東省)과 같이 2-3개의 軸이 있었다.

76) 이종호, 「한강권 미지의 왕국 성립에 관한 인식론」(「백산학보」 80, 2008.4)

다음으로 남북한 역사해석의 차이가 고구려 건국연대이다. 남한은 「삼국사기」 기록에 따라 B.C.37년(甲申)으로 파악하는데 비해, 북한은 B.C.277년으로 서술하고 있다. 따라서 북한은 고구려초기의 왕계표를 다음 표와 같이 설명하고 있다.[77]

다음 〈표 2〉에 따르면 북한은 240년간(B.C.277-37)에 6왕(동명왕 포함)이 재위한 것으로 되어있다. 그렇다면 평균 재위기간이 40년이 되어 3국 시대 왕의 평균 재위기간이 21.6년에 불과한 사실과 비교할 때 확실성이 적다.[78]

〈표 2〉 고구려 초기의 왕계표

대수	북한	대수	남한
1	동명왕 (B.C.277-259)	1	동명왕 (B.C.37-B.C.19)
2	유류왕 (B.C.259-236)	2	유리왕 (B.C.19-A.D.18)
3	여율왕 (B.C.236-223)	3	대무신왕 (18-44)
4	막래왕 (B.C.223-209)	4	민중왕 (44-48)
5	애루왕 (B.C.209-?)	5	모본왕 (48-53)
6	○○왕 (?-236)	6	태조왕 (53-146)
7	유리왕 (B.C.19-A.D.18)		7대 차대왕 ↓ 18대 고국양왕
8	대무신왕 (18-44)		
	9대 민중왕 → 23대 고국양왕		
24	광개토왕 (391-413)	19	광개토왕 (391-413)

77) 이러한 근거로는 ① 고구려가 秦(2022-2086)과 관계가 있었는데 B.C.221SUS 전의 甲申年은 277년이 된다. ② 「삼국사기」(권22, 보장왕 27년 3월조)에 '高民自漢國令九百年'이라 하여 고구려가 900년 계속되었다고 하였다. ③ 廣開土王碑文에 광개토왕이 鄒牟王(동명왕)의 17세손이라한 사실(「삼국사기」에는 동명왕의 12대손) 등을 들고 있다.

78) 신라왕의 재위기간은 17.7년(992년간에 56왕), 고구려는 25.2년(705년에 28왕), 백제는 21.8년(677년간에 31왕)이 있어 3국시대는 21.6년이었다. 한편 고려는 13.9년(474년간에 34왕), 조선은 19.2년(518년간에 27왕)이어서 우리나라 평균 재위기간은 18.2년에 불과하다.

〈표 3〉 3·1운동에 대한 남북한 서술의 비교

북한(조선역사, 4)	남한(「국사」, 하)
3·1인민봉기는 평양에서의 대중 독립만세 시위투쟁을 시작으로 전국에서 일어났다. (이때) 경애하는 수령 김일성님께서 여덟 살 되시는 어린 몸으로 반일 시위 대열에 참가하시어 30여 리나 되는 평양보통문 밖까지 가시었다.	대한민국 임시정부는 우리역사상 최초의 공화국의 정부이며 3·1운동 정신을 계승하여 수립되었고 항일독립운동의 정신적 지주가 된 단일정부라는 점에서 정통성을 갖고 있었다. 그러나 내부에서의 분열로 효과적인 활동을 벌이지 못한 한계성이 있었다.

이러한 북한의 역사서술은 정치적 현실에 따라 바뀌지면서 특히 주체사상의 확립에 따라[79] 1960·70년대와 80·90년대는 큰 차이가 보인다. 이러한 사실은 「조선통사」(1977)와 「증보판 조선통사」(1991)에 나타났으며 「조선전사」(1979-1983)와 「개정판 조선전사」(1991. 1~5권뿐)에도 여실히 보여지고 있다.

〈표 4〉 북한 서술의 변화

책 / 내용	조선전사(3) 1979	증보판 조선전사(3) 1991
불교	봉건통치계급의 리익을 대변하여 근로인민들의 계급의식을 마비시키고 그들의 반항을 사상적으로 억누르기 위한 가장 반동적인 견해이다.〈p.319〉	모든 것을 공(허무)으로 보아 현실은 다 부정하면서 이 세상에는 진정한 행복이나 평등이란 없으며 죽어서 극락세계에 가서야만 행복이 있다고 설교하였다.〈p.299〉
유교	3강 5륜과 같이 누구나 봉건군주에게 절대 복종해야 한다는 반동적인 봉건사상이다. 봉건지배계급은 자기들의 봉건통치를 강화하고 근로인민대중에게 노예적인 굴종적인 사상을 주입시켜 제놈들에게 잘 순응하는 봉건적인 노예로 만들기 위해 유교를 적극 퍼뜨렸다.〈p.320〉	천명에 의하여 결정된다는 숙명론적이며 누구나 다 왕권군주에게 절대복종해야 한다는 왕도정치를 설교하는 봉건사상이다. 그들은 봉건통치를 강화하고 근로인민대중을 현존질서에 잘 순응하게 하기 위해 유교사상을 적극 장려하였다.〈p.300〉
안시성 싸움	당황한 당태종놈은 흙산을 지키다 빼앗긴 우두머리 놈의 목을 베어 돌리면서 졸개들에게 명령하였다.〈p.282〉	당태종은 그 어떤 전투 기자재로도 튼튼한 안시성을 함락시킬 수 없다는 것을 알고 흙산을 성보다 높이 쌓아 그곳에서 공격하도록 명령하였다.〈p.262〉

79) 리성준, 「위대한 주체사상총서(1)-주체사학의 철학적 원리」(사회과학출판사, 평양, 1985) 김남식, 주체사관은 유물사관의 발전적 계승이다(「역사비평」 1991-가을호, pp.35~47)

이러한 서술의 변화는 그 내용의 변경이 아니라 표현을 약간 완화한 것으로 대외적인 입장을 반영한 것으로 풀이된다. 따라서 외형적(표면적)인 서술을 약간 바꾼 것이며 그 내면은 다음의 「조선역사」(고등중학교 2학년용, 1996)의 첫머리에서

> "우리 모두가 경애하는 수령 김일성 대원수님께서 개척하신 주체의 혁명위업을 빛나게 계승해나가시는 위대한 영도자 김정일 원수님께 충성과 효성을 다하여 내나라 내조국에 대한 열렬한 사랑으로 불타야 한다." (머리말)

에서와 같이 영생하는 수령관에 입각한 유일한 세습제를 찬양하는 역사서술체제는 변화하지 않고 있다.[80] 이와 같이 북한 역사서술의 특징은 주체사상에 입각하여 북한체제를 정당화하고 세 사람의 영원한 지도자(위대한 수령과 친애하는 장군님)의 가르침을 설명하고 부연하는 특징을 지닌다.[81] 그러므로 역사적 사실이나 사건을 당시의 현상으로 보지 않고 '과거의 사실을 오늘의 시각'에서 설명한다. 신라의 대표적인 승려인 元曉에 대해서 '無((없다)와 有(있다)의 대립 관계 속에서 변증법적인 리해'를 얻었다고 하였다.[82] 그리고 나말의 대표적인 문호인 崔致遠에 대해서는 그의 일심사상도 결국은 인민에 대한 지배를 합리화해보는 시도에서 나타난 것이며, "태극설은 혼돈의 근원을 말하는 것으로 그것은 辨證法的인 요소를 담고 있지만 일종의 무신론사상에서 일정한 의의를 가진다'[83] 라고 설명하고 있다.

---

80) 이종석, 「조선로동당 연구-지도자상과 구조변화를 중심으로」(역사비평사, 1995)

81) 신형식, 북한의 부분사(정치·경제·사회)연구 동향과 과제(「북한의 역사학」(1) 국사편찬위원회, 2002), p.392, 「북한역사학의 특성과 고대사 서술」(「문학과사회」 3, 1989), p.81

82) 사회과학원 력사연구소(편), 「조선전사」 5, (1999), p.338

이에 대해 남한의 경우는 다양한 견해가 제시되었으며, 인간이 보편적으로 갖고 있는 佛性을 통해 정토신앙과 화쟁(和諍)을 통해 불교의 대중화에 기여한 것으로 서술되어 있다. 특히 한국은 근래 새로운 역사이론을 적극 수용하여 계량사(Quantitative History), 심리사학(Psycho-history), 그리고 신문화사(New Cultural History)의 이론과 연구방법을 수용하여 일상사, 미시사(Micro-history) 등 다양한 방법이 활용되고 있다.·따라서 최치원에 대해서 Toynbee의 전환기(A Time of Trouble)에 있어서 창조적 소수(Creative Minority)인 숙위학생으로서, 또는 Dante의 「제국론」에서 보여진 선행문명(고대)과 후행문명(중세)의 이행과정에서 변모(Transfiguration)와 초탈(Detachment)의 의미로 풀이해보기까지 가능하였다.[84]

남북한의 역사해석이 전부 다른 것은 아니다. 표현과 그 설명의 차이로 각기 서술이 다르기 때문에 문제가 된다. '북한의 경우 수·당과의 싸움에서 침략자들을 물리친 것은 고구려인민들의 투쟁'이라고 되어 있는데, (「조선통사」〈증보판〉 제 3장 제 5권) 실제로 초기의 전쟁은 고구려인과의 싸움이었지만, 후기의 당군 축출은 여·라 인민들이 주축이 된 것이기 때문에 그 표현이 바뀌어야 한다. 신라 후반기의 해설에서도 '9세기 농민전쟁(북한)'만이 당시의 상황이 아니라 '지방세력(호족: 남한)'의 역할도 중요한 사실이었다. 따라서 농민전쟁을 우선하는 북한과 귀족세력의 반란 또는 호족의 역할과 새로운 사상의 등장을 강조하는 남한의 시각 차이를 볼 수 있다.

다음으로 남북한 역사서술에 가장 큰 차이는 역사발전의 요인을 북한에서는 '인민들의 투쟁'에 두고 있는 점이다. 우선 「조선통사」(증보판)의 상권

83) 앞의 책, pp.345~346

84) 신형식, 고운 최치원의 역사인식에 대한 새로운 접근 -Dante의 「제국론」을 통해서 본 -(「고운학회 창립기념논문」 2002: 「한국고대사」 삼영사, 2002)

12장 53절 중에서 13절(소항목은 34)이 투쟁이라는 제목이며, 하권의 15장 62절 중에서 34절이 투쟁이라는 제목으로 되어있다. 결국 근대 이전은 봉건 지주계급(안)과 외적(밖)의 원수들과의 투쟁의 역사였고, 근대 이후는 항일무장투쟁(밖)과 사회주의 건설(안)을 위한 투쟁이 되는 것이다. 때문에 지배계급은 언제나 반역사성을 띄게 되었으며, 남한에서 반란을 주도한 만적·김사미·효심·이시애·임꺽정 등은 정의의 표상으로 평가된다. 여기서 남북한은 같은 사건의 서술이 다음과 같이 바뀌고 있다.

〈표 4〉에서 보듯이 북한은 대부분의 역사사건을 '인민의 투쟁'으로 평가하고 있다. 그러나 역사의 진전은 투쟁만 있는 것은 아니다. 이러한 투쟁은 곧 주체사상의 구체적 표현으로서 '혁명과 건설의 주인은 인민 대중이며 그 추진의 힘도 인민대중에 있기 때문에, 자기운명의 주인은 곧 자기자신이며 그 바탕은 인민대중의 역할에 기초한 혁명적 전술'이 주체사상이라는 것이다.[85] 그러나 80년대에 들어서서 러시아(고르바초프)의 개혁·개방노선에 대응하여 체제수호를 위한 이론적 변화로 혁명의 주체가 인민에서 '수령·당·인민대중의 통일체(사회·정치적 생명체)'로 바뀌게 되었다. 이때의 인민대중은 개인이 아니라, 공산주의자들의 집단으로 파악하고 있다.[86] 이러한 시각은 남한의 경우 전혀 정치현실과 무관하게 서술되고 있음이 주목된다. 그러므로 북한의 서술은 개인저서나 국가발행의 저술이나 그 내용이 차이가 없기 때문에 '역사가 정치의 시녀'에 앞잡이가 된다(〈표 6〉 참조). 이러한 사실은 사회과학원 력사연구소(국가기관)와 손영종(개인)의 저서를 비교해보아도 차이가 없다. 따라서 북한에서는 개인의 주장이 존재하지 않고

85) 김정일, 주체사상에 대하여(「김정일 동지의 문헌집」조선로동당 출판사, 1982): 통일교육원, 북한의 정치(「북한의 이해」 1996, pp.38~39)

86) 통일교육원, 앞의 책, p.40

오직 같은 내용만이 허용됐다는 사실이다. 즉, 국가편찬이나 개인 저술이 그 목차까지 같다는 것이다. 이에 대해 남한의 경우를 보면 아래 〈표 6〉과 같다.

〈표 5〉 남북한의 역사용어 비교

남 한	북 한
통일신라	후기신라
발해의 산동성(등주) 공격	732~733년 발해·당 전쟁
조위총의 난	서경폭동군
만적의 난	만적의 폭동계획
이시애 난	1467년 함경도 농민전쟁
임진왜란	1592~1598년 임진 조국전쟁
홍경래난	1811~1812년 평안도 농민전쟁
진주민란	1862년 진주 농민폭동
병인양요	1866년 프랑스 침략자들의 무력침공을 반대한 조선인민의 투쟁
갑오경장	1884년 브루죠아 혁명
동학혁명	1894(갑오) 농민전쟁
해방(광복)	조국의 해방, 위대한 수령 김일성 동지께서 주체적인 새민주조선 건설제시
6.25전쟁	공화국 북반부에 대한 미제와 남조선괴뢰 도당의 무력침공
4.19혁명	4월 인민봉기
5.16쿠데타	유신독재체제의 수립과 남조선 사회의 가일층 파쇼화
광주 민주항쟁	10월 사건 이후 반파쇼 민주화 운동의 급격한 발전, 영웅적 광주인민봉기

〈표 6〉「조선전사」(3)과 「고구려사」(손영종)의 목차 비교

	「조선전사」 3 (1991)	「고구려사」(손영종, 1990)
제 1장	고구려 봉건국가의 성립	고구려 건국
제 2장	고구려 봉건국가의 초기발전	고구려 봉건국가의 초기발전
제 3장	국력의 강화와 고조선 옛 땅의 완전수복을 위한 고구려인민들의 투쟁	국력의 강화와 고조선 옛 땅의 완전수복을 위한 고구려 인민들의 투쟁
제 4장	3-4세기 고구려에서의 봉건제도의 공고발전	고구려에서 봉건제도의 공고 발전
제 5장	겨레와 강토를 통일하기 위한 고구려 인민들의 투쟁	겨레와 강토를 통일하기 위한 고구려 인민들의 투쟁
제 6장	봉건적 중앙집권체제의 가일층 강화 [제 7장 이하도 동일함]	고구려에서의 봉건적 중앙집권체제의 가일층 강화 (제 2권)

〈표 7〉「한국사」(5)와 「고구려사」의 비교

	「한국사」 3 (1996)	「고구려사」(신형식, 2003)
제 1장	고구려의 성립과 발전	고구려사 연구의 현황과 과제
제 2장	고구려의 변천	고구려사의 성격 문헌에 나타난 고구려상
제 3장	수·당과의 전쟁	고구려의 성립과 발전
제 4장	고구려의 정치·경제와 사회	고구려의 대외관계와 수·당과의 항쟁
제 5장	고구려의 문화[87] 불교, 도교예술, 과학기술	고구려 사회의 제문제 고구려 문화

〈표 7〉에서 알 수 있듯이 남한의 경우 국가(국사편찬위원회)와 개인 저서는 그 내용과 방향이 전혀 다르다. 북한은 저자가 '사회과학원 역사연구소'여서 실제 필자를 밝히지 않는다. 그러나 남한은 '국사편찬위원회'가 발행만 한 것이지 매 장마다 필자를 밝히고 있다. 따라서 그 내용이 같을 수 없다.

87) 고구려 문화는 별도로 「삼국의 문화편」(「한국사」(8))에서 다루고있기 때문에 제5장이라고 표시하였다.

물론 북한도 심사·편집·장정·교정의 책임자 명단은 있으나 개인의 주장은 허용되지 않는다. 그러나 남한은 자문위원·편찬위원·집필자·기획편집자가 구별되지만 어디까지나 집필자의 책임으로 이루어진다.[88]

끝으로 남북한 서술의 가장 큰 차이는 현대사의 비중이다. 「한국사」(초판, 1975-1981)에는 근대편에 2권(22권 중)이었고 「신판 한국사」(1993-2003)에도 일제강점기에 5권, 현대에는 1권만 할애하고 있다. 그러나 북한의 「조선전사」(1979-82)는 전체 33권 중에서 현대사(1926년 이후)가 18권(근대는 3권)으로 되어있어 현대사 위주의 역사서술을 보게 된다. 이러한 사실은 「조선통사」(하)도 거의 현대사로 채워지고 있어 근대사는 김일성의 선대사, 그리고 현대사는 김일성사(일부 김정일 포함)로 채워지고 있다.

북한의 「현대사」 18권은 크게 「항일무장투쟁사」(7권: 1926-1945), 「민주건설사」(2권: 1945-1950), 「조국해방전쟁사」(3권: 1950-1953), 그리고 「사회주의건설사」(6권: 1953-1980) 등으로 되어있다.

이에 비해 남한의 현대사(「한국사」, 52)는 단 1권으로 광복과 미·소의 분할점령, 통일국가 수립운동, 미군정기의 사회·경제·문화, 그리고 남북한 단독정부의 수립으로 되어 있으며, 북한에 대한 서술은 간략하지만 조선민주주의 인민공화국의 수립(1절) 내용이 서술되어 있다. 이에 대해 북한의 서술은 한민족의 본토기원설을 비롯하여 단군릉 발견과 대동강문화권을 이어 「고조선—고구려—발해—고려」로 이어지는 고대 이후 한국의 정통성을 강조한

88) 북한의 경우는 저자가 개인이 아니라 「사회과학원 력사연구소」이다. 그러나 남한의 경우 「고구려사」를 예를 들면 자문위원(이기백, 황수영)은 최고 원로학자이며, 편찬위원(노태돈·신형식·이기동·정영호)은 학계 중견교수로 큰 목차결정에 도움을 주었고 집필(공석구·김기홍·김현숙·노태돈·여호규·이호영·임기환)은 실제 각 장 내용을 저술한 책임자이다. 그리고 기획·편집(신재홍·변승웅·고혜령·고성훈·박한남 등)은 국사편찬위원회 연구관(또는 역구사)으로서 편집과 교정을 담당한 실무진이다.

후, 김형직－김일성－김정일－김정은으로 이어진 근·현대사의 체계화를 위한 방편으로 생각된다.

이처럼 북한은 불멸의 주체사상으로 개인의 우상화를 위한 도구로 역사를 이용하였다. 조선 민족의 혈통은 우리 인민이 수천 년 력사에서 처음으로 높이 모신 위대한 수령 김일성 동지에 의해 훌륭히 마련되고 경애하는 김정일 동지에 의해 의하여 순결하게 이어지고 고수되어 온 혈통이다.[89] 따라서 북한은 우리 민족과 김일성을 일치시켜 북한 정권의 합법성을 현대사 속에서 풀어나간 것이다. 그러므로 임시정부의 법통성과 대한민국의 정통성을 부인하여 진실한 역사적 사실을 왜곡하고 있다. 이에 대해서 「한국사」(권52)에서는 북한의 조선공산당, 조선민주당, 천도교 청우당, 조선신민당, 북조선 임시인민위원회 등을 설명하고 북한의 내각명단까지 소개하고 있다.[90] 이에 대해 북한의 「조선전사」(16-33)에는 전체 18권 중에 김일성이 빠진 때는 한 번도 없었으니 결국 북한의 현대사는 김일성의 활동사(항일투쟁·새민주조선 건설·사회주의 혁명활동·조국해방전쟁 전략·사회주의건설전략·주체사상확립·사회주의 문화건설)가 된다. 「한국사」에는 북한정부(조선민주주의 인민공화국) 수립을 사실대로 기록하고 있으나, 「조선전사」(권23-24)에는 '미제의 단독정부조작책동과 식민지 파쇼통치를 짓부수기 위한 남조선인민들의 투쟁(제 24권 제 10장)'만 서술하고 있다. 당시 남한정부(대한민국)는 1948년 8월 15일에, 북한정부(조선민주주의 인민공화국)은 1948년 9월 9일에 단독정부가 세워졌으나, 한국정부는 그 해 12월 12일에 '한반도에서 유일한 합법정부'로 UN의 승인을 받은 바 있다.

---

89) 김창호, 김일성 민족으로서 우리민족의 혈통을 고수해 나가시는 위대한 령도(「력사과학」 2000), p.18

90) 김성보, 조선민주주의 인민공화국의 수립(「한국사」 52, 2002), pp.424~466

북한의 「조선전사」(권25-27)는 6.25전쟁사(중국에서는 抗美援朝戰爭)로서 조국해방전쟁사라 하여 '공화국북방부에 대한 미제와 남조선괴뢰도당의 무력침공' 으로 남한이 北侵한 것으로 서술하고 있다. 그러나 이러한 6.25전쟁이 소련과 중국의 지원을 받은 북한(김일성)의 南侵이라는 사실은 국내·외적으로 확인된 바 있다. 다만, 일부의 수정이론이나 미·소의 대립구도에서 야기된 전쟁이라는 견해는 있지만, 이 전쟁이 北侵이라면 그토록 허무하게 전선이 무너질 수는 없는 노릇이다.[91] 최근 蘇鎭轍 교수가 쓴 「한국전쟁 어떻게 일어났나」(한국학술정보, 2008, 「朝鮮戰爭の起源」 개작)에서 당시의 비밀문서(스탈린과 김일성의 교신, 북한군 공격개시 지시문 등)를 분석하여 6.25 전쟁은 스탈린·毛澤東·김일성이 共同戰犯임을 밝히고 있다.

이러한 사실은 「조선전사」(25-27권)의 조국해방전쟁사에도 전쟁 1~4단계 전략을 소개하고 있어 만일 한국이 北侵을 했다면 어떻게 1~4단계 전략을 구체적으로 작성할 수 있을까 하는 의구심이 앞선다. 그리고 마지막 6권(28-33권)의 「사회주의 건설사」는 사회주의 완성을 위한 경제개혁·문화혁명·평화통일·새농촌건설·주체사상·남조선인민의 투쟁·3대혁명소조·조국통일 등 북한의 정치노선을 정리한 것이다. 여기서 북한은 남조선사회라고 칭하여 한국이 북한의 정식국가명칭을 사용한 것과 분명히 대조된다. 역사적 사실은 정치현실에 따라 그 명칭이나 의미가 소멸될 수 없기 때문이다.

---

91) B. Cumings, *The Origins of the Korean War*, Vol.1(Princeton Univ.Press,1981)
I.F.Stone, *The Hidden History of the Korean War*(Boston: Little Brown, 1988)
국방부, 「한국전쟁사」(1977)
김학준, 「한국전쟁」(1989,박영사,중보판,1993)
김철범, 「한국전쟁의 국제적 요인」(「국사관논총」 28, 1991)
유재갑, 「6.25전쟁연구-전쟁발발의 대내적 원인 분석」(「국사관논총」 28, 1991)

4) 맺음말– 통일역사관 모색의 필요성

이상에서 우리는 북한의 역사인식체계와 그 서술상의 특징을 살펴본 결과, 남북한의 역사 서술에 있어서 커다란 차이를 확인할 수 있었다. 특히 시대구분(고대사회의 하한선, 중세의 시작과 종결시기 및 현대의 기점 등)에 있어서의 차이와 역사사건의 명칭, 그리고 역사해석에 있어서 남북한의 현격한 대조를 볼 수 있었다. 무엇보다도 북한의 모든 논문이나 저술의 첫 머리에 반드시 '김일성 교시와 김정일의 유시'가 등장하는 것은 북한 외의 어느 나라에서도 찾을 수 없는 현상이다.[92] 무엇보다도 김일성의 개인 우상화와 父子世襲을 역사서술의 기본방향으로 정하였기 때문에, 북한에서는 이러한 기준에 벗어난 개인저술이 나타날 수가 없다.

동시에 북한 역사인식의 기본방향은 '인민대중의 투쟁'이고 역사서술목표는 소위 '주체사상을 설명'하는 도구이며, 북한 사회주의 건설에 정당성을 부여하는 과정인 것이다. 이와 같은 입장에서 고대(노예제사회)와 중세(봉건사회)는 안(봉건지주계급)·밖(외적)의 원수들과의 투쟁기라서 고조선–고구려로 체계화시켰고, 근대 이후는 민족독립을 위한 투쟁(근대)과 사회주의 건설을 위한 투쟁(현대)으로 설명하고 있다. 그러므로 역사서술의 큰 주제가 절반이상이 투쟁으로 구성되어 있다. 더구나 근대의 독립운동을 위한 투쟁은 金日成 先代(김응우와 김형직)가 중심이었고, 현대의 투쟁은 김일성이 주도한 것으로 되어있다. 여기서 북한은 자연스럽게 현대사 위주로 역사를 설명하였지만, 남한은 거의 현대사를 외면하고 있어 역사학보다 정치학·경제학

92) 북한에서는 인민학교 1학년용의 사회과(역사) 교과에서는 '경애하는 수령김일성 원수님의 어린 시절'과 '위대한 영도자 김정일 수령님의 어린 시절'이 있고, 중등학교에서는 '위대한 수령 김일성 원수님의 혁명활동'과 '혁명력사'가 정규과목이며, '김정일 혁명활동'과 혁명력사가 첨가되어 있다(국토통일원,「북한의 학교 교육과정 분석」1987. pp.18~19).

에서 현대사를 더 많이 다루고 있어 비교가 된다. 이와 같은 현대사 위주의 역사인식은 사회주의 국가로 향하는 합법칙성으로서 북한정권의 정통성을 강조하려는 것이다.

그러므로 임시정부의 법통성은 외면되었고 대한민국의 정통성은 부인하는 결과가 되어 남한의 경우 「한국사」 52권(2002)에서의 북한(조선민주주의인민공화국)정권을 인정한 것과는 대조된다. 역사는 객관적인 사실의 기록을 생명으로 할 때와 개인을 위주로 서술할 때 거기에는 커다란 역사인식 차이가 있게 되기 때문에 남북한의 시각이 크게 비교된다. 개인의 역할을 역사추진의 바탕으로 한 북한의 역사서술에는 정치현실의 반영이라는 비판이 있게 되며 지나치게 일인위주로 된 역사왜곡의 함정에 빠질 우려가 크다.

또한 북한 역사서술은 사실의 전달보다 그 사건해설에 대한 정치적 표현으로서 의미부여에 큰 비중을 둔다. 때문에 그 사건 제목이 길게 된다. 따라서 '고구려의 수·당 과의 싸움(남한)'이 '수·당 침략자들을 반대한 고구려 인민들의 투쟁(북한)'으로 그 표현이 길고도 강성화되었다. 이러한 북한의 장황한 제목은 투쟁과 혁명을 위한 목적으로 현재는 전보다는 크게 완화되었지만 강성대국의 이미지 확보를 위한 수단으로 큰 틀을 바뀌지 않고 있다.[93]

그러므로 언제나 고대·중세에 있어서 투쟁을 주도한 인물의 활동은 봉건적 통치계급에 대한 정당한 행위로 규정하였다. 따라서 그들의 행위는 고대에서는 언제나 사회발전의 추동력으로 평가되었으며 근대의 농민투쟁은 반일을 위한 혁명운동이라고 서술되었다. 그러나 주목할 것은 현대사회에서의 인민들의 투쟁이 남북한에서는 그 의미가 다르다는 사실이다. 즉, 북한에서는 모스크바 3상회의 「신탁통치안」의 찬성과 조선국민의 민주주의적

---

93) 신형식, 북한의 역사서술방향과 인식체계, 「남북한 역사관의 비교」,(솔 출판사, 1984)

통일달성을 위한 광범한 근로인민들의 투쟁으로 설명되고 있으나, 남한의 인민들은 북한이 달성한 민주건설의 성과에 고무되어 미국과 반동분자들을 위한 투쟁이 벌어졌다는 것이다.[94]

남북한 역사서술의 차이는 초등학교 교과서에서 출발하여 고등학교 교과서, 일반국사개설뿐 아니라 여러 가지 서술에서도 차이가 크다. 특히 북한의 서술은 모든 서술에서 김일성–김정일 사상으로 소개되어있다. 남북한 역사서술의 특징을 비교하기 위해 남북한 중등학교의 역사교과서 머리말을 소개하면 아래와 같다.

〈표 8〉 남북한 국사교과서의 머리말[95]

「조선력사」(고등중학교 2학년용, 1996)	「국사」(고등학교용, 1996)
이 세상에 조선의 반만년 력사가 빛나고 조선 민족이 위대한 민족으로 자랑 떨치게 된 것은 경애하는 수령 김일성 대원수님께서 세상에서 으뜸가는 참된 인민의 나라를 이 당에 세워주시고 위대한 령도자 김정일 원수님께서 우리 인민을 현명하게 이끄시기 때문이다. 하기에 우리 인민은 자랑찬 민족의 력사를 온 세상에 빛내이며 창조하고 있는 커다란 민족적 긍지와 자부심에 넘쳐 있다. 조선에서 태어난 우리는 갈라진 조국을 통일하고 이 땅 우에 더욱 살기 좋은 인민의 락원을 건설하여야 한다. 그러자면 우리 모두가 경애하는 수령 김일성 대원수님께서 개척하신 주체의 혁명위업을 빛나게 계승해나가시는 위대한 김정일 원수님께 충성과 효성을 다하며 내나라, 내 조국에 대한 열렬한 사랑으로 불타야 한다.	우리가 역사를 배우는 것은 지난날의 영화로운 때를 감상적으로 즐기고자 함이나, 또는 어려웠던 때를 생각하며 분개하고자 함에 있지 않다. 역사를 공부하는 궁극적인 목적은, 과거에 대한 이해를 통하여 현재를 바로 인식하고, 미래를 올바로 설계함에 있는 것이다. 민족사에 대한 올바른 인식은, 우리의 현재와 미래의 문제를 바르게 처리할 역사적 능력을 계발, 신장시키고, 민족의 역량을 확신하는 속에서 현재의 삶을 주체적으로 이끌어갈 수 있게 한다. (중략) 이제, 우리는 우리의 역사를 올바로 이해하고, 이를 토대로 오늘의 역사적 사명인 조국의 통일과 민족의 번영을 하루 빨리 이룩하여 우리 후손으로 하여금 자랑스러운 삶을 누릴 수 있도록 해야 할 것이다.

94) 「조선통사」(하), pp.315~323

95) 김정배(편), 「북한이 보는 우리역사」(을유문화사, 1989)
북한연구회「분단 반세기 북한 연구사」(한울아카데미, 1999)

〈표 8〉에서 우리는 남·북한 역사인식의 그 서술의 차이를 보면서 현재 남북한의 역사인식과 역사해석의 심각한 간극을 느낄 수 있었다. 역사는 과거를 통해서 현재와 미래를 비쳐주는 거울이기 때문에 지난날의 영광과 시련을 사실대로 전달하는 기능을 갖는다. 물론 역사(특히 국사)는 국민교육과 국가의식에 절대적인 영향을 주는 국민교과이기 때문에 정치현실에 따라 그 내용이 좌우될 때 역사의 기본기능은 상실되는 것이다. 동시에 역사전개과정에 있어서 투쟁이 사회발전의 주요 변수가 되지만,[96] 투쟁만 있는 것은 아니다. 그러나 투쟁(안)과 전쟁(밖)이 진행된 시기보다 평화·공존의 시기가 훨씬 길었기 때문에 역사는 발전한 것이다. 그러므로 투쟁만이 역사발전의 동인은 아니다.

물론 역사(특히 국사)는 자국위주의 독자성을 갖는 것을 불가피하다. 그러므로 우리는 상대방의 연구성과나 서술을 무조건 일소에 붙일 것이 아니라, 批判的 受容과 객관적 비판이 요구된다. 여기서 상대방의 서술과 역사인식을 선택적으로 수용할 수 있는 자세가 필요하다. 다만 북한의 경우 역사를 지나치게 정치현실 속에서 설명하고, 김일성 개인위주의 가르침(교시)에 빠져있는 한 역사왜곡은 불가피한 것은 사실이다. 역사발전의 원리를 인민들의 투쟁으로 부각시킨 북한이 이제는 특정 개인의 가르침으로 설명하는 그들 스스로의 모순을 벗어날 때가 되었다. 남북한은 각기 정치와 이념이 다른 정부가 세워졌기 때문에 역사를 보는 시각이 다를 수 밖에 없다. 여기에

신형식, 「남북한 역사관의 비교」(솔, 1994)
———, 남북한 역사관의 비교(「한민족 공동체」 10, 2002)
강인구, 이성미〈편〉, 「북한의 한국학연구성과 분석」(정신문화연구원, 1991)
윤병익, 「북한의 주체사상」(통일연수원, 1992)

96) 북한의 역사발전의 요인인 투쟁은 ① 자연의 구속으로부터의 투쟁(선사시대), ② 봉건지주계급(內)과 외국의 침략자(外)로부터의 사회적 구속에 대항하는 투쟁(고대, 중세), ③ 민족독립을 위한 외세와의 투쟁(근대), ④ 사회주의 혁명을 위한 투쟁(현대)으로 전개되었다고 서술한다.

〈표 9〉 대한민국 임시정부에 대한 남북한 서술의 비교

『조선역사』(북한교과서)	『한국사』(남한 국사교과서)
오늘 우리 나라-조선민주주의 인민공화국은 위대한 수령님과 친애하는 지도자 선생님의 현명한 령도에 의하여 끝없이 번영하는《주체의 조국》,《사회주의 모범의 나라》로 온 세상에 빛나고 있다. 위대한 수령님과 친애하는 지도자 선생님의 향도에 따라 나아가는 우리 인민은 세상에서 가장 행복하고 자랑스러운 인민이다. 이 땅우에 우리 인민의 행복이 어떻게 마련되었는가를 알고 주체의 혁명위업을 대를 이어 나가자면 우리 나라 력사학습을 잘하여야 한다. 조선의 력사와 문화를 잘 알아야만 조선혁명을 잘 할 수 있으며 주체가 선 참된 조국의 애국자, 공산주의자가 될 수 있다. 혁명과 건설에서 나서는 모든 문제를 자주적으로 주체의 실정에 맞게 풀어 나가며 혁명과 건설을 자기 인민의 지향과 요구에 맞게 해나가자면 자기 나라의 것을 잘 알아야 한다.	역사를 공부하는 궁극적인 목적은, 과거에 대한 이해를 통하여 현재를 바로 인식하고, 미래를 올바로 설계함에 있는 것이다. 민족사에 대한 올바른 인식은, 우리의 현재와 미래의 문제를 바르게 처리할 역사적 능력을 계발, 신장시키고, 민족의 역량을 확신하는 속에서 현재의 삶을 주체적으로 이끌어 갈 수 있게 한다. (중략) 우리 민족이 이루어 놓은 전통과 역사를 어떻게 이해하느냐에 따라서 민족의 삶을 이해하는 문제, 민족의 삶에 이바지하는 문제가 달라진다. 이제, 우리는 우리의 역사를 올바로 이해하고, 이를 토대로 오늘의 역사적 사명인 조국의 통일과 민족의 번영을 하루 빨리 이룩하여 우리 후손으로 하여금 자랑스러운 삶을 누릴 수 있도록 해야 할 것이다.

民族同質性 回復의 어려움이 있다. 무엇보다도 역사가 국가의식과 國民意識의 배양에 절대적 영향을 주기 때문에 '개인숭배의 철저한 귀속'에 익숙해진 북녘 동포의 자세는 '열린 사고와 개방된 자세로 다양한 사고에 빠져있는' 남한의 국민들은 북한을 피안의 세계로 바라볼 수밖에 없다.

그러나, 남북한은 현실을 외면할 수는 없다. 그러므로 한국역사의 올바른 복원을 위한 역사이질화 현상과 그 문제에 대한 성찰이 필요하다. 남한은 북한의 개인숭배나 주체사관이 갖는 문제점을 받아들이지 않지만, 북한정부의 수립(조선민주주의 인민공화국)을 공식적인 「한국사」(권 52, 2002)에 인정하고 있다. 그렇다면 북한도 다양한 의견과 외국의 견해를 받아들이고 개인숭배에 따른 문제점을 벗어나 폐쇄성과 고립성을 타파하고 대한민국의 정당

성을 인정하는 자세가 요구된다. 현대사는 개인에 의해서 발전되는 것이 아니기 때문에 북한도 하루 빨리 폐쇄성에서 탈피하여 밖을 내다보는 열린 역사관이 나타나기를 기대한다.

이상에서 본 바와 같이 북한의 역사인식은 인민대중의 투쟁이며 그 목표는 김일성 교시(주체사상·교시)에 의한 사대주의 국가 건설을 위한 내용이다. 따라서 역사를 왜곡·날조했기 때문에 역사를 우리는 과거 사실의 진실한 이해나 민족 동질성의 회복을 위해서도 그 문제점을 인식해야할 것이다. 국사는 우리 민족의 올바른 방향을 제시하는 거울이 되기 때문에 과거사실의 객관적 저술과 과거 역사 기록의 명암을 올바르게 전달해야할 것이다.[97]

7. 「삼국사기」의 성격

우리나라 최고의·문헌인 「삼국사기」는 고려 인종 23년(1145)에 왕명에 의해서 김부식이 책임자로 8명의 참고(參考)와 2명의 관구(管句)의 도움으로 만들어진 역사책이다. 이 책은 고려가 건국된 지 227년이 되어 정치가 발달되면서 이자겸 난(1126)과 묘청 난(1135)을 겪은 인종은 왕권강화의 수단으로 국사서술이 필요함으로 「삼국사기」를 편찬하게 되었을 것이다. 이러한 사실은 「삼국사기」를 바치는 글 (進三國史記表)에서 알 수가 있다.

> 臣 김부식은 말씀 올립니다. 옛날 여러 나라에 각기 史官을 두어 사실을 기록하였습니다. 생각건대 우리나라 삼국은 그 역사가 오래되었으니 그 사실(역

97) 신형식, 북한역사 서술의 특징(「남북한 역사관의 비교」), p.44

사: 方策)을 드러내야 합니다. 지금 학사대부들은 중국문헌(5경 · 중국역사서)은 상세히 알고 있어도 우리 것은 그 시말을 알지 못하여 심히 한탄스러운 일입니다. 중국 문헌에는 列傳이 있으나 우리나라 기자는 실리지 않고 있었고 옛기록(古記)은 조주 · 왕비의 선악 · 신하의 忠孝 · 나라의 안위 · 인민의 治亂을 드러내어 징계할 수 가 없었습니다. 이에 3長之才(才 · 學 · 識)의 인물로 역사를 이루어 만대에 전하여 빛내기를 해와 별처럼 하고자 합니다.

에서 알 수 있듯이 우리의 역사(나라의 안위 · 왕의 선악 · 신하의 충효)를 기록하여 후세에 교훈을 남기겠다는 것이다.

이러한 시각에서 「삼국사기」는 중국문헌의 예를 따라 紀傳體로서 본기(28권)·지(志: 9권)·연표(3권)·열전(列傳: 10권)으로 50권으로 되어있다. 단지 본기(28권)에서 신라(12권)·고구려(10권)·백제(6권)으로 되어있고 그 외 기록도 신라 위주로 되어있으며, 열전에 등장된 인물 69명 중에는 김부식을 비롯하여 거칠부·이사부·강인문·장보고·최치원·설총 등이 대부분이어서 「삼국사기」는 실제로 신라사 위주의 문헌이다.[98] 이에 대해 「삼국사기」는 지나치게 사대적이며 모든 자료를 궁중에 감추었다는 비판은 있지만[99] 장도빈은 이와 반대 의견을 제시하고 있다.[100] 김부식이 「삼국사기」를 편찬된 시기 12세기 중엽(1145)에는 우리나라는 당시 마땅한 역사서술이 없었으며 史體에 왕의 역사를 本紀로 쓴 것은 당시 중국이 자기 황제의 역사서술체제였지만, 김부식은 우리나라 왕도 중국 황제의 本紀라고 표현한 사실은 사대적

98) 이기백, 삼국사기론(「문학과 지성」 26, 1976)
신형식, 「삼국사기연구」(일조각, 1981) · 개정판(경인문화사, 2011)
정구복, 김부식과 삼국사기(「한국중세사학사」, 집문당, 1999)

99) 신채호, 김춘추의 외교와 김유신의 음모(「조선상고사」,19)

100) 장도빈, 「국사개론」(1952, 고구려사연구), p.534

표현이 될 수 없으며, 다음에 나타난 「高麗史」(1454)에는 본기 대신 그 위상을 낮추어 世家로 쓰고 있었음은 「삼국사기」의 성격을 알 수가 있다. 「삼국사기」(50권)는 중국문헌(「사기」·「신·구당서」)와 달리 가장 큰 비중은 왕의 활동인 본기(28권)에 두고 있다. 왕의 활동을 나타낸 다음 기록(진흥왕 업적: 본기)을 보면 알 수가 있다.

① 원년 8월에 사면하고 문·무 관직을 높이고 이사부를 병부령으로 임명하였다.
② 5년 2월에 흥륜사, 14년 2월에 궁궐과 황룡사를 짓고 15년에 명활성을 쌓았다.
③ 14년 7월에 백제를 쳐들어가 新州를 설치하고, 15년 백제 성왕을 죽이고 18년에 國原(충주)을 小京으로 삼고 북한산주(서울북부)를 설치하였다.
④ 25년에 北齊, 31년에 陳나라에 사신을 파견하였다. (조공)
⑤ 12년 3월에 왕이 巡幸(청주지역: 娘城)하였고 16년 10월에 왕이 북한산을 순행하여 강역을 넓혀 전하였다.

이 기록은 진흥왕(514-540)의 업적기록이지만 대부분의 왕은 대체로 관직자 임명·궁궐과 성책조성·대외영토확장(전쟁)과 외교(중국과 조공), 그리고 지방출장(巡幸)을 필수로 하고 있었다.[101] 그러므로 삼국시대는 당시 정치·외교의 주인공인 왕의 업적을 자세히 기록해야 함으로 「삼국사기」는 당시 정치 사회상으로서 주인공으로서 왕의 활동에 큰 비중을 두고 있었다. 따라

101) 신형식, 삼국시대 왕의 참모습(「새로 밝힌 삼국시대의 역사적 진실」, 우리역사연구재단, 2013)
——, 삼국시대 왕의 모습(「한국 고대사를 다시본다」, 주류성, 2018)

서 다음에서 보듯이 본기가 중심이고 열전(위인전)이 그 다음으로 큰 비중을 차지하여 고대사회는 인물 중심의 시대였다.

삼국사기의 내용

항목	내용
본기〈28권〉	신라(12권)
	고구려(10권)
	백제(6권)
표(3권)	상(1권) 중(1권) 하(1권)
지(9권)	지(1·2권: 제사·악·색복)·지(3권)·직관(3권)
열전(18권)	김유신(3권)·장군(5권)·충신(2)·학자(1권)·기타(5권)·궁예(1권)

위 기록에서 볼 때 「삼국사기」 내용은 철저하게도 신라 위주의 기록이며 고대사회의 장군·학자·충신 등의 명단과 당시 제도와 지리(3국)의 내용이 중심이었다. 그러나 어디까지나 왕의 활동(업적)을 정리한 본기가 절반 이상을 차지하고 있으며 당시의 김부식을 대동한 유명한 인물(열전–장군·충신·학자 등)과 정치제도(정치제도〈직관〉·지리(3국의 지리)·사회제도(음악·제사·복식 등)의 설명이 보완되고 있다. 무엇보다도 중시할 내용은 왕의 업적 설명에 천재지변에 대한 기록이 큰 비중을 갖고 있어 고대사회에서는 천재지변의 문제가 큰 의미를 갖고 있었다.[102] 결국 「삼국사기」 내용은 왕의 업적(활동)을 통해 고대사회의 모습을 설명하고 있다고 하겠다.

102) 신형식, 삼국사기(「한국고대사 서술의 정착과정 연구」, 경인문화사, 2016), p.81

본기 내용의 분석

3국 \ 내용	정치	천재지변	전쟁	외교
신라	48.3	26.8	10.1	14.8
고구려	36.4	24.1	18.3	21.2
백제	29.8	31.3	20.6	18.3
평균	38.2	27.4	16.3	18.1

「삼국사기」 내용에서 다음으로 크게 기록한 내용은 인물전기인 列傳(18권)이다. 열전에서 가장 부각시킨 인물은 김유신(3권)으로 나타나 있다.

위태로움을 보고 목숨을 바치며 어려움을 당하여 자신을 잊는 것은 열사의 뜻이다. 무릇 한 사람이 목숨을 바치면 백 사람을 당해내고 백 사람이 목숨을 바치면 천 사람을 당해낸다. (중략) 지금 나라의 어진 재상이 다른 나라에 억류되어 있는데 어렵다고 해서 어려움을 잊을 것인가. (「삼국사기」 권41, 김유신전)

이 내용은 김춘추가 자신의 사위와 딸(품석부부)이 백제 의자왕에게 피살되었을 때 고구려에 구원을 요청하기 위해 그곳에 갔으나(642) 고구려에 구속되었을 때 김유신이 결사대를 이끌고 그를 구출할 때의 사건이다.

그 외의 기록에도 「삼국사기」는 「열전」에도 인물소개에 고구려인은 을지문덕·을파소, 백제인은 계백·흑치상지 등 소수인만 소개되고 대부분이 신라인으로 되어있다. 그리고 관직(잡지)소개에도 거의가 신라관제도 신라제도의 설명이며 고구려·백제 관직은 연대가 오래되고 기록이 애매하여 간단한 소개로 되어있다. 여기에 「삼국사기」가 지닌 문제점과 한계가 있다.

8. 「삼국유사」의 성격

「삼국유사」는 1280년(원종 6)에 「삼국사기」가 편찬된 지 135년 뒤에 승려 일연(1206-1289) 개인이 만든 불교의 야사집(역사는 일부 포함)이다. 「삼국사기」와 달리 불교의 입장에서 왕실과 민간에 전해진 야사를 중심으로 제일 앞에 王歷으로 중국 역사와 3국의 역사를 시기별로 정리하였고, 이어 우리나 역사를 紀異 ①(단군조선~무열왕) ②(문무왕~후백제 · 가야)로 설명하였다. 그리고 제3권 이후로는 불교에 관계된 내용으로 興法 · 탑상 · 의해(義解) · 감동 · 피은(避隱) · 효선(孝善)으로 되어있다.

「삼국유사」의 내용

권	해설	내용
① 王曆	주몽과 3국의 역사	○ 중국: 전한(선제 갑자BC.57)-후당(천복 8년: 936) ○ 신라: 혁거세(1년: BC.57) - 경순왕 9년 (935)
② 紀異〈1, 2〉	우리역사 주요내용	① 단군-3한-신라(혁거세-김유신-무열왕) ② 문무왕-성덕왕-경순왕-3한-가야)
③ 興法	불교전파	순도-아도-법왕
④ 塔像	불교탑상	황룡사-분황사-불상
⑤ 神呪	스님역할	밀본스님이 귀신 쫓아냄 · 혜통이 귀신 항복시킴
⑥ 感通	불교의 의미	불교행사 · 불교의 역할 · 두솔가 · 예성가
⑦ 避隱	스님의 도리	남자가 구름을 타다 · 명예를 버린 스님 · 벼슬을 버린 스님
⑧ 孝善	스님의 효도	진정사의 효도 · 김대성의 효도

이상에서 볼 때 「삼국유사」는 앞부분(王歷과 紀異 2절)만 역사 내용이며, 3절 이하는 전부 불교에 관계된 내용으로 되어있어 역사 내용은 3분의 1에

불과하다. 다만 앞부분의 역사기록에는 「삼국사기」에 없는 상고시대사(단군~3한 시대)의 사실이 나타나 있어 삼국시대 이전 사실은 비로소 알게 된 것이다. 특히 본서의 맨 앞부분인 「기이」에 옛날의 성인은 예절과 음악을 가지고 나라를 세웠고 仁과 義를 백성에게 가르친 사실로 보아 단군과 3국의 시조를 모두 기이편에 둔 사실을 부각시키고 있다. 이러한 시각에서 「삼국유사」에도 紀異편 시작을 단군에서 시작하고 있다.

옛날 桓因의 서자 桓雄이 천하를 차지할 뜻을 두었다. 아버지가 아들의 뜻을 알아 三危太白을 내려다보니 인간들을 널리 이롭게 해줄만 했다. 이에 환인이후 3개를 환웅에게 주어 인간의 세계를 다스리게 하였다. 환웅은 무리 3천명을 거느리고 태백산(묘향산) 마루터에 있는 신단수(神市) 밑에 내려왔다. 그는 風伯·雨師·雲師를 거느리고 수명·질병·형벌·선악을 주관하고 모든 인간의 300여 가지를 주관하고 교화하였다. 이때 범과 곰 한 마리가 같은 굴 속에 살고 있었는데 이들은 항상 신웅(환웅)에게 사람되기를 빌었음으로 신웅이 쑥 한 줌과 마늘 20개를 주면서 이것을 먹고 백일 동안 햇빛을 보지 않으면 사람이 될 것이라고 했다.
이들이 이것을 받아먹고 37일(21일)을 忌하니 곰은 여자(熊女)로 변했으나 (범은 忌를 잘못해서 사람이 되지 못함) 같이 살 사람이 없어 날마다 나무 밑에서 아기 배기를 원했다. 환웅이 잠시 거짓변하여 그와 결혼해서 아들을 낳았으니 그가 단군왕검이다.

이 내용이 단군신화이다. 단군은 당고조(堯) 50년(庚寅年)에 평안에 도읍하고 1500년 간 나라를 다스렸는데 이때 조선이라고 불렀다. 그후 箕子를 조선왕에 봉하였고 그 자신은 藏唐城(구월산)에서 숨어 山神이 되었는데 나이가 1908세였다는 것이다. 이 사실은 그대로 믿을 수는 없으나 시조신화로서는 우리가 생각할 수밖에 없는 것이다.[103]

단군조선을 이어 위만조선을 소개하고 있는데 문제는 단군신화는 「위서」(北齊의 魏收저술)와 같이 위만조선 내용도 「前漢書」(후한의 班固저술)의 내용을 소개하고 있어 「삼국유사」가 지닌 의미가 문제가 된다. 이어 馬韓(晋의 陳壽저술)도 그리고 北扶餘(「古記」)도 외국 문헌을 참고 기록으로 제시하고 있는 문제점을 보이고 있다. 그리고 특이하게도 고구려·백제·신라의 시조문제도 「삼국사기」가 아닌 「신·구당서」를 근거로 제시한 사실은 생각해 볼 문제다.

또한 삼국의 시조문제를 제하고도 「삼국유사」의 기록은 신라에만 소개되어 있는데 남해왕·탈해왕을 거쳐 한참 후인 미추왕(13대)으로 이어지고 있다. 「삼국유사」의 성격을 이해하기 위해 같은 내용을 최초로 기록된 남해왕과 무열왕에 대해서 「삼국사기」와 비교하면 아래와 같다.

(1) 삼국유사

㉮ 남해거서간을 次次雄(존칭)이라고 한다. 아버지는 혁거세, 어머니는 알영부인으로 平帝 원시 4년에 즉위하여 21년간 다스리고 地皇4년에 죽었다. 김대문이 말에 차차웅은 무당을 뜻으로 慈充이라고 한다고 하였다. 낙랑군이 金城(권1, 제2대 남해왕)을 침범하다가 이기지 못하고 돌아갔다.

103) 김정배, 「한국민족문화의 기원」(고려대출판부, 1973)
이병도, 「한국고대사회연구」(박영사, 1981)
윤내현, 「한국고대사의 국가와사회」(일조각, 1985)
서연대, 「북한 학계의 단군신화연구」(백산자료원, 1995)
단군학회(편), 「남북학자들이 함께 쓴 단군과 고조선연구」(지식산업사, 2005)
신용하, 「고조선 국가형성의 사회사」(지식산업사, 2018)

㉯ 진덕왕이 죽자 영휘 5년(甲寅)에 춘추공은 왕위에 올랐다. 나라를 다스린 지 8년만인 용삭원년〈신유661〉)에 죽으니 59세였다. 애공사 동쪽에 장사 지내고 비석을 세웠다. 왕은 하루에 쌀 3말로 지은 밥과 꿩 9마리를 먹었다. 그러나 백제를 멸한 뒤에는 점심을 먹지 않고, 아침, 저녁만 먹었다. 그 때도 쌀 6말(斗)·술 6말·꿩 10마리를 먹었다. (권1, 태종 춘추공)

(2) 삼국사기

㉮ 남해 차차웅은 혁거세의 적자로 신체가 장대하고 성품은 침착하였다. 원년 가을 7월에 낙랑군이 금성을 몇 겹으로 둘러쌓았으나 얼마 후에 물러갔다. 3년 정월에 시조묘를 세웠고 10월에 일식이 있었다. 5년에 탈해가 어질다는 소문을 듣고 맏딸을 그에게 시집보냈다. 7년에 탈해를 大輔(군무·국정 담당)로 삼았다. 8년 봄, 여름이 가물었다. 11년에 왜인이 병선 100여 척으로 침범하여 그들을 막았다. 13년 9월에 일식, 15년에 가뭄이 들어 창고의 곡식을 풀어 진출하였다. 19년에 큰 질병이 있었고, 겨울에는 얼음이 얼지 않았다. 20년 가을에 금성(太白)이 太微(궁정의 별자리)에 들어갔다. 21년 재해가 있었고 왕이 죽어 사릉원에 장사지냈다.(권1, 남해차차웅)

㉯ 이름은 春秋이고 진지왕의 아들 龍春의 아들이다. 왕은 용모가 영특하고 늠름하여 어려서부터 세상을 다스릴 뜻이 있었다. 왕이 죽자 신하들이 閼川의 섭정을 요청하였으나 굳이 사양하며 마침내 춘추가 김유신의 도움으로 왕위에 올랐다. 원년 5월에 良首 등에 명하여 律令을 살려 異方俯格을 정하게 하였다. 이어 당나라에 사신을 파견하였다. 2년 정월에 金剛을 상대등으로 삼고 당나라에 와신을 보냈다. 3년에 金仁問이 당나라에 돌아와 (무열왕 2년에 입안) 軍主로 삼았고, 아들(文王)을 당나라에 보내 조공하

였다. 9년(680)에 태자(法敏)을 보내 병선 100척으로 소정방을 맞이하였고 7월에 김유신은 소정방과 함께 백제를 정벌하였으며 법민은 의자왕의 태자(隆)을 말 앞에 꿇어앉히고 얼굴에 침을 뱉으며 꾸짖었다. 6월에 大官부의 우물물이 피가 되었고 금마군(전북 익산시)땅에 피가 흘러 그 넓이가 5보나 되었다. 이어 왕이 죽었다. (권5, 태종무열왕)

이러한 기록으로 볼 때 「삼국유사」는 처음으로 기록된 남해왕에 대해서 왕의 기록(업적)에 아무것도 없으며, 무열왕(「삼국유사」에는 태종 춘추공)에 대해서는 활동 내용은 없이 음식이야기(하루에 먹는 내용)만 있어 역사서술로서는 있어서는 안 될 기록이다. 이에 대해 「삼국사기」에는 남해왕의 경우 매년의 업적(관직 임명과 왜적퇴치)과 천재지변의 소개가 있고, 무열왕의 경우 매년의 활동(제도정리 · 관리임명 · 외교(조공) · 백제정벌)을 정리하고 있어 역사서술의 모습이다.

「삼국유사」는 앞부분(권1, 2)에 대표적인 왕이 간략한 활동(숨은 이야기 중심)으로 되어있고, 제3권 이후는 불교전파 · 사찰내용 · 유명한 승려(원광 · 자장 · 원효 · 의상)의 활동, 불교가 지닌 의미(感通과 避隱), 그리고 효도에 대한 내용으로 되어있어 불교가 주는 교훈을 나타내고 있다.

9. 「삼국사기」와 「삼국유사」의 비교

위에서 보듯이 「삼국사기」는 정식 역사문헌으로서 「기전체」의 시각에서 국가의 전개과정과 왕의 활동, 그리고 사회 · 정치제도(사회풍속 · 제사 · 음악 ·

의복 · 가옥 · 지리(3국의 지리: 지방제도와 지역설명)·관직제도)와 인물(열전 · 김유신 · 장군 · 학자 · 충신 · 효녀 · 후삼국의 견훤 · 궁예) 등을 설명한 삼국시대의 정치·사회문화 전반을 설명한 것이다. 따라서 「삼국사기」는 왕명에 의해서 김부식 등 고위 관직자의 주관 하에 삼국시대의 모습을 여러 방향에서 해설한 것이다.

그러나 「삼국유사」는 승려 개인의 저술로 국가의 입장이 아닌 개인의 시각에서 이룩된 책으로 국가의 입장을 반영한 저술이 아니다. 따라서 「삼국유사」는 역사서술이라기 보다는 불교내용(전래과정: 사찰과 불상, 유명한 승려명단, 그리고 불교가 보여준 감동과 은혜, 그리고 효도에 대한 사실)을 중심으로 이룩된 책이다. 다만 제일 앞의 1, 2권은 역사를 설명한 것으로 이책이 지닌 역사적 성격을 보여준 것이다. 제1권의 서두는 王曆으로 되어있어 신라 시조 박혁거세가 왕이 된 갑자년(B.C.57) 이후 경순왕이 사망한 을미년(935)까지 992년 간의 신라 존속기간의 역사를 왕의 활동을 중심으로 중국역사와 비교하고 있어 삼국시대와 당시 중국(전한~후당)왕조의 변화과정을 알 수 있게 한 것은 큰 도움이 된다.

또한 「삼국유사」는 제1권이 두 편의 紀異로 되어있어 단군시대 이후 신라 말까지의 주요사건을 기록하고 있다. 특히 「삼국유사」이면서도 紀異라고하여 특이(神異)한 사적을 기록하여 「삼국사기」에 없는 단군시대~삼한시대의 역사 내용을 소개한 것은 이 책의 가치를 보여준 것이다. 무엇보다도 紀異 제1권에 단군왕검의 실체(王儉朝鮮)와 위만조선, 그리고 3한, 낙랑, 발해(靺鞨渤海), 부여를 설명하고 「삼국사기」에 없는 단군신화 등을 보여준 것은 큰 의미가 있다. 그 외 신라사에서 혁거세 이후 마지막 경순왕(金傅大王)까지와 후백제·가락국에 대한 기록이 있다.

㉮ 김부대왕의 시호는 敬順이다. 927년에 견훤이 신라를 침범해서 고을부(영천)에 이르니 경애왕은 태조에게 구원을 요청했으나 이미 견훤이 쳐들어와 왕은 이때 비빈·종친들과 포석정에서 놀다가 왕은 왕비와 달아났다. 다음 해에 태조가 기병을 이끌고 서울에 오니 왕은 백관과 함께 임해전에서 잔치를 베풀었다. (중략) 왕이 국토를 바치고 태조에게 항복하였다. 왕건은 그후 그를 뒤로하고 장녀 낙랑공주를 그의 아내로 삼았다. 경순왕이 태조에게 귀순한 것은 아름다운 일이며 공로가 있고 백성들에게는 덕이 있는 것이라 하였다. (「삼국유사」 권2: 김부대왕)

㉯ 이에 대해 삼국사기(권12) 경순왕(傳)에는 왕의 즉위부터 재위 12년 간의 일을 1개년 거의 길게 설명하고 있다. 견훤에 의해서 추대된 후 2년에 견훤의 침입, 3년의 견훤 침입, 4년은 태조와 만나서 임해정잔치(5년) 6년은 당나라에 조공하고 지진발생, 8년은 운주(홍성)지역의 태조에게 항복, 9년 태조에게 항복의도 제시하여 고려와 필사적으로 싸우다가 패한다면 종실은 무너지고 죄없는 백성들이 해가 미칠 것임으로 왕실의 창고를 봉하고 귀순하였으니 백성에게 덕이 있을 것이라고 하였다. (「삼국사기」 권12, 경순왕)

위의 기록 ㉮에서 볼 때 「삼국유사」에는 경순왕의 업적은 없이 왕건에게 투항한 것은 다행한 일이라고 했고 「삼국사기」 ㉯기록에서도 견훤과의 관계와에 당나라 외교(조공), 지진발생문제, 태조에 투항한 사실을 다양하게 기록하고 있어 비슷하였다. 다만 「삼국사기」는 각 연대의 기록이 있기 마련이다. 다만 「삼국사기」는 역대왕의 업적을 연대별로 정리하고 있어 역사문헌으로서의 성격을 보이고 있다.

「삼국사기」와 「삼국유사」는 우리나라 역사를 설명한 대표적인 문헌이다.

그러나 이 두 책은 성격과 의미가 달라서 양자의 성격을 이해해야할 것이다. 「삼국사기」(1145)는 김부식 등 학자들이 국가의 입장에서 서술한 正史(문헌)이지만, 「삼국유사」는 1512년(재간) 일연을 중심으로 한 승려의 저술로 고대사의 야사집인 동시에 불교에 관련된 저술이다. 「삼국사기」는 삼국시대의 내용으로만 된 史書이지만, 「삼국유사」는 단군이후 상고사와 삼국시대의 역대왕의 내용과 불교에 관계된 신라시대의 사회상(승려의 역할·孝善의 의미)이 수록되어 있다.

「삼국사기」는 삼국시대의 正史로서 주로 삼국사회의 실상(정치·천재지변·전쟁·외교관계)을 정리한 것으로 역대왕의 활동과 列傳에서 보여준 충효사상과 인간의 도리〈의무〉 그리고 역사가 주는 교훈을 통해 고대사의 성격을 반영한 것이다. 이에 대해 「삼국유사」는 비록 야사의 성격을 벗어나지는 못하였지만, 그 저술가인 일연의 사상(무신정치·몽고지배의 시련을 극복)으로서 민족의 자주성과 긍지를 나타내기 위해 단군과 삼국시대 역대왕의 신성함을 부각시키고 불교가 지닌 위상을 강조하였고 민족의 자주성(향가와 불교의 위대성)을 내세운 사실에 큰 의미가 있다.

「삼국사기」와 「삼국유사」는 우리나라 고대사의 모습을 정리한 문헌으로 가치가 크다. 다만 「삼국사기」는 1145년에 편찬되었으며, 「삼국유사」는 1290년에 나타난 책으로 전자는 유교적 관리가 편찬한 正史이지만 후자는 승려가 만든 야사집으로 그 성격의 차이가 크다. 특히 「삼국사기」는 유교의 시각으로 관료가 중심으로 주로 서술된 내용이며, 「삼국유사」는 몽고간섭이라는 어려운 시기에 단군을 하느님의 후손으로서 민족의식을 반영하였고 그 내용도 단군 이후·상고시대사를 포함하였으며 특히 삼국시대의 대표적 왕(후백제·가야포함)과 명승(원광·원효·의상·자장)과 삼국시대의 문화가

소개되어 있어 「삼국사기」에 빠진 내용을 보완하고 있다.[104]

104) 신형식, 「삼국사기」와 「삼국유사」의 차이점과 공통점(「새로 밝힌 삼국시대의 역사적 진실」, 2013)

한국고대사의 전개과정

2

1. 삼국시대 전개과정의 공통성
2. 고구려사의 전개과정
3. 백제사의 전개과정
4. 신라사의 전개과정
5. 신라통일과정과 역사적 의의

신라 최고의 사찰인 불국사는 법흥왕 때 창건되었으나 751년(경덕왕 10)에 완성되었으며 사찰 안에는 금동비로자라나불상과 아미타여래좌상이 보존되어있으며 앞에는 석가탑·다보탑이 있다.

1. 삼국시대 전개과정의 공통성

어느 왕조(국가)나 전개과정에는 비슷한 공통성을 보이고 있다. 그것은 왕조의 탄생 이후 복잡한 변화로 발전과정을 성격별로 구분한 것으로 인간의 성장과정(소년-청년-장년-노쇠-사망)과 비슷한 모습인 것이다. 이러한 사실은 Spenglra의 「서구의 몰락」(Der Limtergang des Abendlandes 〈1914〉)에서 봄(소년)-여름(청년)-가을(장년)-겨울(노년)의 4단계설명과 Toynbee의 「A study of History」(1947)에서 탄생(발생)-성장(발전)-노쇠(분열)-해체(붕괴)로 정리한 사실에서도 나타나 있다. 역사와 문화는 왕조의 상징이기 때문에 이러한 과정으로 설명하기 때문에 우리도 고구려·신라·고려·조선왕조의 전환과정을 보면서 이러한 역사의 전개과정은 공통성을 보여주고 있다.

삼국시대사를 볼 때 시조의 신성한 위상이 탄생(봄: 출발)이며, 2세기의 태조왕을 거쳐 4세기의 소수림왕 때 크게 성장(여름: 발전)을 맞으며 5세기 광개토왕·장수왕 때의 전성기(가을: 장년)가 되고 7세기에 수·당 침입을 막았지만 시련으로 이어져 멸망(겨울: 해체기)을 보여주고 있다. 백제의 경우도 시작(탄생·봄)은 좋았으며 3세기 고이왕의 발전(성장)과 4세기의 근초고왕의 전성기가 있었으나 6세기 사비시대 노쇠기를 거쳐 7세기에 붕괴되고 말았다. 신라 역시 출발은 좋았으며 4세기 내물왕 때 김씨 왕조의 성립으로 성장이 시작된 후 6세기 법흥왕·진흥왕대의 발전기가 되었으며, 통일 후 7·8세기(무열왕, 문무왕, 성덕왕)의 전성기가 이룩되었으나 9세기 이후 후기 김씨왕가(원성왕 후손)의 쇠퇴가 신라 멸망의 단초가 되어 10세기에 멸망된 사실은 이러한 전개과정과 일치된 설명이 된다.

이러한 국가 전개 과정은 역사이해의 현상으로 각 시대의 성격과 인물의 평가에 기준이 되는 후세의 교훈이 되는 것이다. 그러나 당시의 집권자들은 이러한 과거사실을 인식하지 못하고 현실 위주(자신의 위치 부각)의 입장에 매몰된 문제를 외면한 결과 역사의 비판을 받게 된 것이다. 그러나 역사 전환과정은 당시 집권자로서는 이해하지 못한다는 사실을 모르고 있었다는 것이 역사의 진실이었다. 따라서 우리는 이러한 과거 사실을 오늘의 교훈으로 간과해서는 안될 것이다. 이러한 사실을 도표로 정리하면 아래와 같다.

삼국	성격	세기	왕	주요상황
고구려	탄생(출발)	1세기	동명성왕	국가건국 · 송양국 항복
	성장	2세기	태조왕 고국천왕	요동진출 을파소 등장 · 진대법
	발전	4세기	소수림왕	불교수용 · 태학설치
	전성	5세기	광개토왕 장수왕	백제정벌 평양천도 · 개로왕 살해
	쇠퇴	7세기	영양왕	수 · 당 침입 · 국가쇠퇴 · 연개소문 횡포
	멸망		보장왕	나 · 당 연합군 침입
백제	탄생	1세기	온조왕	국가건국
	성장	3세기	고이왕	6좌평 설치
	발전	4세기	근초고왕	고국원왕 피살 · 요서진출
	전성	6세기	무령왕 성왕	고구려정벌 사비천도
	멸망	7세기	의자왕	
신라 ↓	탄생	1세기	혁거세 탈해왕	박씨왕, 석씨왕
	성장	2세기	벌휴왕 조분왕	석씨왕 시작(소문국〈의성군〉 정벌) 감문국(김천) 정벌

통일신라 ↓	발전	4-5세기	내물왕	김씨왕씨 시작
	전성	6-7세기	법흥왕 진흥왕 무열왕	우산국 정복 · 본가야 병합 한강유역 진출(신주) 백제 · 고구려 멸망
	극성	7-8세기	문무왕 신문왕 성덕왕	통일완성 14관부 완성 · 9주 5소경제도의 완성 전제왕권 확립
	쇠퇴	9세기	헌덕왕 희강왕 진성여왕	김헌창의 난 왕위쟁탈전 후삼국 건국
	멸망	10세기	신덕왕 효공왕 경순왕	박씨왕 등장 후삼국 건국 고려에 귀순

이러한 삼국시대의 전개과정은 신라의 경우에만 나타난 것이 아니라 고려·조선시대에도 비슷한 과정을 겪었기 때문에 역사의 전개과정에서 거의가 보여지는 모습이다. 고려시대(918-1392)도 성장(10C)-귀족사회(11C)-무신란(12C)-몽고지배(13C)-멸망의 단계를 지녔고 조선(1392-1910)도 성장(15C)-혼란(16C-임진왜란·당쟁)-개혁(18C-실학)-시련(19C-대원군)으로 붕괴되었다.

2. 고구려사의 전개과정

우리역사상 가장 넓은 영토(만주지역과 한반도 중부)를 지배하고 중국(수-살수대첩: 612, 당-안시성승리: 645) 침략을 끝까지 막아낸 고구려는 약 7000년 간(B.C.37~A.D.668) 나라를 지닌 최대 강국이었다. 그러므로 장도빈은 「대한역사」(1959: 대고구려사)에서 '우리국사에서 고구려사를 제외하면 우리국사는 거의 가치가 없다'고 하였으며 이러한 사실에 입각하여 필자는 고구려를 중국의 세계질서(Chinese World Order)에 대항한 민족 정체성을 지켜준 당시 천하대국이었다고 하였다.[1] 고구려에 대한 당태종이 보장왕에게 준 교서에

> 지금 천하가 다 평정되었으나 오직 요동(고구려)만 복종하지 않고 있다. 그 후손들이 군사의 강성함을 믿고 모의하여 우리 토벌을 유도하였음으로 전쟁이 바야흐로 시작되었다. (「신당서」 권220, 동이 〈고려〉)

라고 한 것을 볼 때 고구려의 강한 모습을 알 수 있다.·여기서 우리는 고구려가 그냥 처음부터 강한 나라가 된 것이 아니라 수많은 싸움(고통)과 시련 속에서 지킨 나라였음으로 고구려인의 의지와 어려움을 잊어서는 안 될 것이다. 그러므로 고구려를 세운 주몽(B.C.37-卒本 〈현재 환인〉에 수도설치)은 단순한 왕이 아니라 天帝의 아들로 태어난 신성한 존재로서의 민족적 위상을 높여준 위대한 인물이었다.[2] 그러나 현재 고구려의 건국시기나 당시 국호문제(구려·고려·구고구려·원고구려)로 논의가 있으나 주몽이전의 원시 고구려는 현재 고구려와 구분하는 것이 바람직하다.[3]

---

1) 신형식, 당당한 천하대국(「고구려사」 2004, pp.57)
——, 고구려의 민족사적 위상(「한민족 공동체」 16, 2008), p.21

2) 김두진, 고구려 개국신화의 영웅 전승적 성격(「국사관논총」 62, 1995)
이기백, 고구려의 국가형성문제(「한국고대정치사회사연구」일조각, 1996)
노태돈, 주몽설화와 계루부의 기원(「고구려사연구」사계절, 1999)
이기백, 고구려 건국신화의 검토(「한국사연구」 113, 2001)

3) 고구려 건국시기 문제는 처음에 북한(손영종)의 「고구려사」(1990)에서 시작되었다. 그는 고구려 광개토왕비문에 광개토왕은 시조의 17세으로 되어있어 「삼국사기」의 13세손과의 차이가 문제가 된다는 사실을 바탕으로 건국시기를 B.C.277년으로 주장하고 있다(진시왕보다 31년 앞선다.) 이에 대해서 최근에 申龍雨는 당시 고구려는 秦·漢 동쪽에 있었음으로 건국시기를 B.C.217년으로 주장하였다(「간도학보」 3, 2019). 다만 중국문헌(「한서」·「후한서」·「삼국지」) 당시에 조선 외에 句麗라는 국명이 나타나고 있으며 「한국사」(권5, 1996: 고구려의 성립과 발전)

제2대 왕인 유리왕(B.C.19-A.D.18)은 수도를 國內城(현재 집안)으로 옮겨 국내성시대(3~427)가 시작되었으며 3대 대무신왕(18-44)은 수도를 평지성(국내성)과 산성(환도산성)으로 나누어 통치하면서 5부족을 통합하고 부여를 정벌하였으며(A.D.21) 6대 태조왕(53-146)은 옥저를 정복하며(A.D.56) 요동(서안평)으로 진출하였음으로(146) 고구려가 강국으로 발전을 이룩하였다. 그 후 9대 고국천왕(179-197)은 기존의 5부족 거주지를 행정구역(동, 서, 남, 북, 내부)으로 개편하였으며 을파소(國相)를 등용하여 중앙집권제를 강화하였으며[4] 진대법(진휼법)을 마련하여 관곡을 차등있게 대여하기도 하였다. 무엇보다도 11대 동천왕(227-248)때는 관구검의 침입(246)으로 큰 위기를 맞았으나 15대 미천왕(300-331)은 낙랑군을 멸망시키고(313) 대방군을 축출하여 한반도에서 중국세력을 몰아내게 하였다. 그러나 16대 고국원왕은 백제(근초고왕)의 침입으로 피살되는 비극을 맞았으나(371) 그를 이은 17대 소수림왕(371-384)은 국가를 안정시키고(불교수용과 대학설치: 372) 백제를 공격하면서 국력을 강화

에도 B.C.2세기에 고구려가 등장되고 있다. 그러나 이때에 나타난 고구려는 주몽이 세운 고구려라기보다는 원고구려, 구고구려, 원시고구려, 고구려종족사회로서 주몽 이전의 구려국이라고 보아 고구려인(소노부집안)이 주몽 이전에 이룩한 초기 국가로 본다는 견해가 크다.
김광수, 구고구려(「고구려 고대집권국가의 성립」, 연세대 박사논문, 1983)
지병목, 원시고구려사회(고구려의 성장과정요, 「백산학보」 34, 1984)
여호규, 구려 종족사회(「한국사론」 27, 1992)
노태돈, 고구려사연구의 현황과 과제(「동방혁지」 52, 1986)
강인숙, 구려국에 대하여(「조선고대 및 중세초기사 연구」 1993)
강맹산, 구고구려(최초의 고구려국가, 「백산학보」 40, 1992)
신형식, 고구려의 기원(「고구려사」, 이대출판부, 2003)

4) 김용선, 고구려 유리왕고(「역사학보」 87, 1990)
여호규, 고구려 초기 내부 통치체제의 성립과 운영(「한국사론」 27, 1992)
전미희, 고구려 초기의 왕실교체와 5부(「박영석교수 회갑논총」 1992)
김영화, 한국고대사회의 정치구조(「한국고대사연구」 8, 1995)
이종욱, 한국고대의 부와 그 성격(「한국고대사회연구」 17, 2000)
신형식, 국내성시대의 전개(「고구려사」 이대출판부, 2003)

시킬 수 있었다. 이러한 과정에서 고구려는 강국으로의 바탕을 마련하였으며, 광개토왕의 전성기를 이룩할 수 있었다. 이어 낙랑을 점령하고 전진과 연합하여 전연을 공격하면서 북방진출을 꾀하게 되었다.

오녀산성과 국내성 고주몽이 고구려를 세웠을 때 그 도읍지는 오녀산성(현재 사진〈좌〉: 요녕성 환인현)이었고 그 위에 왕궁지는 그 안에 왕궁지(사진〈우〉에 두었는데 현재 돌 유적만 남아있다)를 두었다. 그러나 이곳은 산 정상이어서 국가유지가 어려워 유리왕 22년(A.D.3)에 국내성(환인)으로 수도를 옮겼다.

그 후 19대 광개토왕(391-413)은 永樂이라는 연호를 쓰면서 중국의 분열(5호 16국: 316-439)을 이용하여 거란격퇴(395)·숙신정벌(398)·부여정벌(410)·후연침공(요녕성지배: 403)를 통해 만주를 지배하였고 백제·신라·가야를 공략하여(400) 한반도의 지배자로서 국가의 위상을 드높일 수 있었다. 그의 업적은 그 아들인 장수왕이 왕3년(414)에 부친의 업적을 기리기 위해 만든 비석(광개토왕비: 길림성 집안현에 세운 6.39m)에 남아있는데 비문은 1775자(150여 자 판독불가)이다.[5]

그러나 고구려의 최대 전성기는 그를 이은 20대 장수왕(413-491)때였다.

---

5) 정두희, 광개토왕릉비문 신묘년기사의 재검토(「역사학보」 82, 1982)
서영수, 광개토왕릉 비문의 정복기사 재검토(「역사학보」 91, 1982)
이진희, 저(이기동 역) 광개토대왕비의 탐구(일조각, 1982)
노태돈, 광개토왕릉비(「한국고대금석문」 1, 한국고대사회연구소, 1992)
고구려연구회〈편〉「광개토호태왕비연구 100년」(학연문화사, 1996)

남방으로 진출하면서 경제적 기반을 확보하고 북위(386-534)와 친선(425)으로 북방의 위협을 저지하고 평양으로 천도(427)한 후 백제(한성)를 침략하여 개로왕을 살해하면서(475) 신라지역(동해안으로 영덕·울진일대)와 서해안으로 남양만일대, 백제지역(조치원·연기지역) 그리고 한강남부지역(충주 단양지역)까지 진출하여 만주와 한반도 중부를 포함한 평양성시대(427-668)의 전성기는 물론 고구려사상 최대 판도를 완성할 수 있었다.

광개토대왕비

광개토대왕비는 왕의 아들인 장수왕이 부왕을 기념하기 위해 세운 석비(6m 26cm-파리 국립도서관에 보관)이다. 비문내용은 처음은 주몽으로부터 광개토왕까지의 왕의 소개이며 왕의 정복과정(숙신·백제·신라·숙신·대방·요서·만주)를 소개하고 있다.
장수왕 14년(414)에 부왕(광개토대왕)의 업적을 기념하여 세운 석비(6.39m-177자)이다. 왕은 숙신·연나라와 백제·신라를 정벌하고 왜를 격퇴시킨다.

장수왕이 재위 79년간을 재위하였음으로 아들(助多)이 죽고 그 손자인 문자왕(492-519)으로 이어졌으며 그 이름만 남은 부여의 항복을 받았으나 국가는 앞 시대와는 다르게 발전되지 못하고 당시 신라는 22대 지증왕(500-514) 이후 발전기에 들어서고 있었다(28대 법흥왕 등장〈514〉이후 24대 진흥왕〈540-570〉으로 이어지면서). 백제 역시 25대 무녕왕(501-523)도 중흥을 통해 양나라(502-557)와 동호하면서 고구려를 공격하였으며 이어진 26대 성왕(523-554)도 수도를 사비성(부여: 538)으로 옮기면서 국력을 회복하고 있어 문자왕(21대) 이후 안장왕(22대: 519-531), 안원왕(23대: 531-545) 등은 양나라(502-557), 동위(534-550), 북제(550-577), 陳(557-589)나라 등과 통교하는 것 외에는 별다른 활동이 없었다(25대 평원왕의 집안성청도: 586). 결국 수나라의 침입(격퇴 살수대첩,

26대 영양왕 23년: 612)과 당나라 침입격퇴(안시성 승리, 28대 보장왕 5년〈645〉)는 있었으나 연개소문의 폭정과 그 아들(남생·남건·남산)의 갈등으로 나당연합군에 의해서 705년 만에(B.C.37~668) 패망하였다.[6]

결국 고구려는 나·당연합군에 의해 멸망되었으나 동아시아에서 그 위상(수·당침입격퇴)은 당당한 나라였다. 무엇보다도 중국의 통일국가인 수,당의 침입을 저지하고 만주를 지배한 고구려는 우리 민족의 자긍심과 국가의식을 상징하는 나라였다. 그러나 지나친 제·라간의 갈등과 지나친 전쟁의 시련 그리고 말기의 정치적 비극(연개소문의 독재와 가족들의 분열)으로 소멸된 비운의 나라가 되었다. 그러나 고구려인들의 구국정신으로 부흥운동(劍牟岑은 安勝〈보령왕의 서자〉을 왕으로 모심)을 일으켜 신라는 그를 보덕국왕(금마저〈익산〉에 거주)으로 봉하고 당군축출에 이용하였다. 많은 고구려유민들은 신라를 도와 反唐운동에 참여하였으며 李正己·집단은 산동 반도 일대에서 대당운동을 일으키기도 하였으나 오랜 시련을 극복할 수가 없어 많은 유민들은 신라화하였고 동시에 유민들이 당으로 강제이주되어 결국 부흥운동은 종말되고 말았다.[7]

---

6) 김영하, 6-7세기 고구려 정치세력의 동향(「한국고대사연구」 5, 1992)
임기환, 6-7세기 고구려 정치세력의 동향(상동)
전미희, 연기소문의 집권과 그 정치적 성격(「이기백교수 회고논총」 1994)
노태돈, 귀족연립정권과 연개소문의 정변(「고구려사연구」 사계절, 1999)
신형식, 고구려의 멸망원인(「고구려사」이대출판부, 2003)

7) 노태돈, 고구려유민사연구(「한우근박사정년기념논총」 1981)
김문경, 「당고구려유민과 신라교민」(숭실대, 1986)
신형식, 통일신라시대 고구려유민의 동향(「한국사론」 18, 1988)
———, 고구려유민의 동향(「민족발전연구」 11, 2005)
김현숙, 중국 소재 고구려유민의 동향(「한국고대사연구」 23, 2001)

고구려사의 시대구분

시대구분	주요 내용
국내성 시대(A.D.3-427) 〈발전기〉 〈성장기〉	○ 졸본성 시대(B.C.57-A.D.3): 유리왕 22년(A.D.3): 건국 ○ 국내성 시대(A.D.3-457): 국력 성장, 부여정벌(대무신왕 4년: A.D.21) ○ 국가발전(태조왕-광개토왕: 55-412) ● 태조왕(53-147): 요동진출 ● 소수림왕(371-384): 율령반포 ○ 강국으로 등장: 광개토왕(391-412): 영토확장
평양성 시대(427-660) 〈전성기〉 〈쇠퇴기〉	○ 평양성천도(427): 전성기 장수왕(412-491)- 평양천도, 백제정벌(개로왕살해) ○ 국가쇠퇴 (1) 장안성 이전(585-668: 평원왕 28년) (2) 수·당의 침입(647-668: 보장왕)

이상과 같이 고구려는 한국사에 있어서 만주를 지배한 최초의 국가로서 그 의미는 크다. 그 전성기는 아래의 지도에서 보듯이 만주지역을 거의 지배하였고 남으로는 백제(웅진)와 신라(충주)의 북부까지 진출하여 우리 역사상 가장 넓은 지역을 지배한 나라였다. 다만 수도를 3번(졸본성-국내성-평양성)이나 옮겼으나 평양천도로 만주를 상실케 된 불행한 나라가 되었다. 고구려는 우리 역사상 만주지역을 장악한 강대국이었다. 만주 남부에서 시작되어 한반도 중부까지 지배하여 그 세력이 수·당세력을 넘어섰을 수 있었다. 이러한 과정에서 수도를 3번이나 옮겼으

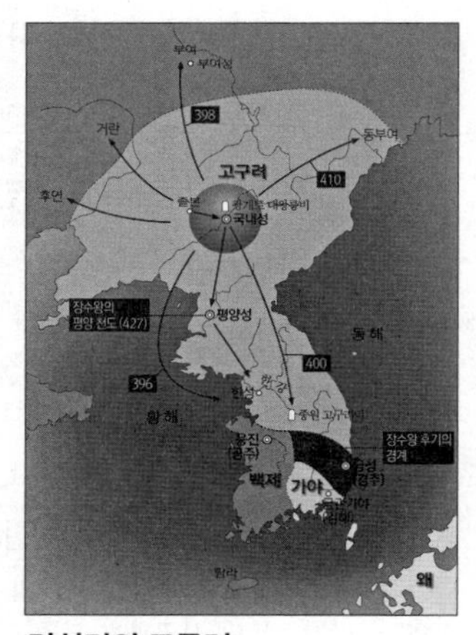

전성기의 고구려

며 한반도로 이전(수도 평양)하였으나, 결국은 이러한 수도남천인 평양천도는 결국 이후 만주를 잃게 되어 강국으로서의 위상을 잃게 된 것이다.

3. 백제사의 전개과정

백제 시조인 溫祚는 주몽의 아들이었으나 북부여에 있을 때 낳은 맏아들인 유리가 왕이 되었음으로 그는 형인 沸流와 함께 남쪽으로 내려와 서울부근(위례성)에서 백제(첫 이름은 十濟)를 세웠고 마한을 정복하고 국가체제를 정비(좌·우보 설치)하기 시작하였다.[8] 그러나 온조왕 이후 6왕이 거의가 특별한 업적이 없이 왕위는 계승되어 큰 발전을 이룩하지 못하였다. 제 8대왕 고이왕(234-286)때 와서 고대국가로 발전되어 제13대 근초고왕(346-375)때 전성기를 이루었으나 그 이상 발전이 어려웠다.

고이왕 시기는 중국은 3국 분열기(220-264)로서 그 영향이 없어 그 세력을 확대시켰고 고구려는 동천왕·중천왕시기로 큰 발전이 어려웠고 신라역시 석씨왕시대(조분왕·첨해왕: 230-261)로 정치적 성장이 어려웠음으로 신라를 공략하였다. 관구검의 고구려 침입(246)을 이용하여 낙랑 일부를 점령하였으며 율령의 반포와 6좌평의 백제관부를 설치하여 국가체제를 정비하였다. 근초고왕(346-375)은 고구려를 공격하여 고국원왕을 살해하였고(371) 요서지방에 진출하였으며 마한을 완전히 정복하여 백제의 전성기를 이룩하

8) 김두진, 백제건국신화의 복원시도(「국사관논총」 13, 1990)
양기석, 백제 정치사의 전개과정(「서경문화사」,2013)
이기동, 백제국의 성장과 마한 병합(「백제사연구」, 일조각, 1996)
신형식, 백제 전기 사회의 성격(「선사와 고대」 19, 2003)

였다.[9]

백제본기 〈삼국사기〉의 내용분석 (%)

권	대수	년간	정치	천재지변	전쟁	외교
1	3	온조왕-초고왕 (B.C.18-214: 232년)	28.4	41.4	25.7	4.5
2	10	구수왕-침류왕 (214-385: 171년)	39.2	31.2	20.7	8.9
3	6	진사왕-개로왕 (385-475: 90년)	35.8	29.4	16.2	18.6
4	5	문주왕-성왕 (475-584: 79년)	45.9	22.2	18.1	13.9
5	4	위덕왕-무왕 (584-641: 87년)	11.2	21.1	20.2	47.3
6	1	의자왕 (641-660: 19년)	18.5	42.6	20.6	16.7

그러나 그 후 고구려의 침략이 강화되어 왜국(일본)과 우호를 맺고 9대 아신왕(392-405)은 태자 腆支를 왜에 인질로 보냈고 18대 전지왕(405~420)은 東晋(317-420)과 왜와 외교를 맺으며 20대 비유왕(427-455)은 宋 (남조: 420-479)과 통호하면서 국가재건을 꾀했으나 21대 개로왕(455-475)이 장수왕에게 피살됨으로서 백제는 위기를 맞게 되었다. 이에 22대 문주왕(475-477)은 웅진(공주)으로 수도를 옮겼으나 국력을 회복하지 못하였고[10] 이어 25대 무녕왕

9) 노중국, 「백제 정치제도사연구」(일조각, 1988)
유원재, 略有遼西記事의 분석(「백제연구」 20, 1989)
여호규, 백제요서진출설재검토(「진단학보」 91, 2001)
신형식, 「백제사」(이대출판부, 2009)
이기동, 「백제사연구」(일조각, 1986)
이도학, 살아있는 백제사(휴머니스트, 2003)

10) 양기석, 웅진시대의 백제지배층 연수(「사학지」 14, 1980)
유원재, 「웅진 백제사 연구」(주류성, 1997)

(521-523)의 중흥노력도 성공하지 못하고 이어 26대 성왕(523-554)의 사비천도(부여: 538) 이후 梁나라(502-557)와 교섭으로 국가재건을 꾀했으나 신라(진흥왕)의 싸움에서 패사하여 극도의 시련을 겪게 되었다. 이로서 백제는 국력을 회복하지 못하고 무왕(600-641)은 수(581-604), 당(618-907)과 교섭을 꾀하였으나 마지막 의자왕(641-660)은 주색에 빠지고 충신(成忠) 등의 간언(실정)을 외면하다가 결국 나당연합군(소정방 · 김유신)에 패망하였다.

백제가 망한 뒤 백제 유민들의 부흥운동이 치열하게 전개되어 福信(왕족)과 道琛(승려) 등이 주류성(백촌강과 금강의 주장으로 그 위치가 홍성 또는 全義라는 견해가 있다)에서 군사를 일으켜 黑齒常之(임존성-현재 대흥)와 함께 부흥운동을 강화시켰다. 이 때 복신 등은 일본(倭)에 있던 왕자豊을 맞이하여 왕으로 삼고 사비성을 포위하며 나·당 연합군을 공격하였다. 그러나 나·당 연합군의 공격이 강화되어 복신 등은 사비성에서 물러나 임존성으로 옮겼으나 그는 도침을 죽이고 풍은 도침을 죽이는 내분이 격화되었다. 이에 나·당연합군은 주류성을 함락시킨 후 임존성이 무너져 부흥군을 지원하던 일본(倭)군은 백촌강 패전으로 부흥운동은 무너졌으며 일본(倭)의 지원을 받던 풍과 당의 세력을 받던 隆과의 형제싸움은 종말을 고하게 되었다.[11]

노중국, 「백제 정치사 연구」(일조각, 1988)
김수태, 백제 의자왕대의 정치변동(「한국고대사연구」 5, 1992)
양종국, 「백제멸망의 진실」(주류성, 2004)

11) 심정보, 백제부흥운동의 주요거점에 관한 연구(「백제연구」 14, 1983)
노종국, 「백제부흥운동사」(일조각, 2003)
김영관, 「백제부흥운동 연구」(서경, 2005)

백제사의 시대구분

시대구분	내용
한성시대(B.C.18-A.D.475) 〈전성기〉	건국- 성장기(온조-구수왕) 〈B.C.18-A.D.21〉 발전기(고이왕-근초고왕) 〈234-375〉 시련기(근구수왕-개로왕)
웅진시대(475-538) 〈중흥시대〉	중흥기(문주왕-성왕) 〈495-538〉
사비시대(538-660) 〈쇠퇴시대〉	쇠퇴기(사비천도-의자왕) 〈538-660〉

4. 신라사의 전개과정

신라는 삼국에서 처음으로 건국한 후 992년이라는 가장 오래 존속된 나라(B.C.57-935)로서 세계 역사상 드문 장수한 나라였다.[12] 그러나 신라는 그 기간에 56왕이 존재하였음으로 평균 재위기간이 17.7년 정도여서 제·려보다 짧았으며,[13] 초기에는 3성(박·석·김씨)의 대립으로 정치적 갈등이 심

12) 신라가 존속한 1천 년의 역사는 우리나라뿐만 아니라 세계사의 역사에도 아주 드문 내용이다. 고구려도 705년(B.C.37-668)이었고 고려왕조도 474년(981-1392), 조선왕조도 518년(1392-1910)뿐이었다. 중국의 경우도 漢왕조(전한〈B.C.206-A.D.5〉, 후한〈25-220〉)도 426년이었고, 중국 사상 가장 강력한 왕조인 唐도 389년(618-907)뿐이었다.

13) 이에 대해 고구려는 존속기간이 705년간(B.C.37-668)에 28왕이 존재하여 평균 왕의 존위기간이 25.2년이었고, 백제는 678년(B.C.18-A.D.660)에 왕이 31명이어서 21.8년의 평균 재위기간이 유지되었다. 다만 태조왕은 재위 93년(53-146), 장수왕은 재위 78년(413-491)으로 장수하였고, 백제 고이왕은 52년 간(234-286)의 장기 왕위를 유지하였으나 10년을 채우지 못한 왕이 고구려는 4명(민중왕·모본왕·봉천왕·고국양왕)이었고, 백제는 8명(사반왕·분서왕·계왕·진사왕·문주왕·삼근왕·혜왕·법왕)이나 되었으며 1년도 채우지 못한 왕은 7대 사반왕(254)·28대 혜왕(598-599)·29대 법왕(599-600)이다. 고려왕조 474년간(918-1392)에는 34왕이 존재하여 평균 재위기간은 13.9년이었고 조선왕조 518년간에 27왕이 존재하여 19.2년의 평균재위기간을 갖고 있었다.

하여 국가발전에 어려움이 컸던 것은 사실이다. 시조인 박혁거세(B.C.57-A.D.4) 이후 8대 아달라왕(154-184)까지 박씨 왕이 이어졌으나 실제로 4대 탈해왕(57-80)은 석씨에서 초기 박씨 왕통 시대는 실제로 218년이었다. 그런데 신라말기인 53대~55대(912-927)에 또한 박씨왕(아달라왕 후손)이 15년 간 왕을 이어갔으므로 신라사에서 박씨 왕통이 계속된 시기는 233년간이며 왕은 10명이었다. 탈해왕으로 시작된 석씨왕통도 실제는 9대 벌휴왕(184-196) 이후 16대 흘해왕(310-356)까지로 172년이지만 앞의 탈해왕의 23년을 합치면 195년간으로 7왕이 존재하여 짧았던 왕통이었다.

이에 대해 김씨 왕통은 17대 내물왕(356-402)때부터 본격적으로 시작된 후(그 이전에 13대 미추왕(261-284)이 존재하였고) 56대 경문왕까지 이어졌으나 여기서도 제53대~55대의 3대왕 시대(912-927)의 15년간은 박씨왕 시기였음으로 김씨 왕계의 존속기간은 실제로 565년간으로 신라 천 년의 절반 이상이 김씨 왕조였다. 그러나 이러한 김씨 왕통도 전반기는 내물왕계통(17대 내물왕-28대 진덕여왕: 356-654)이었으나 바로 27대인 진지왕(576-579: 무열왕의 조부)이 존재하여 실제 존속기간은 318년간이었다. 이어 29대 무열왕(654-661)부터 계속된 무열왕통은 56대 경순왕(927-935)까지 이어졌으나 여기에도 53대 신덕왕-55대 경애왕(912-927)까지 15년은 박씨왕의 시대였음으로 무열계 왕통의 존속기간은 246년간으로 실제로 신라는 김씨 왕족이 564년간(절반 이상)이나 나라를 발전시키고 지속한 나라였음으로 시작은 박씨 왕조였으나 민족통일은 물론 정치·사회·문화의 내용을 완성시킨 것은 김씨 왕조였음으로 신라는 김씨 왕조라고 해도 무방할 정도이다.

신라는 진한 12국의 하나인 사로국(斯盧國)을 모체로 성립된 나라로서 17대 내물왕(356-402)때 석씨 세력을 압도하면서 김씨 왕조의 국가체제를 갖추기 시작하였고(前秦과 교섭, 제·려와의 교류시작), 22대 지증왕(500-514)은 왕비를 朴氏로 하고 국호를 정식으로 신라로 정한 후 우산국(울릉도)을 정복(512) 하였으며 23대 법흥왕(514-540)은 비로소 제도정비(兵部설치·律令반포)와 금관가야국 정벌(532)로 고대국가의 체제를 이룩하였다. 이어 24대 진흥왕(540-576)은 드디어 북진을 추진하여 북방로(경주-영천-의성-안동-영주-단양-충주)를 통해 단양·충주를 점령하고(550-단양적성비) 이어 충주를 거쳐 한강유역(신주)을 점령하여(그 기념으로 북한산순수비·568)를 세웠으며, 이어 함경도 남부지역까지 진출함으로써(황초령비·미운령비) 북진을 이룩하였다.[14] 그리고 남부의 대가야까지 점령하여(562) 신라의 전성기를 마련하였다.

북한산 순수비

진흥왕이 16년(555)에 서울 북방을 정복하고 그 기념으로 설치한 비석이다. 높이 155cm(폭 72cm) 200여 자의 비문인데 절반가량이 보이지 않고 있다. 다만 그 내용 속에서 金武力(김유신 조부)을 비롯한 수 십 명의 신하들과 북한산을 순행하고 민심을 확인(위로)하고 정사를 살핀 내용이다. 그 내용이 크게 마멸되어 1986년에 유지비를 세우고 그 비석은 중앙박물관으로 현재 이전되어있다.

이어 무열계로 왕통을 확립한 29대 무열왕(654-661)은 김유신의 도움으로[15] 당군과 함께 백제를 정벌하고(660) 이어 30대 문무왕(661-681)은 고구려를 정벌하여 최초의 3국 통일을 달성하였으며(668) 계속하여 영토야욕의 당

14) 신형식, 신라의 북방진출(「신라통사」 주류성, 2004), pp.251~256

15) 김유신계가 신라에 귀순한 것은 김유신의 증조부인 김구형(금관가야의 마지막왕)이 진흥왕 19년(532)에 투항하여 귀족신분으로 보호를 받게 되었다. 김유신 가문은 진흥왕이후 친정부세력으로 신라의 정치에 적극 협력하여 그 세력을 확장하기 시작하였다. 김구형의 셋째 아들인 金武力(김유신의 조부)은 진흥왕을 도와 북진정책에 참여하여 단양과 충주병합의 주역으로 활동하여 단양적성비와 북한산순수비에 그 업적이 나와 있다. 이어 그 아들인 金舒玄(김유신의 부친)은 김춘추 金龍春과 협력하여 신라정부에 협력하였으며 김춘추가 고구려방문으로 그 보

군을 축출하고 한반도에서 당군을 밀어내게 됨으로써 문무왕 16년(676)은 신라가 비로소 3국민을 하나로 통합하여 최초로 민족통일을 이룩하게 되었다. 이러한 무열계 왕통은 31대 신문왕(681-692)을 거쳐 33대 성덕왕(702-737)을 지나 35대 경덕왕(742-765)까지 통일신라 전제왕권을 확립하고 당과의 친선을 회복하여 신라사회의 안정을 유지할 수 있었다.[16]

그러나 37대 宣德王(780-785) 이후 내물왕 계통인 하대(780-935)는 같은 왕통의 갈등으로 정치적 안정을 상실하고 박씨 왕계의 부활(53대 신덕왕 이후 55대 경애왕: 912-927)과 지방세력(豪族)의 등장, 그리고 후삼국의 등장(892-936)으로 신라는 멸망(경순왕의 고려투항 · 935)되었다.

그러나 신라는 초기에 백제·고구려의 위협과 왜의 침입으로 많은 시련을 겪었으나 6세기 법흥왕·진흥왕시기에 국가체제가 확립되면서 북진을 통해 한강유역을 차지하여 통일의 기반을 마련하였다. 이어 7세기 무열왕·문무왕시기에 최초로 삼국통일을 완성하고 당나라 세력을 한반도 밖으로 축출하여 통일왕조로서 나라의 기틀이 확립되고 8세기(성덕왕~경덕왕)에 통일국가의 전성기를 이룩하여 민족문화의 발달이 이룩되었다. 그러나 8세기 이후 내물왕통 김씨 왕조의 혼란과 박씨 왕통의 등장, 그리고 지방세력인 호족세력의 확장으로 후삼국의 등장으로 신라는 고려에 투항하여 최장수의 천년 왕조가 끝나게 되었다. 다만 신라는 통일 이후의 270여 년이 계속 되

복을 꾀했으나 실패했을 때 김유신이 결사대를 이끌고 구출하였다. 그 후 두 사람은 진덕여왕을 등장시켰으며 무열왕의 등장을 도운 김유신은 신라정부의 정치적 주인공으로 활약하였다.
신형식, 화랑의 화신 김유신(『신라통사』), pp.556~560
———, 김유신 기록에서 생각할 문제(『한국고대사를 다시본다』 주류성, 2018), pp.273~277
영산대학 한국학 학술원〈편〉, 삼국통일의 주역 김춘추와 김유신(『문화로 읽는 신라 · 고려시대 인물』 2019), pp.27~49

16) 신형식, 신라중대 전제왕권의 특질(『통일신라사연구』 삼지원, 1990), pp.154~180
———, 통일신라 전제왕권의 실상은(『한국고대사를 다시본다』 주류성, 2018), pp.229~234

면서도 수도(경주)를 한번도 바꾸지 않고 국가체제를 유지한 특성으로 국가 유지가 가능하였으며 그 사이에 국가체제를 정비하는 자세를 유지한 왕조라는 독자성을 지켜준 왕조였다.

신라는 초기에는 백제와 왜와의 위협으로 시련을 겪었으나, 4세기 내물왕 이후 왕권을 강화시켰으며 6세기의 법흥왕·진흥왕 시기에 이르러 국가체제를 갖추어 북진으로 영토를 확장시킨 후 7세기에 이르러 무열왕·문무왕의 통일완성과 신문왕 이후 8세기의 성덕왕·경덕왕 때 전제왕권으로 통일신라의 전성기를 이룩하였다. 그러나 9세기 이후 왕권의 쟁탈전이 계속되면서 국가가 쇠퇴하여 10세기에 호족의 등장과 후삼국의 등장으로 붕괴되었다. 무엇보다도 신라는 1000년간 계속되는 과정 속에서도 수도(경주)를 옮긴 일이 없으며 국가체제정비와 국민들의 국가의식을 유지한 사실로 큰 의미가 있다.

신라의 시대구분

시대구분	주요 내용
上代 ① 3성시대(B.C.57-356) ② 김씨시대(356-654) ⇩ 내물왕계- 국가체제정비 〈법흥왕-진흥왕: 514-576〉	① 박씨시대(혁거세(1)-아달라왕(8)) [B.C.57-A.D.184] 탈해왕(4)(석씨: 57-80) ② 석씨시대(법흥왕(9)-흘해왕(16) [184-356]) 미추왕(13)(261-284: 김씨) ③ 김씨시대(내물왕계: 내물왕(17)-진덕여왕(26) [356-854]) 무열계: 진지왕(25)(576-579)
中代 무열계(654-785) 통일신라의 전성기	① 무열왕(29)- 혜공왕(36)시대 [654-785] ② 삼국통일 ┌ 백제정벌(660: 무열왕) ├ 고구려정벌(668: 무열왕) └ 당군축출(675: 문무왕)

	③ 전제왕권 확립(신문왕(31): 681-연덕왕(35): 765) ④ 신라의 정치·문화 강성 〈정치〉 ●14관부 완성(신문왕) ●9주 5소경(신문왕) ●전제왕권 확립 〈문화〉 ●원효(617-686) - 불국사(김대성: 신문왕 때)
下代 내물계(원성계, 785-935) ① 하대는 왕통의 벽화로 정치적 혼란이 계속 됨 ② 정치적 어려움은 골품제 붕괴·호족등장·농민봉기 ③ 후삼국시대 ┌태봉(궁예: 904) └후백제(견훤: 892)	① 시작은 선덕왕(780-785)이었으나 그 계보는 원성왕(785-798)의 후손이었다. ② 원성왕 후손은 장남(인겸)과 차남(예영)으로 이어졌으며 장남계는 소성왕(39)-민애왕(44)〈838-839〉까지이다. 그러나 희강왕(43)은 차남계〈836-838〉였다. ③ 실제로 차남계는 차남인 예영의 차남인 균정계로 헌안왕(47)〈857-861〉까지이며 신무왕(48)〈839〉·경문왕(48)〈861-875〉이후 진성여왕(51)〈887-897〉이었고 최후의 경순왕(56)〈927-935〉는 다시 차남계였다. ④ 이러한 과정에서 진성여왕 직전에는 다시 박씨왕이 신덕왕(53)·경명왕(54)·경애왕(55)〈912-927〉은 이어졌다. 이러한 복잡한 과정을 거쳤지만 신라는 천 년을 유지한 장기 왕조로서 수도를 한 번도 바꾸지 않은 국가의식을 유지한 나라였다는 사실이다.

이상에서 본 바와 같이 3국은 각기 자국의 발전·갈등 과정은 인간의 성장 과정과 비슷한 모습을 보이고 있다. 고구려는 태조왕(53-146)때 국가 성장의 과정을 시작하여 대외 발전(3세기 동천왕의 북방진출 · 동천왕의 낙랑공격)과 소수림왕(371-384)의 문화발전(불교 · 태학), 광개토왕(391-413)과 장수왕(413-491)의 전성기가 있었다. 그러나 수나라의 침입(612)과 당나라 침입(645)으로 고구려는 큰 타격을 받았다.

백제는 한강유역의 지리적 우수성으로 성장하여 마한을 점령하고 고이왕(234-286)과 근초고왕(348-375)이 대국으로 성장하여 무령왕(501-523), 성왕(523-554)때 전성기를 이룩하였으나 신라의 발전으로 위축되기 시작하였다. 신라는 내물왕(356-402)때에 김씨왕권이 시작되어 법흥왕(514-540)·진흥왕(540-576)때 전성기를 맞이한 후 무열왕계인 무열왕(654-661) 이후 통일신라의 계기가 이룩되었다.

5. 신라통일과정과 역사적 의의

1) 통일의 준비과정

신라가 이룩한 삼국통일의 첫단계는 백제정벌(무열왕 3년 660년)이 시작된 것이었지만 앞에서 언급한 것과 같이 이러한 사건이 성공하기까지에는 그 전에 있었던 철저한 준비과정에 대한 이해가 필요하다. 먼저 국가체제를 갖춘 법흥왕(514-540)은 금관가야의 마지막 왕인 金仇衡(김유신의 증조부)의 투항(금관가야 멸망: 법흥왕 19년 532)을 받아들여 그 가문을 신라귀족(진골)으로 수용하였다. 이어 진흥왕(540-576)은 나머지 가야세력(대가야)을 신라로 편입시켜(진흥왕 23년: 562) 남부지역을 완전히 통합하여 국력을 강화시켰다.

신라통일의 주인공인 김유신(595-673). 금관가야 마지막 인왕(金仇衡)의 후손(武力-舒玄-庾信)으로 조부인 무력은 진흥왕의 북진정책에 주역으로 新州의 軍主가 되었고 김유신은 김춘추와 함께 선덕·진덕여왕 등장에 참여한 후 백제·고구려 정벌(통일완성)에 결정적인 역할을 하였으므로 혜공왕은 김유신을 興武大王으로 책봉하였다.
김유신묘에는 12지신상이 나타나있다. 쥐(子)·소(丑)·호랑(寅)·토끼(卯)·용(辰)·뱀(巳)·말(午)·양(未)·원숭이(申)·닭(酉)·개(戌)·돼지(亥)가 12신상이다.

특히 진흥왕은 이전부터 백제세력을 견제하고 고구려의 남진정책을 저지시키기 위해 북진정책을 추진하여 단양을 거쳐 고구려가 지배하고 있던 충주(中原京)를 차지하여(진흥왕 12년: 551) 북진정책의 바탕을 마련하였다. 이를 계기로 북진하여 한강 하류지역(서울부근)을 확보한 후 이곳에 新州를 설치하고(553) 그 기념으로 북한산 순수비를 세우고 북방으로 함경도로 진출하여(황초령비·마운령비 건립: 568) 통일의 바탕(준비과정)을 이룩할 수 있었다. 이때를 전후하여 진흥왕은 신주의 軍主가 된 김무력(김유신의 조부)의 도움으로 백제침략을 격퇴하고 백제 성왕을 살해하여(554) 국력을 강화시킬 수 있었다.[17]

우리 민족이 남북으로 대립·투쟁하고 있을 때 한강유역은 반드시 그들 사이의 보배와 구슬 같이 되었다. 그리하여 이를 손아귀에 오래 지닌 자는 성하고 강해져서 결국은 통일의 패업을 이루었으며, 반대로 이를 잃은 쪽은 쇠약과 패멸을 면치 못하였다. 한강유역의 득실은 국가의 흥망성쇠이자 지대한 관계를 가졌던 것이다. 이병도(「두계잡필」 1950, p.52)

17) 신형식, 신라통일과정과 그 역사적 의의(「한국고대사를 다시본다」 주류성, 2018)
———, 김춘추와 김유신의 관계 속에서 밝혀져야 할 내용은(「새로밝힌 삼국시대의 역사적 진실」 우리역사연구재단, 2013)

이라는 두계의 지적은 한강유역이 지닌 의미(한강의 힘과 북한산성의 정기가 모여진 天地之意)를 확보한 신라통일의 가능성을 제시한 것이다.

이러한 진흥왕을 계승한 진평왕(579-632)시기는 수나라(587-612)가 중국의 통일국가로 등장하여 3국의 수나라 접근이 시작되었으나 살수대첩(612)으로 실제로 중국(수)과의 교섭은 쉽게 나타날 수가 없었다. 이어 당나라가 등장하여(진평왕 40년·618) 진평왕은 43년(612)에 중국과의 친선으로 조공관계를 유지하면서 친당정책(진평왕은 10회, 선덕여왕은 12회, 진덕여왕은 12회의 조공사 파견)이 계속 되었다. 신라의 대당외교에서 통일 문제를 처음으로 시도한 외교사절은 宿衛였다. 최초의 숙위인 金文王과 다음의 金仁問은 김춘추 아들이었다.[18] 선덕여왕 11년(640)에 백제는 성왕의 피살(554)의 보복으로 대야성(합천)을 공격하여 도독인 품석부부(김춘추 사위와 딸)를 살해하였다. 이에 김춘추는 고구려에 건너가 도움을 요청하였으나 거부당하고 그곳에 감금되었을 때 김유신은 결사대를 이끌고 고구려에 들어가니 고구려 보장왕은 김춘추를 석방시켰다(첩자인 德昌의 요구).

진덕여왕이 죽자 김유신의 도움으로 김춘추는 무열왕(654-661)이 되었다. 무열왕은 25대 진지왕(576-579)의 손자로 어머니는 진평왕의 딸(天明夫人: 선덕여왕의 동생)이며 부인(왕비)은 김유신의 여동생(文明王后)으로 새로운 외교정책으로 친당정책을 통한 백제 정벌에 나섰다.

여기서 본격적인 통일의 준비과정이 시작된 것이다.

---

18) 신형식, 신라의 대당교섭상의 숙위(「역사교육」 9, 1966)
———, 신라의 숙위외교(「한국고대사의 신연구」일조각, 1984)
숙위는 주로 왕자로 당나라에 파견하는 외교관으로 16명의 명단이 나타나있다. 최초는 金文王(김춘추 아들) 이후 金因(경문왕자)이며 이들의 역할은 중국 측에서는 人質的 존재로 보았지만 신라는 공식적인 외교사절이었고, 제·려 정벌시에는 무장(제·려정벌의 청병사 또는 김인문, 김상광(김유신아들)은 군사지휘관)이 되었고, 그 후에는 당황제의 정치적 고문 또는 측근 시위자 또는 양국간의 외교사절의 역할을 한 바 있었다.

2) 신라통일의 제1단계 (백제정벌)

진덕여왕 3년(649)에 백제군의 침입으로 큰 피해(石吐城함락: 진천)를 극복한 후에 무열왕 2년(655)의 고구려·백제 연합군이 침입으로 위협을 느낀 무열왕은 진덕여왕 5년(652)에 숙위로 당나라에 머물던 金仁問이 당군의 협조를 요구하였으며 무열왕 3년(656)에는 文王(무열왕의 차남, 김인문의 형)을 당에 보내 양국의 군사협정을 요구하였다.

이러한 신라의 요구에 대해서 당나라는 고구려 견제를 위해 그 배후세력인 백제정벌의 필요성을 느껴 당나라에 머물고 있던 김인문을 당나라군의 부사령관(新丘道軍 副摠管)으로 삼고(사령관은 蘇定方) 신라군(사령관은 김유신)은 당나라군과 함께 백제정벌에 나섰다(무열왕 7년: 660). 이에 김법민은 병선 100척을 이끌고 덕물도(덕적도)에서 소정방을 맞이하였고, 김유신은 황산벌 싸움에서 백제군을 격파하고 나당연합군이 백제를 멸망시켰다. 이에 소정방은 의자왕과 태자·대신 등을 포로로 하여 당으로 개선하여 백제는 소멸되면서 통일의 제1단계는 종결되었다. (웅진성의 항복) 그 후 백제유민들의 부흥운동은 왕족 福信과 승려 道琛 등이 주류성에서 倭에 가있던 왕자 豊을 맞이하여 倭의 지원을 받으며 일으켰으나 백촌강 전투에서 패전하여 종말을 고하게 되었다.[19]

3) 신라통일의 제2단계(고구려 정벌)

백제정벌 후 다음해(661)에 즉위한 문무왕(무열왕의 장남)은 김유신 동생(문

19) 백제가 처음 나당연합군에 항복할 때 의자왕은 도망갔기 때문에 의자왕의 셋째아들인 隆이 상좌평인 千福과 항복한 것이다. 그 후 도망갔던 의자왕은 5일 후(7월 18일)에 태자(扶餘孝)와 함께 항복을 하자 무열왕은 소정방과 함께 축하연을 베풀었다. 이때 의자왕과 그 아들 융(隆)을 마루 아래에 앉히고 의자왕으로 하여금 술을 따르게 하여 백제의 고관들이 목메어 울지 않은 사람들이 없었다고 기록(『삼국사기』 권5, 의자왕 7년조)

명부인)이 낳은 인물이었음으로 김유신에 대한 배려는 무열왕과 다름이 없었다. 문무왕은 백제부흥운동저지에 노력하면서 고구려 정벌에 대한 정책 추진에 전력을 다해 왕이 된 직후에 당에 들어가있던 김인문의 보고에 양국의 군사협동문제가 제기되었으며 신라에서도 김유신을 대장군으로 임명하여 군사협조를 추진하기 시작하였다. 문무왕 6년(666)에는 金三光(김유신 아들)을 숙위로 보내 고구려 정벌에 대한 구체적인 논의를 시작하였다.

문무왕 7년(667)에 당나라도 정벌군(智鏡과 愷元이 책임자)을 조직하여 요동으로 진출하기 시작하였고, 신라도 김유신이 거느린 군대가 북진을 서두르게 되었다. 문무왕 8년(668)에 당측은 유인궤를 사령관이 되어 숙위로 당나라에 머물던 김인문과 함께 당항진에 도착하였다. 이에 신라도 김유신은 연로하여(당시 연령은 73세로 기록에는 風疾로 서울에 머물다) 이에 따라 신라측 사령광인 김인문은 당군의 이세적과 고구려 정벌에 나서 북진하여 668년 9월에 나·당 연합군이 평양을 둘러싸고 고구려를 정벌하여 보장왕은 왕자(福男, 德男)와 대신을 이끌고 당나라로 들어갔다. 이로서 고구려(B.C.37~668)는 705년 만에 역사에서 사라졌다.

당나라는 평양에 안동도호부를 두고 薛仁貴로 하여금 지키게 하였다. 그러나 고구려 유민들은 백제의 경우와 같이 부흥운동을 일으켜 劍牟岑(검모잠)은 安勝(보장왕 서자)을 받들고 저항하였으나 신라는 안승을 보덕왕(금마저: 익산)으로 삼고 오히려 당군 저항에 이용하였다. 그 후 고구려 유민들은 신라에 다수 귀화하여 민족 화합에 기여하였으며 일부는 당나라에 강제 이주됨으로서 고구려는 우리역사에서 사라지게 되었다.

4) 신라통일의 마지막 단계

신라는 당나라의 도움으로 고구려 정벌은 이룩하였으나 당나라는 신라를 당의 소속국으로 간주하여 고구려 고토에 9도독부를 설치하고 평양에 안동도호부를 두었다(668). 이는 신라로서는 제·려 멸망으로 민족통일을 한 사실을 외면한 당에 대한 반발이 필요한 사실임으로 고구려 왕족인 安勝의 귀순을 수용하여 보덕국왕(실제는 고구려왕)으로 삼아(670) 고구려 부흥운동을 대당항쟁의 바탕으로 삼았으며 당군이 웅거한 사비성을 함락시켜 소부리주로 삼아 백제 옛 땅을 완전히 지배하였다. 이어 672년(문무왕 12년)에는 당나라 高侃의 침입을 저지하였고 675년에는 설인귀의 침공을 저지한 후 李謹行의 대군을 매소성(양주)전투에서 대승하였으며, 676년(문무왕 18년)의 伎伐浦(장항)해전에서 당나라 수군을 전멸시켜 당나라는 평양에 있던 안동도호부를 요동성(요양)으로 옮기고 당나라는 한반도에서 물러나 삼국통일의 마지막 단계를 이룩하였다.[20] 비록 신라의 영토가 대동강~원산만 이남으로 축소되었지만 최초의 민족통일은 완성된 것이다. 이러한 사건이 완성되기 직전 674년에 안압지를 조성하여 안에는 3개의 山(봉래, 방장, 영주)이 있는데 이것은 3국 화합을 의미하는 것이다. 676년 봄 (2월)에 문무왕은 義湘에게 부석사 창건을 지시하였으며 이어 四川王寺의 조성(679)을 거쳐 불국사의 조성(751)으로 통일신라의 안정을 보여주었다.

이러한 신라의 통일을 완성하는 내면에는 신라정치체제가 뒷받침되어야 의미가 있으며 그 정치·외교적 정체성이 확인될 수가 있다. 문무왕을 이은 신문왕(681-692)은 삼국민의 융합을 위해 신문왕 5년(685)에 9주·5소경을 두었고, 중앙관제를 14부로 완성하였으며(법흥왕 3년〈516〉에 시작된 병부가 신문

20) 신형식, 삼국통일의 역사적 성격(「통일신라사연구」삼지원, 1990)
———, 신라의 통일과정과 그 역사적 의미(「한국고대사를 다시본다」 주류성, 2018)

왕 6년〈686〉에 예작부로 정리), 3국인을 고르게 등장시켜 9서당(686년)으로 조직하여 왕권의 절대화라는 뜻에서 우리 역사에서 처음으로 전제정치를 완성하였다. 그러나 통일신라의 전제왕권은 서구의 Oriental Despotism이나 Totalitarianism과는 다르지만 신라의 전제정치는 무조건의 개인독재가 아니라 종교(불교·유교)적 뒷받침 속에 중앙관부의 장(令)을 복수제로 하였으며, 집사부 이하의 14관부를 비롯하여 內省(궁중업무)·侍衛府(궁중수비)·御龍省(궁궐업무)·毗成周典(수도관리)·6寺成典(주요 사찰관리) 등 병행하여 절대왕권에 대한 적절한 대처방책(견제기구의 설치)이 존재한 사실은 통일신라 전제왕권의 특징이라고 하겠다.[21]

5) 신라통일의 역사적 교훈

신라의 삼국통일은 우리나라 역사에서 처음으로 민족을 통일한 역사적 의미를 보여준 사건이다. 특히 통일신라의 정치·사회·문화는 그대로 고려로 이어져 민족국가로서 그 바탕을 마련한 것은 통일신라가 보여준 역사적 의미가 된다.

이러한 신라통일은 민족분단의 시련을 겪고 있는 오늘의 현실에서 통일의 필요성과 그 과정의 의미를 보여주는 가치를 갖고 있다. 신라통일이 주는 가장 큰 교훈은 긍정적인 외세의 활용과 외교적인 관계를 보여준 국가적 임무를 잊지 말라는 것이다. 동시에 통일이 가능하게 된 가장 큰 바탕은 신라인(국민)의 통일의지와 국민적 각성은 물론 국민적 담합이 있어야 한다는 국민적 자각을 이해해야할 교훈이며 무엇보다 통일을 위한 피나는 과정을 인식해야 할 가르침을 잊어서는 안될 것이다.

---

21) 신형식, 통일신라 전제왕권의 형태와 그 특징(『한국고대사의 새로운 이해』 주류성, 2018)
———, 통일신라 전제왕권의 실상(한국고대사를 다시본다)

무엇보다도 신라통일에서 가장 큰 역사적 교훈은 민족의 화합과 융합이 보여주었다는 것이다. 이러한 민족통합의사는 황룡사조성(553)·안압지조성(674년), 그리고 불국사 완성(751)으로 이룩되고 있어 정치와 문화의 관련 속에서 이룩된다는 사실이다.

이상에서 살펴본 바와 같이 우리역사는 분열과 통일의 연속이어서 현재의 분단도 언젠가는 통일로 가는 과도기일 것이다. 그러므로 통일을 앞에 둔 우리로서는 국력의 강화·국민들의 통일의식·정치적 안정·외교의 활용 등 다양한 통일과업의 준비에 노력을 아끼지 말아야 할 것이다. 다행히 우리 민족의 통일의 주체세력은 언제나 한강유역을 차지한 후 정치적 안정된 사회를 유지한(한국 고대사 그림) 나라가 이룩하였음을 생각할 때 현재 대한민국이 지닌 역사적 위상을 잊지 말고 투철한 통일의식과 국력의 강화로 국민의 올바른 자세를 잊지 말아야 한다는 역사적 교훈을 간직해야 할 것이다.[22]

결국 신라통일의 의의는 최초로 이룩된 통일로서 장기간 유지된 국가분열의 시련을 극복하여 민족을 하나로 통합하여 자국의식을 나타내준 민족사적 의미를 보여준 것이다. 이로서 신라는 강력한 전제왕권을 확립하고 유교와 불교가 지닌 종교적 융합정신을 바탕으로 국민적 융합으로 민족의식과 국가의식을 통해 우리 역사 발전의 새로운 계기를 이룩한 계기가 되었다. 여기서 신라의 북진정책은 결국 충주를 거쳐 한강유역을 차지하여 남북

---

22) 이호영, 삼국통일에 대한 재검토(「사학지」 15, 1981)
변태섭, 삼국통일의 민족사적 의미(「신라문화」 2, 1985)
김상현, 신라삼국통일의 역사적 의의(「통일기의 신라사회연구」신라문화연구소, 1987)
신형식, 삼국통일의 역사적 성격(「한국사연구」 61, 61, 1988)
———, 삼국통일의 민족사적 의미(「한국고대사의 새로운 이해」, 주류성, 2009)
———, 신라통일의 현대사적 의의(「신라사학보」 32, 2014)
———, 신라의 통일과정과 그 역사적 의미(「한국고대사를 다시본다」 주류성, 2018)

의 융합(백제의 서방사회, 고구려의 북방사회)을 이룩하게 되었고 끝까지 수도를 바꾸지 않은 정치제제는 큰 의미가 있다.

한국고대사의 특징

3

1. 삼국시대 왕의 실상
2. 신라시대 여왕이 준 의미
3. 삼국시대 천도가 보여준 교훈
4. 통일신라 전제왕권의 실상
5. 신라의 대당외교가 지닌 가치
   - 최치원의 업적을 중심으로

만주 집안에 남아있는 대표적인 고구려고분벽화로 장군총과 무용총이다. 무용총은 입구(묘도)-전실-통로를 지나 주실이 있는데 전설의 4면에는 벽화가 그려져 있는데 서벽에는 수렵도, 북벽에는 접객도, 동벽에는 무용도가 그려져있다.

1. 삼국시대 왕의 실상

우리나라의 고대사회는 단군조선 이후 신라 말까지였지만, 삼국시대 이전은 구체적인 기록이 없으므로 신라 이후 삼국시대를 우리나라 고대사회의 상징적인 국가로 보고 있다. 이러한 고대국가를 대표하는 신라는 천년간(B.C.57-935) 존속한 왕조로서 우리나라 역사상 최장수한 나라였으며 세계 역사상 이와 같이 천년을 지켜 온 나라는 거의 없다.[1] 이와 같은 국가는 대체로 Spengler나 Toymbee의 견해와 같이 성장(Genesis-봄·소년)-발전(Growth-여름·청년)-쇠퇴(Breakdown-가을·장년)-붕괴(Disintegration-겨울·노년)의 비슷한 과정을 걷게 되어있다.[2] 그러나 국가마다 그가 갖고 있는 환경(대내·외적 조건)에 따라 각기 다른 변화 속에 존속된 것이지만 전체적인 과정은 비슷한 현상을 유지하고 있다.

우리나라의 고대사회는 일찍부터 주변국가(특히 동쪽의 왜와 북방의 중국)의 위험 속에서 성장하였음으로 많은 시련의 연속이었다. 다만 고대국가를 상징하는 신라와 고구려는 시조가 천손이라는 위대하고 신성한 사실에 따라[3] 역대왕은 시조숭배와 천손민족의 긍지를 강조하고 있으며, 대부분의

1) B.C 이전의 국가는 구체적인 기록이 없어 고대국가로서 설명하기가 어려운 입장이다. 기원전에 세워진 나리인 漢(B.C.202-A.D.220: 전·후한은 402년 존속), 唐(618-907), 宋(북·남송: 319)의 존속기간도 400년이 가장 장수한 왕조이다. 서양의 경우도 Greece 시대(B.C.20-12세기)와 달리 Rome(B.C.55-A.D.410) 500년 정도가 보이고 있다.

2) 박성수, 스펭그러와 토인비의 순환사관(「새로운 역사학」 삼영사, 2005), pp.416~437

3) 신라시조 혁거세는 경주 고허촌장(解夫婁)인 소벌공(蘇伐公)이 양산 기슭의 나정(蘿井) 옆 숲 사이에 말이 울고 있어 가보니 말은 보이지 않고 큰 알이 있어 쪼개보니 어린아이가 나왔는데 이 아기가 커서 남달리 뛰어나 왕이 되었다고 하였다(「삼국사기」 권1). 고구려시조 주몽은 天帝의 아들인 주몽의 아버지 해모수(解慕漱)로 그가 태백산(백두산) 남쪽의 우발수에서 한 여자를 발견하였는데 그 여자가 유화(柳花)인데 그 여자와 사통하여 태어났다고 되어있다(「삼국사기」 권13).

왕은 일반인과 구별되는 신체적 특징(특히 장신과 특이한 용모)과 뛰어난 용모를 강조하고 있다.[4]

그러나 정치적 갈등으로 장수한 왕은 고구려는 태조왕(53-146: 94년간)·장수왕(413-491: 79년간)·미천왕(300-331)·고국원왕(331-371: 40년), 백제는 고이왕(234-286: 53년간)·성왕(553-554: 31년)·무왕(600-641: 41년), 그리고 신라는 내물왕(356-402: 47년간)·진평왕(579-632: 54년간)·진흥왕(540-576: 26년)·성덕왕(702-737: 35년) 등으로 실제로 장수한 왕은 많지 않았다.

무엇보다도 삼국시대는 정치적 갈등과 외교관계의 시련으로 왕의 장기유지가 어려워 존속기간이 일정할 수가 없었다. 고구려는 705년간(B.C.37~668)에 28왕이 보여준 평균 재위기간은 25.2년이었고, 백제는 678년간(B.C.18~660)에 31왕이 나타나 평균재위기간은 21.9년이었으며, 신라는 992년간(B.C.57~935)에 56왕이 17.7년의 재위기간을 나타내고 있어 전체 삼국시대의 왕 평균 재위기간은 21.6년이 되었음으로 평균치는 크지만 대부분의 왕은 10년 전후에 끝나고 말았다. 이에 대해 고려(474년: 918-1392)는 34왕으로 재위기간이 13.9년이었고, 조선(518년: 1392-1910)은 27왕으로 19.2년의 평균재위간을 갖고 있어 우리나라 전통사회(삼국~조선: B.C.57~1910) 약 2천 년 간에 176명의 왕이 나타나 평균재위기간이 11.4년 정도였다. 그러나 왕이 장기기간 유지가 어려웠음으로 대체로 10년 이하 단기 왕이 많았던 것이다.

이러한 사실로 보아 왕의 위상이 얼마나 힘든 존재였을까 하는 의문이 앞

---

4) 「삼국유사」에 진평왕이 키가 11척이나 된다고 하였으며 「삼국사기」에도 장신의 왕을 10여 명이나 기록하고 있으며 뛰어난 능력으로 활을 잘 쏘며 특이한 능력·지혜·기술·식견을 인물로 부각시키고 있다(신형식, 삼국시대 왕들의 참모습, 「새로 밝힌 삼국시대의 역사적 진실」(우리역사연구재단, 2013, pp.64~72).

서고 있다. 왕들은 항상 정권유지·영토확장(대외항쟁)·방어시설조성·궁궐조성·지방통제(巡狩) 등 다양한 정책추진을 계속하였으나 그러한 과정 속에서 갈등과 극복을 통한 공포와 불안에 따른 외로운 존재(Loneliness created by fears)였음으로 선군과 폭군이 되기 마련이어서 재위기간에서 장기유지가 쉽지 않았던 것이다.

여기서 우리는 삼국시대의 대표적인 왕이 어떤 모습이며 어떤 일(업적)을 하였을까 하는 것은[5] 알 수 없음으로 대표적인 두 왕의 업적을 통해 살펴볼 수 있다.

㉮ 백제 고이왕(234-286)의 업적

1. 3년 10월에 서해의 큰 섬에서 사냥(巡幸)하였다.
2. 5년 28월에 天地에 제사하고 2월에 釜山(평택)에서 사냥하였다.
3. 7년에 신라를 공격하고 4월에 진충(眞忠)을 좌장으로 임명하였다.
4. 9년 4월에 질(質)을 우보로 임명하였다.
5. 10년 10월과 14년 정월에 제단(祭壇)을 설치하였다.
6. 13년 8월에 진충(眞忠)을 보내 낙랑변방을 빼앗았다.
7. 14년 2월에 진충을 우보, 眞物을 좌장으로 삼아 군사업무를 맡겼다.
8. 27년 봄에 6좌평을 두었다.
9. 45년 10월에는 신라를 공격하고 53년 정월에는 화친을 청하였다.

㉯ 진흥왕(540-576)의 활동

1. 원년 8월에 크게 사면하고 문무관의 관직을 한 등급씩 올렸다.
2. 2년 3월에 異斯夫를 병부령으로 임명하고 백제에 사신을 보내 화친을

5) 신형식, 삼국시대 왕들의 참모습(『새로 발힌 삼국시대의 역사적 진실』, 우리역사연구재단, 2013), pp.64~72

요구하였다.

3. 9년 2월에 백제의 요청으로 고구려군을 격퇴시켰다.
4. 12년 3월에 娘成(청원군)을 순행하였다.
5. 14년 2월에 새 궁궐을 짓고 7월에 백제를 공격하고 新州(광주)를 두고 武力을 군주로 임명하였다.
6. 18년에 國原(충주)에 小京을 두고 북한산주(서울북방)에 북한산주를 설치하였다.
7. 25년과 31년에 北齊와 陳에 사신을 파견하였다.

이러한 기록은 모든 왕이 행한 사실을 설명한 것이 아니라 백제·신라·의 대표적인 왕의 업적을 보면서 왕이 해야 하는 활동(업적)을 살펴본 것이다. 이 내용은 두 왕의 활동이지만 이러한 사실은 일반적인 왕으로서는 해야 할 모습을 나타낸 것으로 왕은 우선 시조신(天神)에 대한 제사와 제단의 설치, 고관의 임명과 관직 해설, 대외관계(외국과의 충돌, 외교) 그리고 빈번한 지방 출장(巡幸: 사냥으로 표시) 등을 통해 왕이 해야 할 상황을 보여준 것이다.

그러므로 왕은 그 지위유지와 계승자확보가 큰 어려움이 되었던 것이다. 고구려는 28 왕중에서 세습된 왕은 18명(동생 3명, 손자 포함)이었고, 백제는 31왕 중에서 23명이었으나, 신라는 56왕 중에서 세습된 왕은 18명(차남·동생·손자포함)뿐이었다. 고구려는 추대가 8명, 백제는 7명, 신라는 31명이었고, 찬탈된 경우는 15명(고구려 5, 백제 4, 신라 6)이었다. 그러므로 왕의 존속기간은 세습보다도 당시의 정치상황에 좌우되었기 때문에 일정하지 못하였다. 더욱이 신라 말(38대 원성왕 이후 56대, 경순왕: 785-935)까지 150여년간은 기존의 무열계왕이 아니고 내물계 왕계로서 18명의 왕이 계속되었으나, 실제로 원성왕의 두 아들(인겸 예영) 간의 갈등으로 대립이 계속되었고 나중에는 다시 예영의 두 아들(헌정 · 균정)의 대립이 계속되어 왕의 존속기간이 불안정하였고 더구나 말기에 박씨왕(신덕왕 · 경덕왕 · 경애왕 917-927)이 나타나 10년을 채우지 못한 왕이 10명이나 되었다. 결국 신라 멸망원인은 지배층 귀족 간의 갈등이 주된 원인이었음을 알 수 있어 왕의 재위기간의 존속은 당시 정치적 상황의 갈등 여부로 생각할 수 있다. 따라서 삼국시대의 왕은 한국고대사의 모습을 상징하는 존재로서 그 의미는 컸다. 그러므로 왕의 잘·잘못은 당시 국가존망의 계기가 된다고 하겠다.

이상에서 삼국시대 왕의 실상을 살펴보았다. 고대사회에서의 왕은 정치의 주인공으로 국가 운명을 결정짓는 존재로서 그 위상은 절대적이었지만 지배층 간의 갈등으로 선군과 폭군의 사이에서 장·단기간의 시련을 외면할 수도 없는 존재였다. 그러나 역대 왕은 정치·군사·외교의 활동을 외면할 수는 없었으나 유교와 불교를 결합시킨 고대 문화의 개발에 노력한 주인공으로서 고대사회의 모습을 상징하는 지배자로서 고려(중세사회) 이후의 역사에 가장 큰 영향을 남긴 주인공이었다.

2. 신라시대 여왕이 준 의미

신라시대는 특이하게도 3명의 여왕이 존재하였다. 왕권의 강화가 어느 정도 이룩된 진흥왕(540-576)의 발전에도 불행하게도 장남(銅輪)이 죽었음으로 왕위는 차남(舍輪)인 진지왕(576-579)이 왕위를 계승하였으나 그 역시 4년만에 죽었음으로 다시 동륜의 아들인 진평왕(579-632)이 왕위를 계승하였지만 그 역시 아들이 없어서 진평왕의 맏딸인 선덕여왕(德曼: 632-647)이 첫 여왕으로 등장하였다. 그 후 선덕여왕도 아들이 없이 그가 죽은 뒤에는 자신의 조카(동륜의 손자)인 진덕여왕(勝曼: 647-654)이 등장하여 왕의 계승을 둘러싼 복잡한 7세기 전반기에 두 여왕이 존재하였다. 마지막으로 등장된 진성여왕(887-897)은 9세기 초 신라가 하대 원성왕(785-798) 이후 두 아들(인겸·예영)의 후손간의 갈등이 계속된 시기에 진성여왕(887-897)은 앞선 정강왕(886-887)에 아들이 없자 그 동생으로서 왕이 되어 11년간 재위한 마지막 여왕이다. 기이하게도 신라의 3여왕은 정치적으로 복잡한 시기에 왕이 되어 큰 업적을 남기지 못한 왕이 되었다.

여왕들은 대체로 가까운 형제로서 정치적 도움을 주는 인물이 없었음으로 새로운 주인공을 탐할 수밖에 없었다. 선덕여왕은 비담(毗曇)·염종(廉宗)·을제(乙祭)·알천(閼川)·김춘추(金春秋)·김유신(金分信) 등의 인물을 고위층에 임명하였는데 당시는 당나라뿐 아니라 백제·고구려와의 관계가 복잡할 때여서 군사와 외교관계에 능숙한 인물을 요할 때여서 김유신과 김춘추가 당시의 정치적 주인공이 되었다.[6] 무엇보다도 당시 고구려·백제의 위협 속에서 군사적 통치권을 오래 장악한 김유신은 빈번한 백제 침략을 저지하면서

전쟁의 승부는 대소에 알린 것이 아니라 일심에 달려있을 뿐이다. 이제 우리

6) 정중환, 비담·염종난의 원인고(「동아논총」 14, 1977)
주보돈, 비담의 난과 선덕왕대의 정치운영(「이기백선생고희논총」 1994)
고경석, 비단의 난의 성격문제(「한국고대사논총」 7, 1995)
정용숙, 신라 선덕왕대의 정치동향과 비담의 난(「이기백선생고희논총」)
신형식, 신라의 여왕은 어떤 인물이었나(「새로 밝힌 삼국시대의 역사적 진실」, 우리역사문화재단, 2013)

백성은 뜻을 같이 하여 생사를 함께 할 것이니 백제는 두려워 할 것 못될 것이다. (「삼국사기」 권41, 김유신전 〈상〉)

이러한 입장에서 서있던 두 사람은 선덕여왕 16년(647)에 일어난 비담·염종의 반란을 진압하면서 진덕여왕을 추대하여 정치의 주인공이 되었다.[7] 김춘추는 진덕여왕 2년(648)애 아들(文王)과 함께 당에 입당(조공사)하여 백제 정벌을 요구하였고, 진덕여왕 4년에는 김춘추의 아들인 法敏(뒤에 문무왕)을 당나라에 보내 太平頌(당 高帝 칭찬의 글)을 보내기까지 하였다. 이를 계기로 김춘추는 (당시 권력을 쥐고 있는) 김유신(자신의 딸(智照)을 김춘추에 출가)의 도움으로 무열왕(654-661)으로 추대되었다. 선덕여왕, 진덕여왕은 김춘추와 김유신의 도움으로 왕좌를 유지할 수 있었음으로 훌륭한 관료(지원자)를 둔 결과로 볼 것이다.

신라 마지막 여왕인 진성여왕(887-897)은 9세기 내물계인 김씨 왕통의 갈등으로 복잡한 시기로 전왕인 정강왕(886-887)이 후계자(아들)가 없어 왕의 동생으로서 2년 만에 죽었음으로 등장되었지만 그 내용은 기록이 없다. 다만 그가 왕위를 7년간 유지하는 동안 위홍(魏弘)과 정을 통해왔고 그가 궁궐에서 일을 마음대로 처리하였고 그가 죽자 미남자 2-3명을 몰래 끌어들여 음란한 짓을 하고는 그들에게 주요 관직을 주어 정치를 맡겨 국가의 기강이 무너졌다. 이를 비난한 巨仁(「삼국유사」에는 王巨人)을 형벌을 주려할 때 그가 감옥의 벽에 사건의 결과(5월에 서리가 내린다)인 중국의 예를 들었음으로 석방하였다. 이건 기록을 통해서 알 수 있다. 진성여왕은 위홍과 그 외 남자들과 사통하고 정치는 외면한 주인공으로서 왕이란 명칭을 붙일 수 없는 인물

7) 신형식, 신라여왕이 정치에서 얻은 교훈(「한국고대사를 다시본다」 주류성, 2018)

임으로 신라 말 정치 혼란을 막지 못하고 신라 멸망의 단초를 제기한 주인공이었다.

여기서 볼 때 선덕·진덕여왕은 훌륭한 인물(김춘추·김유신)을 등장시켜 통일을 준비하였지만 진성여왕은 훌륭한 조력자를 구하지 못하여 국가쇠퇴의 길을 열어 준 주인공이다. 그러므로 우리는 역사상 여왕은 그 자신의 업적은 없지만 다음에 등장할 남자 왕의 출현(계승)에 필요성과 해야 될 당위성을 보여준 과도적 의미와 교훈이 될 것으로 보인다.

3. 삼국시대 천도가 보여준 교훈

1) 한국역사에 있어서 수도의 기능과 천도론

역사상에서 볼 때 한 국가의 首都는 최고통치자(王)가 상주하는 곳으로 정치·문화·군사의 중심지로서 그 나라의 흥망성쇠와 운명을 같이 하는 국가의 상징이다. 중국의 西安·北京이나 서양의 Alexandra; Rome·London·Paris·Berlin 등은 그 국가의 축도(縮圖)였으며, 우리나라의 경우도 平壤·慶州·開京·漢陽은 각 왕조를 설명하는 대명사였다. 따라서 수도이전은 수도함락이거나 정치적 입장에서 국가운명을 좌우하는 정치행위로 불가피한 의미가 있다. 중국의 역대왕조들이 이러한 모습을 한결같이 보였으며 우리 경우도 고구려·백제·신라·고려 등의 예에서 찾을 수 있다. 다만 도읍지와 출신지가 다른 창업주는 전 왕조와의 단절과 새 왕조의 출발을 다짐하기 위해 새 수도를 신속히 결정하여 정치적 공백을 메꾸고 '민심의 일신'을 꾀하게 된다. 민심의 동향은 국가흥망성쇠의 열쇠가 되기 때문이다. 敬順王의 고려

귀화에 대한 싸늘한 경주민심이 바로 그 단적인 예이다. 조선왕조의 경우와 명나라 주원장이 남경을 새 수도로 택함으로써 과거와의 단절을 선언한 것이 바로 이것이다.[8] 수도의 위상이 절대적이었음은 국호가 동, 서로 갈리는 周와 漢의 경우에서 엿 볼 수 있다.[9] 결국 수도는 '그 나라의 縮圖'로서 국가의 위상을 나타내는 의미를 갖게 된다.

수도는 국가의 상징성과 왕권의 권위를 갖고 있기 때문에 그에 맞는 다양한 시설이 수반된다. Wittfogel의 견해에 따르면 巨大한 防禦施設(Huge Defense Structure), 뻗어가는 도로망(Royal Roads), 화려한 궁궐(Colossal Palace), 거대한 도시(Capital City), 그리고 분묘(Tombs)와 祠堂(Temples)을 위주로한 다양한 건축물(Edifices) 등이 기본속성(Essential attribute)으로 보인다는 것이다. 고대 Egypt나 Mesopotamia의 灌漑水利社會(Hydraulic Society)에서 나타난 운하·댐·해자·목책(Palisades)·방어벽 등은[10] 국내성(고구려)·한성(백제)의 유적에서도 확인되고 있으며, 화려한 분묘는 이집트의 Pramid나, 秦始皇의 兵馬甬, 그리고 경주의 天馬塚이 그 대표적 예이다.

이러한 수도는 건국주체세력들에 의한 急造된 지역이 아니었다. 그들이 충분한 자연·인문조건을 고려한 '선택된 장소'인 동시에 무엇보다도 군사적·경제적 바탕이 전제되어야 했다. 고구려가 유리왕 22년(A.D.3)에 卒本에서 國內城으로 옮기기 전에 사전조사를 한바 있어, 백제의 경우 泗沘遷都(538) 이전에 보여졌던 조치와 뜻을 같이 한다. 즉 東城王은 여러 곳을 사냥을 빙자한 巡幸을 하면서 민심을 살피고 장차 옮길 새 수도를 방어할 牛頭城

8) 이존희, 조선시대의 한양은 어떤 곳인가(「조선시대의 한양과 경기」 혜안, 2001), p.17

9) 서울이 鎬京(西安)에 있을 때를 西周라하고 東遷(洛陽)했을 때를 東周라 부른다. 漢의 경우도 長安에 있을 때를 西漢, 洛陽에 있을 때를 東漢이라 부른다.

10) Karl A. Wittfogel Oriental Despotion(Yale univ. press, 1957), pp.34~40

(한산의 乾止山土城)·沙峴城(공주의 廣亭里山城)·耳山城(괴산의 尼聖山城)·加林城(부여의 聖興山城) 등의 축조와 여러 개의 木柵(炭峴·高木城)을 세웠던 것이다. 그리고 가난한 사람(遊食者)을 구제하고 특히 武寧王(501~523)은 적극적인 대고구려전을 승리로 이끌면서 북방문제에 대한 국민적 불안을 불식하여 천도에 대한 새로운 의지를 나타내기까지 하였다.

> 臣이 돼지(郊豕)를 쫓아 國內尉那巖城에 이르렀는데 그 산수가 깊고 험하고 5곡에 알맞으며 사슴·물고기·자라가 많은 곳입니다. 왕께서 이곳으로 수도를 옮기면 백성들이 영원토록 이롭고 전쟁의 화도 면할 수 있을 것입니다. (「삼국사기」 권13, 유리왕 24년조)

라는 이 기록은 국내성 천도 직전에 제관(掌牲)이 왕에게 보고한 내용이다. 우리는 이러한 제관의 보고에서 수도로서의 조건을 찾을 수 있다. 그러므로 朱蒙의 卒本城 정착시에도 '土壤肥美 山河險固(「삼국사기」 권13)와 맥을 같이하고 있다. 이러한 사실은 溫祚가 백제를 세울 때 '天險地理'의 이점이라는 '北漢山 의 정기와 한강의 힘'을 내세운 것과 다를 바 없다.[11] 따라서 수도로서의 입지조건은 무엇보다도 자연환경으로서 山水深險(국방상 요충)과 生産物의·풍족(식량·수산물: 경제적 조건), 그리고 종교적(祭儀的)인 상징성(돼지·사슴)의 존재 등을 들고 있으며, 이러한 자연조건은 兵革之禍를 면할 수 있는 防禦條件을 들 수 있기 때문에 平壤城·長安城과 泗沘城이 지닌 자연·인문적 배경을 이해하게 된다. 이러한 수도의 지리적 위치는 茶山이 지적한 '天有金

---

11) 신형식, 한국고대사에 있어서 한강유역의 정치·군사적 성격(「향토서울」 41. 1983 및 「한국고대사의 신연구」, 일조각, 1984), p.263
———, 역사 속에서 본 천도(「향토서울」 65, 2005)

湯之地(「여유당전서」 권12, 시문집〈百濟論〉)'에서도 찾아진다.

그러므로 건국초의 복잡한 사정 때문이라고 하지만 수도는 '준비된 땅'이었고 충분히 '고려한 요충지'라는 사실이다. 그러나 졸본지역이 산이 많고 들이 적었으며 교통도 불편하여 새로운 국가건설에는 정치·경제·문화발전에 불리하였으므로[12] 국내성천도는 불가피한 것이다. 따라서 이러한 준비된 땅인 수도는 불가피한 遷都(전쟁·반란 등)는 있었지만 끝까지 국가 멸망과 운명을 같이 한 것이다. 거란(遼)의 耶律阿保機가 발해를 멸망시키고 상경성(천복성)을 철저하게 파괴시킨 사실이 이를 뒷받침한다. 그러므로 恭愍王 9년(1360), 禑王 8년(1382)과 恭讓王 2년(1390)의 한양천도는 사전에 준비된 것이 아니라, 兵亂(왜구)에 대한 우려나 당시 정치세력간(林堅味)·李仁任·崔瑩의 갈등에서 나타난 임시 현상인 것으로 오래 갈 수는 없었으며, 巡幸수준의 천도였다.[13]

이와 같이 수도는 국가성립과 발전과정에서 그 나라와 불가분의 관계를 갖게 된다. 따라서 外侵의 위협이나 반란, 그리고 정치적 목적에서 수시로 천도론이 있게 되는 동시에, 그 보완책이 강구되었다. 그러므로 권력쟁탈을 위한 묘청과 신돈의 남경천도론이나 숙종6년의 남경개창론은 준비된 천도론이 아닌 임시편법이었음으로 실효성을 갖지 못하고 실패하게 된다. 따라서 군사적 위협에서가 아닌 국민적 공감대가 없는 목적의 천도론은 실효성을 거둘 수 없었으며, 실패하기 마련이다. 여기서 '민심의 향배'가 천도 승패의 관건이 된다는 것을 알게 한다.

국사상에서 특정 정치적 목적이나 권력 쟁탈을 목적이 아닌 순수한 천도

---

12) 「조선전사3」(1991), p.41 손영종, 「고구려사」 1(1990), p.83

13) 나각순, 고려말 남경복치과 한양천도(「강원사학」 17·18, 2002), p.124
최혜숙, 「고려시대 남경연구」(경인문화사, 2004), pp.134~152

론은 神文王(신라) 9년(689)의 달구벌(대구)천도론이다. 이때는 통일을 완성함에 따라 김흠돌난으로 대표되던 반대세력도 완전히 제거하고 중앙제도(14관부)의 정비와 지방제도(9주 5소경)를 완비한 이후에 시도한 것이기 때문이다. 대부분의 천도론이 외침위협이외에 정치적 목적이나 정권쟁탈전의 동기가 많았으나, 통일신라의 대구천도론은 평화기, 그리고 정치안정기에 있었던 것이다. 그만큼 이 천도론은 사전 정리 작업이 진행된 바 있으며,[14] 특히 장산성(경산)의 순행과 서원경성(청주)의 축조, 그리고 5小京의 완비와 기타 부대시설(관청·도로망·사찰 건립 등)이 뒤따랐던 것이다. 특히 5소경을 원 신라 지역에 두지 않은 것도 통일 후 신수도 이전의 장기전략이라고 볼 수가 있다.

그러나 이러한 천도계획을 반대한 세력이 전제왕권에 반대한 귀족이 아니라, 전제왕권의 친위기반인 김씨집단 바로 그들이라는 점이다. 다만 대구(달구성)와 경주(喙·鷄林)의 친연성에 따라 원주지(대구)로서의 회복에 따른 기존지배기반이나 구조의 변화에 대한 친위세력의 반대라는 지적은 음미할 만하다.[15] 다만, 통일신라의 신라제일주의는 새로운 모험과 시련을 받아들일 수 없는 경직성과 한계는 있었다. 신라 이외의 지역으로의 천도가 지니는 문제점은 '중앙탑조성'에서 볼 수 있는 포용과 융합, 그리고 통일지향을 위한 중원경의 위상으로 대신 할 수 있었다.[16] 따라서 팔공산(부악)을 받드는 동일문화권의 대구로의 천도는 큰 의미가 없었다.

다만 묘청란에 대한 신채호의 평가는 '조선역사상 일천년래 제1대 사건'

---

14) 주보돈, 신라국가 형성기 대구사회의 동향(「한국고대사 논총」 1996 및 「신라지방 통치체제의 정비과정」, 신서원, 1998), p.434
이문기, 통일신라시대의 대구(「대구시사」 〈통사편〉 1995), p.250

15) 주보돈, 신라의 달구벌천도기도와 김씨집단의 유래(「백산학보」 52, 1999), p.570

16) 최근영, 중원탑평리7층석탑 건립배경에 대한 추론(「한국사학보」 2, 1997), p.60

이라는 글속에서 서경전역이라고 명명하였다. 그는 민족의 성쇠가 '사상의 취항여하'에 있다고 한 후, 이 사건의 실패가 노예근성의 계기가 되었다고 하였다. 이 전역에 참여한 병력이 수만에 불과하고 그 사건기간이 수개년에 미치지 못하였지만, 그 결과는 발해멸망이나 對蒙抗爭보다도 훨씬 컸으며 우리나라의 사대적·호수적 사상(유교사상)에게 독립적·진취적 자주사상이 쇠퇴한 역사적 사건이라는 주장이다.[17] 이러한 견해는 보수·안일에 빠진 기존 권력층에 커다란 반성과 경종의 의미가 있었음은 사실이다.

여기서 우리가 주목하려는 풍수지리에 입각한 천도론의 문제이다. 김위제나 묘청 그리고 고려 말(공민왕·우왕·공양왕)에 보여진 풍수사상에 의한 천도론은 현실적인 문제해결보다는 정치적 의도가 크게 작용된 것이다. 이러한 천도론은 그것을 합리화할 명분으로 풍수설을 이용한 것이기 때문에 정치적 취약성과 권력투쟁의 한 방편으로 출현된 것이다. 따라서 곧바로 還元되어야 할 일시적 방편에 불과한 것이다. 그러므로 수도는 외침침략으로 천도일 때(적군후퇴 후 회복) 이외에는 결코 바꿔서는 안되고 나라멸망까지 처음 수도는 이어져야한다는 사실에 큰 의미가 있다. 이러한 사실은 신라·고려·조선왕조의 경우에서 알 수가 있다.

---

17) 「단재 신채호 전집」 중(형설출판사, 1972), pp.103~106

4. 통일신라 전제왕권의 실상

통일신라(中代)의 정치적 안정과 강력한 왕권의 확립으로 7-8세기를 전제왕권 시기로 규정한 것은 저자가 쓴 「신라사」(1985)에서 시작되었다.[18] 이러한 시각은 손진태의 「국사대요」(1949)에서 전제적인 권력정치란 표현이 나타났고 변태섭의 「한국사통론」(1986)에서도 구체적인 설명이 없이 전제왕권이라는 설명이 보이게 되었으며, 그 후 李基白은 공식적으로 당시 통일신라가 견제기구(귀족·화백)의 견제기구는 있었지만 군주의 전제정치를 공식적으로 인정하였다.[19] 이어 이에 대한 다양한 견해(반대포함)는 있었지만 마땅한 대안이 없어 전제왕권이라는 표현은 그대로 사용되고 있다.[20]

통일신라의 전제왕권은 신라가 통일 후 정치적 안정과 안정된 대외관계(당나라의 친선)가 이룩된 31대 신문왕 이후 35대 경덕왕 때까지 80여 년간(681-765)의 모습으로 보여진 시기를 말하는 것이다. 무엇보다도 삼국통일 이후 삼국민의 통합과 정치적 안정을 위한 유교의 정치이념(仁義之鄉·王道理

---

18) 필자가 처음으로 지적한 통일신라의 전제왕권은 Wittfogel의 동방적 전제주의(Oriental Depostism)나 서양의 독재정치(Dictataorship)와 달리 독특한 견제기구와 다양한 관료제가 있었음을 강조하였으며 후에 구체적인 특징을 소개한 바 있다(「통일신라사연구」, 삼지원, 1990)가 「신라통사」(주류성, 2004).

19) 이기백, 신라전제정치의 성립(「한국사의 전환기의 문제들」, 지식산업사, 1993)
———, 통일신라의 사회(「한국사강좌」 1, 〈고대편〉, 지식산업사, 1993)
———, 통일신라의 전제정치(「한국고대사회사연구」일조각, 1996)

20) 이기동, 신라중대관료제와 골품제(「신라골품제사회와 화랑도」일조각, 1984), p.116
김수태, 전제왕권과 귀족(「한국사」 9, 국사편찬위원회, 1998, p.95) 김영미, 성덕왕대 전제왕권에 대한 일고찰(「이대사원」 22-23, 1988), p.381
이정숙, 신라 진평왕대 정치적성격(소위 전제왕권의 성립과 관련하여, 「한국사연구」 52, 1986), p.5
하일식, 신라전제정치의 개념에 관하여(「신라집권 관료제」희안, 2006), pp.314~318
이영호, 중대 전제왕권시대설의 타당성 검토(「신라중대의 정치와 권력구조」 지식산업사, 2014), pp.272~289
김상현, 신라중대전제왕권과 화엄종(「동방학지」 44, 1984)

想)에다 불교의 호국사상(화쟁사상)이 결합되어 현세(유교)와 내세(불교)를 결합시킨 元曉와 崔致遠의 정신으로 나타나게 되었다.

㉮ 태양은 더운 것이 그 성품이고 달은 추운 것이 본성이다. 만약 해만 있고 달이 없다면 모든 종자의 싹은 마르고 타서 열매를 맺지 못하고 또 만일 달만 있고 해가 없다면 모든 종자의 싹은 썩어 싹이 트지 못한다.

(「법만경 보살계 본사기」 - 원효)

㉯ 석가와 공자가 출발한 것은 비록 다르지만 근본으로는 한곳으로 귀일한다. 양자를 겸하지 못하면 사물의 이치를 이해할 수 없다.

(「진감선사대공탑비」)

仁心은 곧 佛心 이며 부처의 뜻(佛目)과 유교의 뜻(仁)은 하나로 통한다.

(「지증대사적조탑비평」 - 최치원)

이와 같은 원효와 최치원이 보여준 내용은 통합적 민족의식과 정신적 화합(유·불교의 통합)으로 전제왕권의 의미를 지적한 것이며 강력한 왕권을 이룩한 사실(民合三韓而廣地居 滄海而長威 (청주 雲泉洞寺蹟碑) 三韓一家의 의미를 나타내주고 있다. 이 비석은 신문왕 6년(686) 전후에 세워진 비석으로 이러한 삼한 일가의 의미는 신문왕이 서원경을 설치한 685년의 사실은 3국이 통일하여 새로운 한국가를 세운 사실을 부각시킨 것은 확실하다.[21] 이로써 신라는 전제왕권의 바탕을 마련한 것이며 그 뒷받침은 「지증대사비명」에 보이듯이 유교와 불교를 결합시킨 통일신라인의 정신적 화합을 보여준다고

21) 임창순, 청주 운천동 발견 신라사적단비천견(「호서시착」 3, 1983)
차용성, 청주운천동 묘비조사기(「호서문화연구」 3, 1983)
김정숙, 청주운천동사적비(「한국고대금석문」 2, 한국고대사회연구소, 1992)

하겠다.

무엇보다도 이 시기의 정치적 특징은 중앙정치제도의 개편에 나타나있다. 중앙관제(14관부)가 신문왕 6년(686)에 완성되었는데 官府의 명칭(部와 府)의 분리와 장·차관(令·卿)의 수(1-3명)가 다르고, 특수 관청으로서 왕실기관(內省)·수도행정관청(京城周作典)·왕실사찰(6개의 成典)을 비롯하여 삼국인을 고르게 참여시킨 군사제도(9서당)와 전국의 지방행정체계(9서당·5소경) 등은 전제왕권의 바탕을 마련한 것이며 이를 뒷받침 사실은 지증대사비문에 보이듯이 불교와 유교를 결합시킨 의미를 앞에서 본 바와 같이 나타내고 있으며 이러한 중앙정부의 정비에 맞추어 군사제도를 개편하여 왕실을 지켜주는 사위부(진덕여왕 5년: 651)를 6명의 장군을 두었으며(신문왕 1년: 681), 이어 신문왕 6년(686)에는 3국민을 고르게 등용하여 9서당을 조직하였다. 아래 〈표〉에 의하면,

〈표〉 9서당의 조직

국민	명칭	색깔	설치연대
신라인	녹금서당	녹색	진평왕 5년(583)
	자금서당	자주색	진평왕 47년(625)
	비금서당	붉은색	문무왕 12년(672)
고구려인	황금서당	노란색	신문왕 3년(683)
	벽금서당	푸른색	신문왕 6년(686)
	적금서당	빨강색	신문왕 6년(686)
백제인	백금서당	흰색	문무왕 12(672)
	청금서당	파란색	신문왕 7년(687)
말갈인	흑금서당	검은색	신문왕 7년(687)

신문왕 7년(687)에 삼국인(말갈인 포함)은 신라의 군대조직을 완성하여 중앙군은 수도에 배치하고 지방군(10정: 삼천당)은 각 지방에 설치하였으며 특수지역(五州誓: 진주·전주·양주·춘천·강릉)에는 5주서(五州誓)란 이름으로 배치하였다. 이러한 지방군사제도의 정비는 신라정부가 설치한 9주 5소경에 설치되어 국가체제정비를 마련하였다. 이러한 사실은 다음 〈표〉에 나타나 있다.

〈표〉 9주 5소경

3국시대	9주	개정명칭(현재)	군(4)	현(수)	소경
신라	사벌주	상주(상주)	10	31	금관경(김해) (가야지역)
	삽양주	양주(양산)	12	40	
	청주	강주(진주)	11	30	
고구려	한산주	한주(광주)	28	49	중원경(충주) 북원경(원주)
	수약주	삭주(춘천)	12	26	
	하서주	명주(강릉)	9	26	
백제	웅천주	웅주(공주)	13	29	서원경(청주) 남원경(남원)
	완산주	전주(전주)	10	31	
	무진주	무주(광주)	15	43	

㈜ 신라고토는 수도(경주: 금성)를 두고 4방(전국 통치형식)

이 〈표〉에서 볼 때 신라는 전국을 똑같이 3주씩 나누어 균형을 이루고 小京을 다같이 3국 옛 땅에 2개씩(고구려 옛 땅에 중원경·북원경, 백제 옛 땅에 서원경·남원경, 신라 옛 땅에는 금관경과 수도〈금성〉)두어 균형을 이루고 있었다.

위에서 볼 수 있듯이 신라전제왕권은 삼국통일 이후 정치적 안정을 바탕으로 강력한 왕권이 바탕을 이룩하였으나 중국의 동방적 전제주의와 서양의 독재정치와 달리, 다양한 견제기구와 다양한 관료제가 뒷받침된 신라의 독특한 제도라고 하겠다. 무엇보다도 최고관부의 장·차관을 복수제로 하고 왕실기관·수도행정기구·군사제도·지방제도 등 다양한 기관을 두었으며, 정치적 안정을 추구한 중앙제도를 비롯하여 삼국민의 화합을 위한 군사제도와 지방제도를 통한 국민적 화합을 위한 제도적 배려가 보인 것은 큰 의미가 있다. 동시에 유학(유교)의 정신을 뒷받침한 國學의 설치에 따라 충효사상의 의미와 불교의 정신을 강조한 사찰(四天王寺成典를 위시한 七寺成典) 조성을 통한 국민의식의 향상을 통한 왕권의 신성화를 부각시킨 王道政治의 정치체제라고 생각된다.

이상에서 통일신라의 전제왕권이 지닌 특성과 함께 그 제도가 지닌 역사적 의미를 정리해보았다. 이러한 신라의 정치형태는 우리 역사상 최초로 이룩된 관료체제로 그 후 고려를 거쳐 조선에 이루기까지 많은 교훈(가르침)을 준 사실은 큰 의미가 있다. 이러한 신라의 전제정치는 신라사회가 발전되면서 170년의 장구한 정비기간을 요한 율령정치의 모습이다. 권력구조는 각 기관의 상호견제와 균형을 특징으로 한 것으로 장·차관의 복수제와 고위직의 광범한 겸직제를 보며 귀족합의제의 정신을 반영하고 있다. 따라서 이 제도는 신라의 독자적인 특징을 보이고 있으며 특히 행정관부와 內廷官府의 정치적 균형을 유지한 사실은 그 후대에 큰 영향을 주게 되었다.[22]

22) 신형식, 신라중대 전제정치의 특질(「국사관 논총」 20, 1990)
——, 신라중대 전제정치의 특질(「통일신라사」 삼지원, 1990)

5. 신라의 대당외교가 지닌 가치

- 최치원의 업적을 중심으로 -

우리나라는 위치상 서쪽에 서해를 두고 중국의 동쪽에 위치하여 중국과의 외교관계는 국가발전과 존속관계로 큰 의미가 있었다. 그러므로「삼국사기」(본기)에 삼국시대의 사회상은 정치·천재지변·외교·전쟁으로 해석하고 있으며 특히 외교와 전쟁은 주로 중국과의 관계로 설명하였다.[23] 그러나 신라는 한반도 동방에서 성장하였음으로 초기에는 중국과의 관계가 거의 없었으나 수(581-618(가 건국되어 진평왕 23년(601) 이후 수차의 교섭내용뿐이다. 따라서 당나라가 건국되면서 신라뿐 아니라 3국은 당나라와 빈번한 모습이 시작되었다.

신라가 당나라(618-907)에 최초로 외교사절(朝貢使)이 진평왕 43년(621)에 파견되었으며 제·려 정벌(660-668)때 군사동맹으로 친선관계가 유지되었으나, 고구려정벌 후 당나라의 영토야욕으로 국교가 단절되었으나 통일신라가 이룩되어 왕권이 확립된 효소왕 8년(699)에 국교재개의 노력이 시작되며 성덕왕 2년(783)에 양국의 친선이 이룩되어 양국 간의 두 나라간의 정상화가 이룩되어 성덕왕 재위 36년간(792-737)에 43회의 외교관(조공사)이 파견되었다. 성덕왕 이후 경순왕(935)까지 230여 년 간에 신라는 94회의 사절이(숙위·숙위학생 포함) 파견 되었으며 그 사절단에는 대표적인 정치지도자가 포함되고 있어 귀국 후 兵部令·侍中이 되거나 왕으로 승진된 인물(문무왕·소성왕·헌덕왕)이 되고 있었다.[24]

---

23) 신형식, 「삼국사기 연구」(일조각, 1981)

24) 신형식, 통일신라의 대당관계(「한국고대사의 신연구」 일조각, 1984)
———, 新羅 遣唐使의 歷史的 役割(「동아시아문화 환류」 1, 2008)

통일신라의 대당외교에는 일반적으로 불러지는 사절(朝貢使) 외에 숙위(宿衛)와 우리나라 최초의 해외유학생인 숙위학생(宿衛學生)이 존재하여 그들의 역할에 큰 의미가 있었다. 숙위는 통일전인 진덕여왕 2년(648)에 파견된 이후 경문왕 10년(870)의 金因까지 16명의 명단이 나와 있다. 숙위에 대한 설명은 중국 문헌(「신당서」와 「資治通鑑」)에 처음 소개되어 있는데 그 내용은 '주변국가가 신하를 자청하여 왕자를 보내 인질로 삼았다(夫四夷保臣 納子爲質-「책부원귀」 권996 외신부〈納質〉)'로 되어있어 우리나라(신라)로는 당시 입장으로서는 불가피한 조치였다. 당시 신라는 백제정벌을 앞두고 군사협조(援兵確約)를 위해 실권자인 김춘추(金春秋)와 그 둘째 아들(文王)을 당에 외교사절로 보냈는데 이때 김춘추는 당 태종에게 백제정벌의 병력을 요청하여(당의 허락(出師) 그 아들 문왕을 요청하며 숙위(일종의 인질)로 남게 되었다. 따라서 중국의 입장에서는 인질의 성격을 인정하게 하였으며 신라로서는 이를 계기로 중국의 문화수입(國學의 입학)과 양국의 친선을 유지하는 계기로 삼았던 것이다. 따라서 당나라 입장에서는 인질의 성격을 갖고 있지만 신라는 새로운 외교관계를 통해 두 나라간의 교섭을 가능하게 한 것으로 보인다.[25] 이어 진덕여왕 5년(651)에는 문왕이 귀국하여 侍中이 되었으며, 이어 김춘추의 둘째 아들 仁問을 숙위로 보내 백제정벌을 위해 군대요청을 하였으며, 문무왕 6년(666)에는 김유신의 아들인 金三光을 숙위로 보내 고구려 정벌을 위한 군사요청을 하였으며 이어서 그는 고구려 정벌에 당나라 장군 유인궤(劉仁軌)와 함께 참여하였다.

통일신라에서 문무왕 14년(674)에 처음으로 숙위로 파견된 김덕복(金德福)은 당시 나당간의 국교가 단절된 시기에서 당나라에서 曆術을 익히고 귀

25) 신형식, 신라의 숙위외교(「한국고대사의 신연구」 일조각, 1984)

국하였다. 이에 성덕왕은 양국가의 국교를 재개하기 위해 성덕왕 2년(703)에 金思讓을 당 玄宗에게 보내 국교재개를 위한 노력을 하였으며 동왕 13년(714)에 왕자 金守忠을 숙위로 하여 국교 정상화의 길을 열게 되었으며 그가 3년 만에 돌아와 國學에 필요한 경전을 가져왔다. 이어 성덕왕 27년(728)에는 왕의 동생인 嗣宗을 보내어 당의 국학에 입학하였고 당나라의 관직(果毅: 종5품의 武職)을 받아 숙위로 머물게 되었는데 이때부터 숙위학생의 시작이 나타났다. 성덕왕 29년(730)에는 왕족인 金之滿을 보내 숙위로 머물렀고, 그 다음에는 성덕왕 31년(732)에 金志蘭을 숙위로 보내 당시 발해(말갈)의 침입을 방어해주기를 요구한 당의 청병사 역할을 하였다. 이어 성덕왕 32년(733)에는 金忠信과 성덕왕 33년의 金志廉 등이 숙위로 파견되었으나 이들을 발해 침입을 저지하려는 청병사로서 숙위의 성격이 바뀌고 단지 청병사와 같은 성격을 보이고 있다.

이상에서 중대(통일신라기)에 파견된 숙위 7명의 역할을 정리해보았다. 이들은 단순한 조공사와는 달리 왕족으로서 당의 궁정에 투숙하면서 양국의 국정을 협의하여 외교적 교섭을 통해 양국의 친선을 협의하는 외교관이었다고 하겠다(당에서는 그 위상을 인정하지 않고 인질(質子)로 파악하고 있었다).

1) 최치원(孤雲)의 활동

통일신라의 대당관계에서 특기할 사항은 최초의 관비유학생으로서 중국의 과거시험(賓貢科)에 합격한 인물은 58명이 된다고 하지만 이러한 58명 중에 공식명칭인 宿衛學生으로서 인명을 남긴 자는 金雲卿 이하(金可紀·金文蔚·崔承祐·朴仁範 등 崔致遠까지 19명의 명단이 남아있다. 그러나 이들은 일부 관직과 정치에 참여한 사실 외에는 없으며 유일하게 최치원은 많은 활동과 정치적 영향을 남겨 숙위학생의 대표적 인물로 그 활동을 찾아보려는 것이다.

최치원(孤雲: 857-?)은 12세 어린 나이로(경문왕 8년, 868) 중국에 들어가 일찍 874년에 빈공과에 합격되어 그곳에서 율수현(宣州溧水縣)의 관리(縣尉)가 되었는데 880년(헌강왕 6)에 황소난(黃巢亂)이 일어나자 고운은 진압자인 고병(高騈)의 보좌관(輔佐官)이 되어 황소난이 일어났을 때 참여한 후 다음과 같은 두 개의 글을 남기고 있다.

㉮ 무릇 바른 것을 지키고 떳떳함을 행하는 것을 道라 하고 위험한 때를 당하여 변통하는 것을 權이라 부른다. 지혜 있는 자는 시기에 적응하는데서 성공하고 어리석은 자는 이치를 거스르는데서 패하는 법이다. 비록 백년의 수명에 죽고 사는 것은 기약하기 어려우나 모든 일은 마음으로서 옳고 그른 것을 이루 분별할 수 있는 것이다. 정벌은 있으나 처음을 주립하는 것이 아니며 軍政으로 말하면 恩德을 앞세우고 죽이는 것은 뒤로 하는 것이다. (격황소서)

㉯ 역적 황소는 이 국토에 살면서 악한 생각을 품고 물여우(含沙)의 독기를 양성하여 하늘의 강기를 엄하고 널리 지상의 재화를 야기하여 9주가 반이나 무너지고 삼보(三輔: 장단)가 오랫동안 더럽힘을 겪었으니 제 머리칼을 뽑아도 그 죄를 세기가 어렵고 목구멍을 찢어야 겨우 그 간악한 것을 징계할 것이옵니다. 이제 못된 도적이 마음을 돌리고 원흉이 머리를 받쳤다보니 유정무전(有征無戰)이 실로 왕도에 부합됩니다. (하살황소표)

위의 글 ㉮는 황소에게 보낸 격문으로 인간의 도리를 전하면서 국가에 반역(반란)하는 것은 반드시 패망할 것이라고 하여 '회오리바람은 하루아침을 가지 못하고 소낙비는 온종일 갈 수가 없다(飄不終朝 驟雨不終日)'고 하였고 죄를 짓고 그 악행을 모르는 것은 인간의 도리가 아니라고 하여 배반하기 보다 귀순하는 길을 찾으라고 했다. ㉯는 반란자인 황소를 살해한 것을 축하하는 글로써 역적 황소는 이 국토에서 반란을 일으킨 것은 정벌이지 전쟁이 아니라 국가의 도리를 택한 것이며 국가 중흥의 계기가 되어 기쁜 일이라고 황소난 토벌을 축하하였다. 이러한 기록에서도 그가 젊은 나이였지만 인간으로서의 도리와 국가의식을 보여주고 있다.

최치원은 17년만인 885(헌강왕 11)에 귀국하여 그가 당나라에서 활약한 사실을 보고 배운 사실을 인정하여 시독겸 한림학사(侍讀謙 翰林學士)와 병부시랑(兵部侍郎)으로 임명되었으며 894년(진성여왕 8)에는 전라도의 文昌郡(옥구군)과 896년에는 경상도의 천령군(天嶺郡: 함양)의 태수로 임명된 바 있다.[26] 그러나 그는 885년에 대숭복사(大崇福寺) 비문을 비롯하여 3대사(진감대사 · 낭혜화상 · 지증대사) 탑비문을 남기고 있다.[27] 그러나 그가 활약한 진성여왕(887-897) 시기는 정치적 혼란(지방세력 · 호족의 등장)과 궁예·견훤의 활동(후삼국시대: 후백제 건국〈892〉 · 태봉 건국〈901〉)으로 큰 시련을 보고 자신의 견해(사회의 극복)를 제시하였다.

이러한 정치적 혼란을 목격한 최치원은 진성여왕 8년(894)에 왕에게 「시무책 10여조」를 상소하여 당시의 정치적 개혁안을 제시하였을 것이다. 그러나 그 구체적 기록이 없기 때문에 자세한 내용은 알 수 없지만 당시의 복잡한 정치적 혼란에 대한 문제와 개혁안(진골 중심의 골품제 타파 · 호족의 억

26) 최완기, 고운 최치원선생 연보(「신라최고사상가 최치원」 주류성, 2001)

27) 곽승훈, 「중국사 담구와 사산비명 찬술」(한국사책, 2005)
이재운, 최치원의 생애와 정치활동(「신라최고의 사상가 최치원 탐구」 주류성, 2001)

압·종교적 정치이념제시·인사행정의 개혁 등을 통한 왕권의 강화책)을 제시하였을 가능성이 크다.[28] 그는 「토황소격문」에서

> 정의를 지키고 떳떳함을 실천하는 것이 道이며 위험에 처해서 규범(법도)를 바꾸는 것은 權이다. 어진 자는 세상사에 순종함으로서 성공하고 어리석은 자는 逆理에 패망하기 마련이다.

라 하여 守正과 修常을 내세워 황소난을 비판한 것과 같이 당시의 혼란을 체험하면서 '정치는 仁을 근본으로 하고 인으로 대중을 구제하는 정성을 보여야 한다(대숭복사 비명)'라고 당시 정치상황의 문제점을 지적하였다. 동시에 그는 불교와 도교, 그리고 유교의 일치론을 통해 결국 고려 멸망에 따른 새로운 변화(고려 건국)의 방향을 제시하고 있었다.[29]

특히 최치원은 당나라에서 문제점(황소의 난)을 경험한 것을 바탕으로 述而不作의 정신과 역사가 주는 후세의 교훈(鑑戒)을 통해 신라·고려의 전환과정의 변화(순환론)을 통해 고려건국의 필요성을 보여준 것이다. 그러므로 그는 894년(진성여왕 8)에 견훤이 후백제를 세우자 시무 10여조를 올렸으며, 왕건이 궁예에 투항한 것을 보았지만, 사회변화과정 등 새로운 세력으로 성장하는 것을 느끼면서 세상 변하는 사실을 이해하면서 가족을 이끌고 가야산에 입산(해인사에 은거)하면서

---

28) 이기백, 「신라시대의 국가불교와 유교」(한국연구원, 1978)
최경숙, 최치원 연구(「부산사학」 5, 1981)

29) 신형식, 최치원의 역사관(「신라 최고의 사상과 최치원 탐구」 주류성, 2001)
김복순, 최치원의 종교관(상동)
최영성, 최치원의 개혁사상(상동)
이재운, 「최치원 연구」(백산 자료원, 1999)
이현혜, 최치원의 역사인식(「명지사론」 1, 1983)

쓸쓸한 가을바람 애달픈 노래

세상에는 나를 알아주는 이 없네

깊은 밤 창 밖에는 빗소리뿐이고

등불 아래 만리 먼 길 외로운 마음

을 노래하며 인생의 마지막 길을 걷게 되었다.

최치원이 남긴 4산비명은 그의 사상(현실인식)을 대변하는 것으로 그는 진성여왕의 실정을 비롯하여 후삼국의 건국과 왕건의 활동을 보면서 이미 황소의 난 때 고변(高駢)의 글을 대신 쓰면서 '中은 천하의 근본이고 知는 천하의 공통된 도리이므로 이 두 가지(中·知)를 발육한다'라고 하여 유교의 이상정치와 왕도사상을 내걸었으나 점차 그는 4산비명에서 세상의 융합(유·불·도)과 정치적 안정이 필요하다는 자세를 보이고 있었다. 그는 귀국 후 정강왕 2년(887) 이후 진성여왕 7년(893)간에 4산비명을 찬술하였다.[30]

제일 먼저 완성된 「지리산 쌍계사 진감선사대공탑비」(智冐山 雙磎寺 眞鑑禪師大空塔碑, 정강왕 2년〈887〉)의 첫 머리는

대개 道는 사람을 멀리하지 않고 사람은 國士에 따라 다른 것이 아니다. 그러므로 우리나라 사람들이 인도의 교를 믿어 佛子가 되기도 하고 중국의 글을 배워 儒者가 되기도 한다. (중략) 석타와 공자는 출발은 다르나 귀착한 곳은 하나이다. 지극한 이치를 취득하면 양자에 겸응하지 못하는 것은 모든 物이 두가지를 받아들일 수 없었기 때문이며 하나의 마음이 근본이다.

30) 이유성〈교역〉, 「신라사산비명」(아세아문화사, 1995)
곽승훈, 「최치원의 중국사 탐구와 사산비명 찬술」(한국사학, 2005)

여기서 최치원은 유·불의 화합으로 세상의 새로운 진리를 강조하였으며 중국의 사례를 예로 들어 정치는 군주의 관용과 신하의 충성으로 군신관계의 화합을 강조하였다.

두 번째로 이룩된 「초월산 대숭복사비」(初月山 大崇福寺碑, 진성여왕 2년: 888)의 첫 말은

> 臣이 듣건대 왕이 선조의 덕을 기초로 하여 후손에 대한 가르침을 가르칠 때 정치는 仁으로 근본으로 하고 예교는 효로서 우선으로 하여 정치는 仁으로 대중을 구제하려는 정성을 넓혀가고 효로서 어버이를 높이는 법도를 거행하되 치우침이 없는 것은 洪範에서 체득해야 하였고 (중략) 은혜가 백성에게 고루 젖게 하며 덕의 향기가 하늘에 높이 닿게 한다. 진실로 中道를 잡으면 하늘의 복이 영원할 것이다. 임금과 신하는 3歸(불교의 교리: 부처·법·스님에게 귀의)의 뜻을 밝히고 관료와 서민은 6度(불교의 미덕-보시(布施)·지계(持械)·인욕·정진·선정(禪定)·지혜)에 기우리며 나아가서 군성에 탑묘(塔廟: 탑·사당)를 많이 세웠으니 어찌 부끄러우리요. (중략) 나라의 인재를 잘 가리고 일국의 名工을 영원히 근면하여 농사의 일을 엿보아 부처의 궁전을 이루었네.

윗 글에서 본다면 국가를 구성하는 상층(왕)의 도리(모범: 절약검소)와 하층(신하)의 도리(충성:간언의 수용)를 통해 국가의 안정을 강조함으로써 진성왕의 실정(위홍과의 통정·정치문란)을 비판하면서 불교에의 귀환이 지닌 의미와 인재등용의 필요성을 강조하였다.

세 번째의 「만수산 성주사 대낭혜화상비명」(萬壽山聖住寺郎慧和尙白月葆光塔碑, 진성여왕 6년: 892)의 첫 머리말은

> 당나라가 武力으로 난을 진압하고 文德으로 연호를 바꾼 해(888)에 달이 이지러진 7일 후에 해가 호수(咸池)에 잠길 무렵(해가 질 때) 國師 선화상(禪和相)이 목욕을 마치고 앉아서(跏趺坐) 죽었다. 고인은 경문왕 때 국학의 학생이 되었고 헌강왕은 그를 國師로 대우하였다. (중략) 삼외(三畏: 왕 두려워하는 天命·大人·聖人의 말씀)는 삼귀(三歸: 사치·3부인·혼사)에 견줄 수 있고, 오상(五常:인·의·예·지·신-부·모·형·제·자의 도리)은 오계(五戒: 불교의 5가지 계율-살생·도둑질·음란·사기)와 같다. 능히 왕도(王道)를 실천하면 곧 불심(佛心)에 부합하는 것이다.

라고 되어있으며, 최치원은 무엇보다도 왕의 할 일(인재등용과 간언수용), 명신의 활동, 지방수령의 역할 등을 강조하여 인재등용과 개혁추진을 위한 방안으로 중국의 여러 가지 견해(잘못된 사실 확인)를 교훈 삼아 진성여왕 대의 문제점(사회혼란·지방호족의 등장)을 지적하였다.

끝으로 네 번째 만들어진 「희양산 봉암사 지증대사 적조탑비」(曦陽山鳳巖寺智證大師塔碑, 진성여왕 7년: 893)는 서문에 인간의 기본 도리인 五常(인·의·예·지·신 또는 5행〈부·모·형·제·자의 도리〉)은 곧 仁이며 3교(유·불·도)가 합친 것이 佛이니 仁心이 곧 佛이라고 하였고, 그는 해 돋는 땅의 공손함(柔順)을 인도하여 석가의 자비로운 가르침에 이르게 함은 돌을 물에 던지듯 비가 모래를 모으듯 수월하였다. 그러므로 동쪽의 제후로서 외방을 지키는 나라는 우리보다 더 큰 나라가 없다고 하였으며 마지막 글(詞)에

공자(麟聖)는 仁에 의지하고 德에 의거하였고 노자(鹿仙)은 白(맑음)을 알면 서도 능히 黑(어둠)을 지웠다. 따라서 이 두敎(유교, 도교)가 천하의 법으로 알았음으로 석가(螺髻眞人)의 가르침은 힘겨루기가 어려웠지만 10만리 밖 서역의 되었고 1천년 뒤에는 동방의 촛불이 되었다. 德은 4해에 펴짐에 꽃(薝蔔)처럼 향기롭고 지혜는 일방으로 교화하여 국가(社稷)가 평안하게 되었다.

라고 하여 특히 이 비문에서도 중국역사사례를 27항목(낭혜화상비문에는 36, 승복사비문에는 28, 진감선사비문에는 8항목)을 실어 중국역사의 사례(잘·잘못-교훈감)를 통해 진성여왕의 정치문제를 비판하고 3교의 통합을 통한 종교의 가르침을 강조하고 있다.

이상에서 보듯이 최치원은 3교의 통합으로 인간의 도리와 국가의 방향(안전)을 강조하였고 무엇보다도 중국의 사례(정치적 선·악)를 통해 당시(진성여왕 시대)의 문제점 특히 기강문란(위혼과의 추문·귀족의 반란〈원종·애노〉)·호족의 등장·새로운 세력자 등장(견훤·궁예·왕건)에 따른 사회변화에 따른 자신의 견해(시무책 10조)를 보다 구체적으로 제시한 것이 4산비명이라 하겠다. 이러한 과정에서 최치원은 진골 위주의 골품제를 비판하였고 정치개혁(인물등용·조세개혁 등)을 통한 인간도리와 왕권 강화를 강조하였지만 결국은 신라멸망(고려건국)의 가능성은 보여주고 있었다. 특히 최치원의 왕씨의 혼돈시기(A Time of trouble)에 대한 극복책으로 Dante의 옛 Rome로의 회기가 아니라 새 왕조의 개창(鷄林黃葉 鵠嶺青松)을 추구하는 적극적인 초탈을 꾀하였음은 큰 차이가 있다.[31]

31) 최영성, 「최치원의 사상연구」(아세아문화사, 1990)
한국사학회〈편〉, 「신라 최고의 사상가 최치원의 탐구」(주류성, 2001)

이재운, 「최치원 연구」(백산자료원, 1999)
곽성훈, 「중국사 탐구와 사신비명진술」(「한국사학」, 2005)
장일규, 「최치원의 사회사상연구」(신성원, 2008)
신형식, 최치원과 Damte의 대결적 비교(「한국고대사의 신연구」 주류성, 2009)

한국고대사를 빛내준 위인

4

1. 신라통일의 주역 김유신
2. 민족의 위대한 스승 원효
3. 최초로 서역을 다녀온 혜초
4. 3교를 융합시킨 최치원

신라통일의 주인공 김유신은 금관가야 마지막 왕인 김구형의 후손으로 신라 정치에 참여하여 진덕여왕을 추대하면서 정치적 주인공이 되어 백제·고구려 정복의 주인공으로 통일에 큰 역할을 하였으며 충·효를 함께 보여준 위인이다.

1. 신라통일의 주역 김유신

삼국시대는 중국과의 싸움이 계속된 시기였으므로 외적을 물리친 장군들이 크게 부각된 시기였다. 동시에 불교와 유교가 발전된 시기여서 학자와 승려들을 더 부각시키고 있다.

고대사에서 가장 부각시킨 인물은 金庾信(595-673)장군이다. 「삼국사기」(열전)에 등장된 인물 69명 중에 가장 크게 부각시켜(열전 10권 중에 3권을 소개: 제3권은 그의 후손설명) 그가 죽은 뒤인 흥덕왕 때(826-836)에는 興武大王으로 책봉하였다고 되었다. (다만 「삼국유사」에는 경명왕〈917-924〉 때라고 하였다)는 사실로 보아 그의 위상은 대단하였다. 김유신은 금관가야의 마지막 왕인 김구형의 증손으로 그가 법흥왕 19년(532)에 신라에 투항하여 그 가문은 진골귀족이 되었다. 이들 가문은 그 후 신라의 정치·외교에 참여하여 무력은 진흥왕의 북진을 도와 단양을 점령하는데 공을 세웠고(진흥왕 11년〈553〉 단양적성비문에 등장) 진흥왕 14년(553)에는 한강북부를 점령하여 新州의 軍主가 되었으며, 진흥왕 15년에는 성왕을 살해하여 신라정치발전에 결정적인 역할을 하였다.

〈표〉 김유신의 가계

- 김구형
  - 노종
  - 무종
  - 무력
    - 서현
      - 유신
        - 삼광
        - 원술
      - 흠순
        - 반굴

진흥왕 33년(572)에 장남(태자—동륜)이 죽었음으로 차남인 사륜이 태자가 되어 진흥왕(546-576)이 죽자 사륜이 진지왕(576-579)이 되었으나 4년 만에 죽었다. 이에 진흥왕의 장손인 진평왕(579-632)이 되었으나 왕의 직손은 아들이 없어 왕은 무력계와 손을 잡고 정권 유지책을 모색하였으나 김용춘(진지왕의 아들이며 김춘추의 아버지)은 두 여왕의 등장과 그 후의 문제점을 인식하고 두 가문(무력계와 용춘계)은 신세력으로서 두 여왕(선덕여왕·진덕여왕) 추대에 협조하면서 신라정치의 주인공이 되었다.

이러한 양 가문의 활동과 협조는 결국 김춘추와 김유신의 협력으로 적극화 되어 두 여왕의 추대는 물론 이 두가문의 지원으로 이룩된 것이며 무열왕 등장도 김유신의 도움으로 이룩될 수 있었다. 김유신은 자기 여동생(文明夫人)을 김춘추에게 출가시켰고 김춘추의 셋째딸(智照夫人)은 김유신의 부인인데 자기 동생이 출가해서 아들(三光 이후 4째 아들 元望)과 4딸 서자〈軍勝〉)를 낳았다고 되어있지만 여동생이 시집가서 자식을 낳을 때까지 총각으로 있지는 않았을 것이다.[1] 평소 김유신이 하는 말에

> 위태로움을 보고 목숨을 바치며 어려움을 당하여 자신을 잊는 것은 열사의 뜻이다.(見爲致命 臨觀忘身者 烈士之志也: 「삼국사기」 권41, 김유신 〈상〉)

라는 내용은 그가 늘 하는 말에 '전쟁의 승부는 대소에 달린 것이 아니고 인심여하에 달린 것(兵之勝否 不在大小 顧其人心 何如耳)'이라고 한 사실이 주목된다. 그러므로 그는 선덕왕 11년(642)에 김춘추가 고구려에 건너가 군사요청하였을 때(대야성 함락의 보복) 60일이 지나도 돌아오지 못했을 때 김유신은 결사대(3천명)를 선발하여 고구려를 공격하려함에 고구려(보장왕)가 김춘추를 석방시킨 사실이 이를 보여준다. 이후 김춘추는 외교, 김유신은 정치·군사적 활동으로 신라 정치·외교의 주도권을 쥔 주공이 되었다.[2]

1) 「화랑세기」에는 令毛라는 원부인이 있었다고 되어있다(이종욱 「화랑세기」〈소나무, 1999〉 p.155).

2) 진흥왕이 죽은 후 그 장남(동륜)이 진흥왕 27년(566)에 태자로 책봉되었으나 6년만(572)에 죽었음으로 그 동생인 사륜(舍輪)이 태자가 되어 왕(진지왕: 576-579)이 되었으나 4년 만에

이러한 분위기 속에서 김춘추는 김유신의 도움으로 진덕여왕(647-654)을 세우고 후계자가 없기 때문에 보다 새로운 왕통을 준비하려는 전략을 모색하기 시작하였다. 우선 친당정책의 추진을 위해 진덕여왕 2년(648)에 아들인 文王을 대동하고 입당(朝貢)하여 친당외교로서 宿衛外交를 시작하여[3] 백제정벌을 위한 군사지원까지 요구하였으며 이어 백제·고구려 정벌(노년으로 불참)에 주역이 되었다.

김유신의 위대함은 국가에 대한 충성과 인간의 자세를 강조한 점에서 자기희생(滅私奉公 爲國忠節)을 실천한 인간이었다는 사실이다. 이러한 내용은

㉮ 전쟁의 승부는 대소(군인)에 달린 것이 아니고 인심의 여하에 달려있는 것이다. (「삼국사기」 권41, 김유신전 〈상〉)

㉯ 대장부는 죽는 것이 어려운 것이 아니라, 죽을 곳을 택하는 것이다.

(김유신전 〈하〉)

쫓겨나고 동륜의 아들인 白淨이 진평왕으로 등장하였다. 그러나 진평왕과 그 동생(國飯)도 아들이 없어 여왕(선덕여왕·진덕여왕)이 왕통을 계승하였다. 이에 김무력은 진지왕의 아들인 龍春(김춘추의 아버지)과 연결되어 신세력으로 등장하여 선덕·진덕여왕의 등장을 뒷받침하여 신라정치의 주역이 되었다. 이들 신세력은 두 여왕을 도와 백제·고구려의 침입을 저지하면서 무열왕 등장(김춘추)을 통해 무열왕권의 발전을 이룩하였다.

〈표〉 진흥왕 이후의 왕위계승

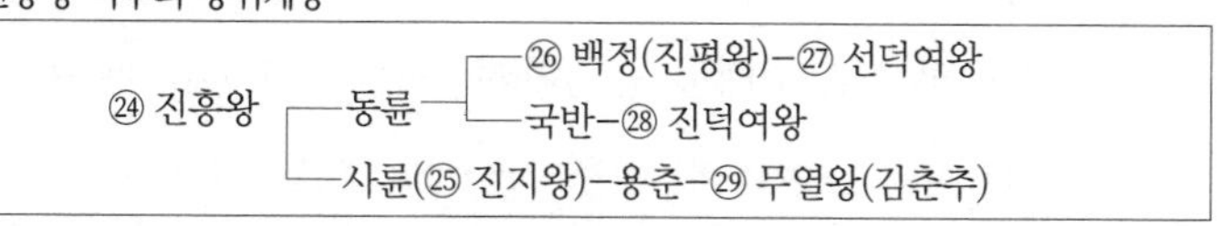

3) 숙위는 신라가 당나라에 파견한 외교사절이지만 당나라의 입장은 단순한 외교관이라기보다 人質的인 사대외교의 존재(입장)로 생각하고 있었다. 따라서 숙위는 일반 조공사와 달리 왕족으로 당나라 궁궐에 체류하면서 양국의 정치·문화 교섭을 중계하는 특수외교관의 역할을 하였다. 최초의 숙위로 파견된 金文王(진덕여왕 2년: 648-김춘추아들)이었고 그후 金仁問(진덕여왕 5년-김춘추 아들), 金三光(문무왕 6년: 666-김유신 아들)이었고 그 후 중대에도 10명(김덕복〈왕족〉등 10명), 하대에도 6명 등 16명의 명단이 남아있다(신형식, 「삼국사기연구」 일조각, 1981-pp.275~304).

위의 기록에서 알 수 있으며 그 부인(지조부인)도 자기자식(元述)이 패전하고도 죽지 않고 돌아왔음으로 만나기를 끝까지 거부한 사실에서도 나타나 있다. 이러한 그의 역할 때문에 「삼국사기」에는 흥덕왕은 김유신을 흥무대왕으로 임명하였다(「삼국유사」에는 경명왕 때).

삼국시대는 중국과의 싸움이 계속된 시기였음으로 외적을 물리친 장군들이 크게 부각된 시기였다. 동시에 불교와 유교가 발전된 시기여서 학자와 승려를 더 부각시키고 있다.

삼국시대는 중국이 前漢(B.C.206-A.D.8)에서 부터 後漢(25~220)을 거쳐 삼국시대(위·촉·오: A.D.220~265)·晋(265-420)·5胡16國(316-439)·남북국시대(439-589)를 지나 隋(581-619)와 唐(618-907)으로 이어진 시대였다. 삼국시대가 중국과 정식으로 관계가 시작된 것은 북방에 위치한 고구려의 대무신왕 15년(후한 光武 8년)이었지만 상징적인 관계일 뿐 공식적인 조공사 파견은 고국원왕 13년(343)에 晋나라에 보낸 기록이 있다. 그 후 장수왕이 北魏와 빈번한 조공사 파견 기록이 있으나 삼국의 정식 외교관계는 중국의 정통국가인 수(581-619)와 당(618-907)과의 관계가 주요내용이다. 그러나 이러한 과정에서 북방에서 중국과 접해있는 고구려는 漢·魏·燕·隋·唐과 갈등(대립)을 계속할 수밖에 없었다. 그러나 남북국을 비로소 통일한 수나라와 전면적인 전쟁이 시작되어 乙支文德의 활동이 부각되었다.

우리역사상 최초로 수나라의 침입을 격퇴한 을지문덕은 「삼국사기」(열전)에 김유신 다음으로 등장되고 있다. 그 내용은 을지문덕은 수나라대군(지휘관은 宇文述·于仲文)의 30만 5천명의 대군을 거짓항복으로 살수(청천강)까지 진력케한 후 우문술에게 '군사를 돌려 가면 왕을 모시고 行在所(임시로 왕이 행차하는 곳)까지 직접 뵙겠다'하여 살수를 반쯤 건넜을 때 거짓 항복을 핑계로 퇴군하는 수나라 군사를 사방으로(方陣) 공격하여 전멸시켜(살아간 자 2700여 명) 살수대첩을 이끌었다는 것이다. 「삼국사기」(본기·열전)에는 구체적인 전략·전술이 없이 거짓으로 여러 번 항복문을 보내 수군을 속이면서 특이한 전술(方陣)로 승리하였다고 되어있다.

2. 민족의 위대한 스승 원효

원효는 우리역사상 가장 스승(聖師)으로서 그 명성을 남긴 고승이지만 「삼국사기」에는 나타나지 않았으며, 「삼국유사」(권4)에는 모든 일에 구속받지 않는(不羈) 명승으로 소개되어있다. 그는 태어날 때(어머님 꿈에 流星이 품속으로 들어와 태기가 생김)부터 특이한 삶이 이어져 고삐 풀린 자유인으로 이곳저곳(千村萬落)을 쏘다니며 노래와 춤으로 백성들을 교화시킨 주인공이었다. 원효는 태종(김춘추)의 딸인 요석공주와 결혼하여 아들(설총)을 낳았으며 문무왕 2년(660) 김유신과 함께 고구려 정벌을 추진할 때 당군이 철수 시에 쓴 암호를 해석하여 신라군도 철수하면서 고구려군을 격퇴할 수 있었으며 이때 신라군이 보낸 각종 약재(우황·어린이 머리카락)는 당군에게 큰 도움이 된 사실은 큰 의미가 있었다.[4]

이와 같이 원효는 파란만장의 삶을 통해 인간의 평등성과 융합을 대승의 경지를 강조하였고 특히 긍정과 부정을 넘어 일심의 사상을 내세웠으며, 수많은 저서(「금강삼매경」·「화엄경소」·「기신론」·「아미타경소」 등)을 통해 일체의 생각과 행동은 걸림이 없는 일심으로 신분을 넘어 누구나 극락왕생한다는

4) 이때 보낸 머리카락은 기침·이질·설사·종기·두황·지혈제로 사용된 것이다(이현숙, 7세기 통일전쟁과 의학의 발전)(「한국의학사」의료정책연구소, 2012, p.65).

평등관을 제시하였다. 이러한 원효·의상의 3교 통합사상(화엄사상)은 그대로 국민의 융합과 화합(통합)으로 통일신라의 전제왕권시에 국가의식과 왕권강화에도 기여할 수 있었다.[5]

> ㉮ 옷을 기울 때는 짧은 바늘이 필요하고 긴 창이 있어도 그것은 소용이 없다. 비를 피할 때는 작은 우산이 필요하고 온 하늘을 덮는 것이 있어도 소용이 없다. 그러므로 가벼이 볼 것이 아니라 그 근성을 따라서는 크고 작은 것이 다 보배다. (「미륵상생경종요」)
>
> ㉯ 만일 해만 있고 달이 없다면 모든 종자의 싹은 말라서 능히 열매를 맺지 못한다. 만일 달만 있고 해가 없다면 모든 종자의 싹은 썩어서 새 싹이 트지 못한다. (「범만경보살계본사기」)

이러한 원효사상의 위대함을 본 장지연(1888-1963)은 그의 최초의 위인전(「원효」고려관, 1925)에서

> 先哲은 우리의 典刑이니라. 그의 좋은 말씀(嘉言)은 우리에게 교훈이 되고 그의 선행은 우리에게 모범이 되고 그의 사상은 우리의 뇌에 인상이 되고 그의 주의는 우리의 몸에 사명이 되어 그의 한 방울 침이 땅에 떨어진 것도 우리에

5) 김상현, 신라 중대 전제왕권과 화엄종(「동방학지」 44, 1984)
———, 「역사로 읽는 원효」(고려원, 1994)
김복순, 신라 중대 화엄종과 왕권(「한국사연구」 63, 1988)
남동신, 의상 화엄사상의 역사적 이해(「역사와 현실」 28, 1996)
고익진, 원효가 본 불교의 호국사상(「동국」 12, 1996)
전병삼, 「의상의 화엄사상 연구」(서울대출판부, 1998)
신형식, 원효와 의상은 우리에게 무엇을 가르쳤는가(「새로밝힌 삼국시대의 역사적 진실」), pp.302~303
———, 삼국시대 불교가 준 의미는(「한국고대사를 다시본다」), pp.264~267

게는 금옥이 된다.「원효」(서언)

라고 하여 원효는 동방의 새벽별(曙星)로서 사방의 정적을 깨트린 자연의 소리(天籟)로 동방의 이적을 보여준 위인이라는 것이다. 그는 불교의 광명으로 사회악을 막고 선(善)을 일으켜 사회의 어둠을 깨쳐 정신계의 위대한 덕을 남긴 인물로 부각시켰다. 특히 그는 惟心사상을 바탕으로 3界가 곧 마음이요 만법이 오직 마음이니 '마음이 생겨나면 온갖 것이 생겨나고 마음이 없어지면 온갖 것이 없어진다(惟心種 種法生 心滅種 種法滅)'는 일심사상과 和諍사상으로 국민에게 큰 가르침을 주었다는 것이다.[6]

3. 최초로 서역에 다녀온 혜초

혜초는 신라의 승려로서 우리나라 사람으로서는 최초로 해외답사를 위해 723년(성덕왕 22년)에 바다를 건너 인도를 거쳐서 현재의 파키스탄·이란·중앙아시아를 거쳐 중국의 돈황–난주–장안으로 돌아오면서(727) 40국(천축국·토번국·대식국·파사국·돌궐 등)의 답사·여행기인「왕오천축국전」을 남겼다. 이 여행기는 1908년 Fuchs가 독일어로 번역하여 알려지게 되었다. 우리나라에서는 1934년에 최남선의 해제(소개)가 있었고, 1958년에는 고병익의「혜초왕오천축국전연구사략」(백성욱박사 송수기념논총, 1958)와「혜초왕오천축국전」(「한국의 명저」 1969) 이후 정수일의「혜초의 왕오천축국전」(학고재, 2004) 번역본이 나와 그 구체적인 내용을 알 수가 있었다.

6) 신형식,「산운장도빈의 역사관 연구」(주류성, 2019)

「왕오천축국전」은 페사리국(Vaisali: 첫 상륙지-석가 설교지)·구사나국(석가 돌아가신 곳)·5천축국(인도〈동·남·중천축국·이란〈서천축국〉)·건타라국(Gandhara)·가섭미라국(카슈미트)·토번국(Tibet)·대식국(Arab)·자자국(Kuchar)·파사국(Iran)·돌궐(Turk)·소륵국(Kashgar) 등 40국의 여행을 통해 각국의 특징(산물·복식·왕의 형태·시장모습·동물·사회상)을 구체적으로 설명하고 있다. 특히 인도인의 모습과 습성을 소개하고 있으며 Persia(사산조)와 중국과의 관계가 함께 불교가 갖고 있는 의미를 부각시키고 있다.

> 의상이나 종속·언어는 사뭇 별나다. 옷은 가죽외투와 모직 윗도리, 가죽신을 신었다. 땅은 보리·밀의 적지로 기장·조·벼는 없고 사람들은 보릿가루와 떡을 많이 먹는다. 왕은 코끼리 5마리를 가지고 양과 말은 수없이 많으며 낙타·노새·당나귀도 대단히 많다. 이 나라 왕은 해마다 두 차례씩 공개대회(舞鼓大會)를 열고 애용하던 물건·코끼리·말 등을 시주한다. 부인과 코끼리는 가격을 매겨 값을 치르고 도로 찾아온다. 낙타·말·금·은·의복·가구 등은 승려들로 하여금 매각해서 그것으로 생활토록 한다. (「왕오천축국전」 18번·건타라국)

이 내용은 「건타라국」(간다라국; 파키스탄 북부)의 모습을 설명한 것으로 건타라국은 동·서 문명의 교류지로 간다라 불교미술의 중심지로서 특수한 사회상을 갖고 있는 나라였다.

> 죄를 진 자에게는 죄의 경중에 따라 벌금을 물리는데 형벌이나 사형은 시키지 않는다. 위로는 왕으로부터 아래로는 서민에 이르기까지 사냥을 나가서 매를 날리고 사냥개를 내모는 것과 같은 일은 하지 않는다. 길은 많은 도둑들

로 득실거리지만 그들은 물건만 빼앗고는 곧 놓아주며 해치거나 죽이지는 않는다. (중략) 시장 점포 안에는 짐승을 도살해서 고기를 파는 곳을 볼 수가 없다. (오천축국풍속 6번)

이 내용은 혜초가 천축국(주로 인도국 지역: 동·서·남·중천국의 5천국)을 여행하면서 쓴 것으로 지역은 범법자를 처벌하되 형벌·사형은 없었고 주민들이 좋아하는 사냥의 풍속과 도둑이 많았다는 사실은 이 지역이 정치적 변화가 빈번하였음을 알 수가 있다.

식사는 귀천을 가리지 않고 다같이 한 그릇에서 먹는다. 손에는 숟가락과 젓가락을 들었으나 보기에 매우 흉하다. 자기 손으로 잡은 것을 먹어야 무한한 복을 얻는다고 한다. 이 나라사람들은 살생을 좋아하고 하늘을 섬기나 불법을 알지 못한다. 이 나라 관행에는 무릎을 꿇고 절하는 법이 없다. (대식국 27번)

이러한 기록으로 볼 때 대식국(아랍지역)은 대체로 철저한 계급사회가 아니었고(평등사회; 무릎꿇고 절하는 법이 없다) 여러 여행기에 나오듯이 불교가 번창하였고 특별히 동물을 좋아하는 습성(코끼리·낙타·노새·양·말)이 있었으나 도둑이 많았음은 비슷하였다. 결국 신라인으로서 처음으로 8세기에 인도·서역·아랍세기를 여행해서 그 지역의 풍속과 문화를 보면서 우리나라의 차이를 느꼈을 것이다. 그러므로 혜초는 단신으로 불모지를 지나면서 불교의 교리와 의미가 지닌 성격은 이해할 수 있었지만, 다음의 내용에서 볼 때

달 밝은 밤에 고향길을 바라보니(月夜瞻鄕路)

뜬구름은 너울 너울 돌아가네(浮雲颯颯歸)

그 편에 편지 한 장 부쳐보지만(緘書參去使)

바람이 거세어 회답이 안들리는 구나(風急不聽廻)

〈오언시〉

위의 시처럼 외롭고 쓸쓸한 심정을 보여주고 있었다. 동시에 힘든 여정을 통해서 불교가 지닌 의미를 강하게 느낀 것은 큰 의미가 있다고 보겠다.[7]

특히 이 책속에 혜초가 직접 방문한 기행문에는 우리사회에서 볼 수 없는 모습을 나타내주고 있다. 5천축국은 법에는 목에 칼을 씌우고 때리는 형벌과 감옥이 없으며 경중에 따라 벌금을 물리고 사형에 처하지 않는다고 하였다. 소불림국(시리아)은 낙타·노새·양·말의 털로 만든 양탄자가 생산되고, 간다라국(파키스탄)은 산 속에 사는 돌궐족으로 절을 짓고 3보(불·법·승)를 공양한다고 하였다.

4. 3교를 융합시킨 최치원

원효는 신라 말의 대학자로서 많은 저서(桂苑筆耕)과 유명한 사산비명(四山碑銘)을 남긴 사상가로 널리 알려져 있다. 「삼국사기」(권46)에도 강수·설총과 함께 3대학자 설명에 아주 길게 소개하고 있는데 대체로 최치원의 경력

7) 정수일, 혜초의 서역기행일고(「동아교섭사의 연구」 1980)
——, 「혜초의 왕초천축국전」(학고재, 2004)
신형식, 혜초가 남긴 발길은(「새로밝힌 삼국시대의 역사적 진실」, 우리역사연구재단, 2013)
이종호, 「과학 한국을 이끈 역사 속 명저」(「글로연」 2004)

에 대한 내용이다. 즉, 12세(경문왕 8년: 868)에 입당한 후 18세(874)에 외국인 과거시험(賓貢科)에 합격한 후 중국관직(溧水縣尉)에 있다가 황소난(875~884)이 일어났을 때 그 토벌책임자(高騈) 아래서 그 진압에 큰 역할을 하였다고 되어있다. 이때 「檄黃巢書」에서 회오리바람은 아침을 마칠 수 없으며 소낙비는 하루를 마칠 수 없으니(票風不終朝 聚雨不終日) 배반하다가 망하기 보다는 귀순하여 영화롭게 사는 것이 좋은 법이다라고 하였다. 이어 28세(885)에 귀국하여 한림학사에 임명된 후 태산군(정읍시)과 부성군(서산시)태수가 되었으며, 그 후 당나라에 사신으로 파견된 사실과 태조의 건국을 축하하는 서신을 보낸 내용이 전부이며 많은 저술(四六集·「계원필경」)을 남겼다고 되어있다.

고운은 어린나이로 입당하고 고생한 사실이 「秋夜雨中」의 시 속에 남아있지만[8] 그가 당나라에 살면서 황소난을 겪으며 느낀 왕도사상·국가의식을 보여주고 있다. 인간의 기본 도리로서 3강(忠·孝·別)과 5륜(忠·孝·別·序·信)을 강조하여 「도덕경」에 나오는 '거센 바람은 하루아침을 가지 못하고 소낙비도 온종일 갈 수 없다'는 사실을 들어 인간의 도리를 강조하고 있다.

고운은 귀국 후 여러 지방의 지방관(태수)이 되었으나 6두품의 신분으로 그 이상 진급될 수가 없었으며 그가 귀국 후 10년째가 되는 해(894)애 진성여왕에게 올린 「시무10조」는 현재 알려지지 못하고 있으나 나·당 양국의 현실을 목도한 입장에서 왕권강화·골품제 비판·지방호주세력의 배제 등을 제시한 것으로 당시 집권 귀족층에게 수용될 수 없어 산림 속(남산·청량산·쌍계사)을 헤매다가 해인사에 은거할 수밖에 없었다. 여기서 그는 계림(신라)은 黃葉이며 곡령(고려 건국 예상)은 青松이라고 하여 '한번 올라간 산은 다시

8) 외국에서 쓸쓸한 마음을 '旅館窮秋雨 寒窓靜夜燈 紫燐愁裏坐 眞箇定中僧(郵亭夜雨)'이라고 하여 여인숙에서 가을비 내리니 외로운 나그네 심정을 읊고 있었다.

돌아오지 않겠다(「해인사 善安住院壁記)'하였지만 현사회의 한계점(문제점)을 통해 신라와 다른 새로운 사회(고려) 건설의 필요성을 제시한 선각자였다.[9]

> 지혜있는 자는 시대에 순응하면 성공하고 어리석은 자는 도리를 거슬러서 망하는 법이다. 모든 일은 마음으로 옳고 그른 것을 분별하는 것이다. (중략) 너는 시골 촌놈으로 도둑이 되어 시세를 타고 綱常(3강 5륜)을 어지럽혔으니 너의 죄는 하늘에 닿을 만큼 극도에 이르렀으니 반드시 패망할 것이다.
>
> (격황소서「계원필경」권11)

고운의 정치·사상을 집대성한 것은 그의「4산비명」에 구체적으로 나타나 있다. 이 비명은「삼국사기」와「삼국유사」에 볼 수 없는 역사 사실을 나타낸 우리나라 금석학의 寶典으로 신라말의 여러 왕명을 받아 당나라 고승의 행적을 다룬 3승(진감선사·낭혜화상·지증대사)의 행적과 신라왕가의 陵園과 그에 따른 사찰에 대한 내용(대승·복사)으로 되어있다. 그러한 기록 중에 가장 대표적인 고운의 사상을 나타낸 비명은 아래와 같다.

> ㉮ 석가와 공자는 출발한 곳은 비록 다르지만 귀착한 곳은 하나이다. 지극한 이치를 체득하는 데는 양자를 겸하지 못하면 사물의 이치를 이해할 수 없다. (진감선사 대공탑비명)

---

9) 위기동, 신라하대 빈공급제자의 출현과 문인의 교환(「권해종회갑논총」, 1979)
최인성, 최치원의 역사서술(「역사학보」, pp.495, 1982)
김복순, 고운 최치원의 사상연구(「사총」 24, 1980)
최근영, 고운 최치원의 사회개혁사상(「한국사상」 18, 1981)
이재운,「최치원연구」(백산자료원, 1999)
한국사학회〈편〉,「한국최고 사상가 최치원 탐구」(주류성)

㉯ 三畏(天命·大人·聖人之言-유교)는 三歸(귀불·귀법·귀승-불교)에 비교되며, 五帝(仁·義·禮·知·信-유교)는 五戒(殺生·偸盜·邪淫·妄語·飮酒-불교)와 같은 것이다. 따라서 능히 王道를 실천하는 것은 佛心에 부합되는 것이다. (낭혜사상 백월보광탑 비명)

㉰ 仁心은 곧 佛心이며 부처의 뜻(佛目)과 유교의 뜻(仁)은 통한다. (지증대사 적조탑비명)

이와 같은 고운의 생각은 유교와 불교뿐 아니라 도교까지의 결합인 三教觀(喜三故之幷行)으로 3교가 각기 저마다 독자성을 지니면서도 한 단계 높은 차원에서 회통하는 원효사상을 이어받아 3교통합은 곧 東人意識으로 민족 주체성을 확인한다는 것이다. 이러한 사실은 나말여초의 사상계 결합의 의미로써 왕건의 訓要十條의 바탕이 되어 고려건국의 방향을 제시한 것이다.

이러한 최치원의 시대전환의식을 Dante와 같은 단순한 변모(Transfiguration-고대로의 회귀)가 아니라 적극적인 초탈(Detachment-중세로의 지향)을 내세움에 따라 골품위주의 사회에서 실력위주(과거제도의 필요성)를 지향하였지만 왕권위주의 정치구조는 변함이 없었다.[10] 이러한 최치원의 사상은 그 후 고려건국에서 王建에게 큰 도움이 된 것이다.

10) 장일규, 「최치원의 사회사상연구」(신서원, 2008)
최영섭, 「최치원의 사상연구」(아시아문화사, 1990)
신형식, 최치원의 정치사상(한국의 고대사, 삼영사, 1999)

중국문헌에 나타난 삼국사회상

5

1. 중국 문헌의 분석과 그 성격
2. 중국 문헌에 나타난 삼국시대의 사회상

고구려 수도였던 집안 일대에 널리 존재하는 부경은 고구려의 이층 창고이다. 이 건물은 통나무를 이층으로 엮어서 만든 이층의 다락집으로 된 玉米倉으로 고구려인의 부를 상징하는 창고이다. 위층이 곡식창고이고, 아래층은 헛간(외양간·마루칸)으로 고구려인의 긴 겨울과 오랜 전쟁을 이겨낸 건물이다.

1. 중국문헌의 분석과 그 성격

중국의 정식 역사문헌은 「史記」 이후 「漢書」(「한서」·「구한서」)를 거쳐 「三國志」·「隋書」·「唐書」(「구당서」·「신당서」)·五代史(구신 5대사)를 넘어 「宋史」·「元史」를 지난 후 「明史」와 「淸史」에 이르고 있다. 그러나 중국 문헌은 철저한 紀傳體로서 그 형태와 특징 「史記」에서 시작된 형태(本紀·志(書)·表·列傳)를 「淸史」에까지 그대로 이어져 기전체의 모습을 보여주고 있다. 이러한 중국 기전체의 특징은 그대로 계속되어 중국문헌의 바탕이 되었고, 우리나라 사서에도 영향을 주었으며 우리나라 역사서의 기본인 「삼국사기」와 「고려사」로 이어져 우리역사 서술의 바탕이 된 것은 사실이지만 시대에 따라 각 항목의 비중에 큰 차이가 있었다.

중국 기전체의 특징인 「史記」에서 보여준 列傳위주의 성격은 「漢書」 이후 「隋書」·「唐書」(구·신당서)를 거쳐 「明史」·「淸史」에 이르기까지 계속되어 우리나라 문헌과의 큰 차이를 보이고 있다.[1] 본기는 황제의 활동(당시 정치상황)을 기록한 것이지만, 중국 문헌에서 가장 큰 부분을 차지한 列傳은 당시의 복잡한 정치변화로 后妃·王子·偉人·史義·孝友·儒林(학자)·예술가·烈女·叛臣·逆臣 등 다양한 인물소개였고 말미에 중국 주변국가(四夷)(돌궐·흉노·北狄·西域·東夷〈3국과 일본〉)가 포함되고 있다. 다음으로 큰 분량을 가진 志는

---

1) 중국 기전체의 공통된 특징은 황제의 기록인 本紀보다도 列傳의 비중이 훨씬 크게 되어 있으며 그 내용에는 后妃·宗室과 다양한 인물이 소개되어 있으며 열전 끝에는 반드시 주변국가(주로 4夷) 설명에 우리나라가 소개되어 있다. 志에는 당시의 정치·제도·사회·음악·5행·지리 등 복잡한 내용이 포함되고 있다. 이에 대해 우리나라 기전체(「삼국사기」와 「고려사」)는 本紀가 중심이며(「고려사」는 기전이라는 표현은 없이 世族으로 격을 낮춤), 열전은 그 분량이 훨씬 적다. 「삼국사기」의 경우에 전체 50권 중에 본기는 28권-열전은 10권이며 志는 9권〈표는 3권〉, 「고려사」의 경우는 전체 139권(목록 2권포함) 중에 세가 46권, 열전 50권, 志 39권, 표 2권으로 본기에 해당하는 세가와 열전 비중이 비슷하며 사회가 발전되어 志의 부피(내용)가 확대되고 있다.

예의·음악·관직·복식·食貨·지리·형법 등 당시 정치·사회제도와 문화내용을 설명한 것이다.

결국 중국문헌(기전체)은 황제의 역할이 국가의 상징으로서 첫 부분(本紀)을 차지하고 있지만 고대·중세사의 전개과정(수많은 왕조의 교체)에서 워낙 많은 인물들이 등장하고 있었음으로 그들의 활동(列傳)이 중국사의 성격을 보여주었음으로 본기보다 열전에 비중을 두고 있는 것이 특징이라 하겠다. 특이하게도 열전 말미에는 四夷(중국 주변국가~흉노·돌궐·동이·서역)가 있는데 여기에는 왕들의 설명이 전부이며 우리나라의 경우도 朝鮮列傳이라는 명칭 하에 衛滿이 조선의 첫 왕이지만 燕·나라 사람이라고 하여 그 활동내용 뿐이다.

다음의 「漢書」(후한 〈明帝 A.D.57-75〉)때 班固가 편찬)는 100권(본기12·표8·志10·열전 70권)으로 본서에서도 황제의 역사(帝紀)는 12권(1-12권)이며 表(8권: 13-20권)는 황제·왕자·황후·공신·백관의 연대기이다. 그리고 志(10권: 21권~30권)는 律令·刑法·식대·食貨·天文·五行·지리 등 제도해설이며, 列傳(70권: 36~100권)은 학자(儒林)·훌륭한 관리〈循吏〉·혹독한 관리(酷吏)·재산가(貨殖)·놀이꾼(遊惰)·아첨가(佞幸)·외척(外戚)과 4夷(중국 주변 오랑캐국-흉노·남이·서역·조선)가 포함되어 있으며 조선전역시 「사기」 내용을 소개한 王滿조선(위만설명과 한사군)뿐이다.[2]

세 번째의 문헌인 「後漢書」(南宋〈남조〉의 5세기에 范曄이 편찬)는 후한 196년간(25~220)의 역사(120권)이다. 본서에는 本紀(10권: 황제와 황후紀 보완), 志 30

---

2) 고병익, 중국 정사의 外國列傳-조선전을 중심으로-(「동아교섭사의 연구」 1970, 서울대출판부)
전해종, 「동이전의 문헌적 연구」(일조각, 1998)
이성규, 史記의 역사서술과 文史-體(「중국의 역사인식」 상, 창비사, 1985)

권(律歷·禮儀·祭祀·天文·五行·郡國·百官·輿服) 列傳 80권(諸臣이외에 특수한 인물을 소개하고[3] 끝으로 6夷列傳(외국열전-4夷와 烏桓·서역)으로 주변 약소국에 소개된 조선에는 부여·읍루·고구려·동옥저·예·韓이 소개되어 중국의 인물 전기 끝에 우리나라에 대하여 간략히 설명하고 있다. 삼국 중에는 고구려만 기록되어 있는데 고구려의 습속(가무와 싸움을 즐긴다)을 소개하고 있다.

네 번째의 문헌인 「晋書」(당의 貞觀 20년〈646: 선덕여왕 15년〉에 房玄鈴·李延壽 등이 완성)의 동이전에 부여·마한 등과 왜인전은 있으나 고구려를 비롯한 삼국시대의 우리나라 모습은 보이지 않는다.

다섯 번째 문헌인 「宋書」는 (南韓의 齊武帝 6년〈488-장수왕 76년〉에 沈約이 편찬하였으며 여섯 번째 문헌은 「南齊書」(梁나라 〈6세기〉의 蕭子顯·이 찬한 남제(479-502) 사서로 고구려·백제·가야가 등장하고 있다. 남제서(59권)는 본기(8권)·지(11권)·열전(40권)가 서술한 남제가 존재한 시기는 5세기 말로 고구려는 장수왕(413-491)·백제는 문주왕-동성왕(475-501)때였고 신라는 소지왕(479-500)때였다. 그러므로 남제와 특별관계를 가질 수 없었으므로 열전 끝의 東夷편에 3나라(고구려·백제·가야)에 대한 간략한 기록뿐이다. 따라서 우리가 참고할 만한 내용은 거의 없다.

일곱 번째 문헌인 「梁書」(당태종 貞觀 10년〈636〉에 姚思廉이 편찬, 당시 선덕여왕 5년·영류왕 19년·무왕 37년)에 신라가 처음으로 등장되었다. 더구나 양나라가 단명(502-557)으로 끝난 나라였음으로 내용도 본기(6권)과 열전(56권)으로 되어 있으며 열전도 10권의 諸臣열전외에 皇后·孝行·儒林·良吏 등의 설명

---

3) 列傳에는 대표적인 인물(諸臣)외에 특수한 활동을 한 인물로 문헌마다 약간 다르다. 본서에서는 당을 끝까지 지킨 자(黨錮)·법을 잘 지킨 자(循吏)·가혹한 관리(酷吏)·궁중관리(儒林)·문장가(文苑)·혼자 힘으로 행한 인물(獨行)·선술가(大術)·인생을 파묻혀 산 인물(佚民)·列女(정조를 지킨 여자)를 가르친다.

이후에 諸夷列伝의 東夷傳에 3국 내용이 소개되어있다. 고구려는 간단한 제도설명과 중국에 조공·책봉 사실뿐이며, 백제는 요서공략 사실 외에 조공 사실을 소개하고 있다. 신라의 경우는 간략한 관직(子賁旱支·寄貰旱支 등)과 조공 사실만 나와 있다.[4]

여덟 번째의 「魏書」와 「周書」에는 고구려·백제만 나오고 있다. 그러나 「위서」는 554년에 魏收가 완성한 북위(386-534)의 역사서이고 「주서」는 628년에 편찬된 令狐德芬이 편찬한 北周(557-581)의 역사서로 간략한 책으로 고구려·백제 내용도 간단함으로 참고할 내용이 없다.

아홉 번째의 「隋書」와 「구·신당서」는 3국시대사를 자세히 설명함으로서 우리나라 고대사의 성격파악에 큰 도움이 되고 있다. 「수서」(당 貞觀 10년 〈636〉에 魏徵 등이 편찬한 수나라(381-619)는 역사서로 수나라가 존속한 시기는 삼국의 발전기여서 그 내용(85권)에 志와 列傳이 풍부하게 소개되어 있다. 본기(5권)는 짧지만 「志」(30권)에는 의례·음악·律曆·천문·5행·食貨·刑法·百宮·地理·經籍 등 다양한 당시의 정치·사회·문화 내용이 소개되어 있으며, 列傳(69권)에도 后妃·孝義·循吏·酷吏·儒林·문학·예술·열녀 등이 나타나있으며 맨 끝에 4夷(동이·서역·남만·북적)에서 3국시대 내용이 풍부하게 소개되어 있다. 특히 고구려의 관직·음악·풍속 등이 설명하였으나 고구려 정벌에 실패하였으나 살수대첩 사실은 기록하지 않았다.

백제사의 기록은 크지 않았으며 백제의 16관등과 음악, 풍속 등 간략한 내용뿐이다. 신라사 역시 백제와 같이 간단하였으며 17관등·풍속(풍악·궁술·제사·큰국지대사는 합의제)의 설명이며 사회제도가 고구려·백제와 비슷하다고 되어있다.

4) 子賁旱支는 일벌찬, 寄貰旱支는 9위 급찬을 의미한다.

삼국시대와 연결된 마지막 문헌인 당서는 「구당서」·「신당서」이다. 열 번째의 「구당서」(200권)는 後晋때인 945년(開運2년: 고려 혜종 6년)에 劉昫 등이 쓴 당나라 역사서(618-907)로 삼국시대 상황을 자세히 설명하고 있다. 그 내용도 본기(20권)는 짧고 志(30권)·열전(150권)으로 당나라의 정치·사회·문화 내용은 「수서」와 같이 「志」(의례·음악·曆·天文·五行·지리·관직·복식·經籍·食貨·刑法)에서 자세한 해설이 있다. 列傳도 后妃·外戚·良吏·忠義 등 「수서」와 같이 다양한 인물소개로 되어 있으며, 끝부분은 4夷傳에 삼국의 해설로 되어있다. 특히 고구려 최고 관직인 大對盧는 임기가 3년이라는 사실(「삼국사기」에는 직책을 잘 수행하면 바꾸지 않는다)과 지방관직(욕살)은 「삼국사기」에 그대로 활용하고 있으며 安市城패전 기록은 단지 '이기지 못하였다(三日 不能克)'뿐이며 패전 후 귀환하는 당군에게 안시성주(城主로 명단은 없으며)가 성위에 올라가 '절하고 간다(拜手奉辭)'는 내용(「삼국사기」 보장왕 4년〈645〉 기록과 동일)이 보인다. 그리고 신라사 내용에는 빈번한 사신(조공사) 파견과 진덕여왕의 太平頌봉헌 사실이 나타나있다. 열한 번째의 「신당서」(宋 慶歷 4년 1044년〈고려 정종 10년〉에 歐陽修 등이 편찬)의 내용도 「구당서」의 기록을 계승한 것이다. 관직(대대로이하 12등급)·5부·풍속·안시성주에 대한 再拜 등은 그대로 이어지고 있다. 다만 당태종의

> 지금 천하가 다 평정되었으나 오직 요동(고구려)만 복종하지 않고 있다. 그의 후예가 군사(士馬)의 강성함을 믿고 싸움을 유도함으로 전쟁이 시작되었다. 그러므로 짐이 그를 쟁취하여 후세의 걱정을 없애려 한다.

라는 신하에게 준 말을 남기고 있으나 당나라는 안시성 싸움에서 패전하였

기 때문에 나중에 신라와 연합해서 고구려 정복을 꾀한 것이다.

여기서 우리가 주목할 사실은 모든 문헌에 우리나라(3국)사람들은 노래와 춤을 좋아한다고 하여 「수서」에 각조 악기를 소개하여 특히 五絃·琴·箏·筆篥·橫笛 등의 내용이 나타나 있다. 그러나 동이전에는 桃皮筆篥이 없는데 「구당서」(권29, 음악2)에는 고구려와 백제는 도피필률(풀피리·草笛)가 있다고 소개되었으며 「삼국사기」(권32, 고구려·백제음악)에 도피필률을 설명하고 있다. 도피필률은 우리나라 전통음악으로 복숭아(또는 앵두)나무 껍질로 부는 음악으로 고구려 안악3호분에 등장하고 있으며 그 후 고려·조선시대 궁중(민속)음악으로 현대까지 이어지고 있다.[5]

이상에서 중국문헌의 내용과 성격을 정리하였다. 그러나 이들 문헌은 출판시기와 출간당시의 종족(한족과 북방민족의 차이)에 따라 그 의미와 내용의 차이가 있게 마련이다. 다만 최초로 우리나라(고구려)가 소개된 이후 보도문헌에서 삼국시대인은 노래와 춤을 즐기고 예의범절이 있다고 하였으며 3국이 처음으로 나타난 「양서」에 고구려를 설명할 때 예절이 바르고 노래와 춤(유희)을 즐기는 습성이 있다고 한 뒤에 그 기록은 거의 모든 문헌에 이어져 바른 예절과 엄격한 법률을 지킨 나라로 부각시켰다.

끝으로 우리가 주목할 사항은 3국은 비록 東夷傳으로 소개되어 있는 나라로 동쪽의 소국이지만 다른 지역(北狄·西戎·南蠻)과 동방의 종족으로 오랑캐(夷狄)가 아니고 '어질고 생명을 존중하는 종족'이며 夷란 根本을 뜻한다고 「후한서」(동이열전)에 기록되어 있다. 따라서 술마시고 춤을 좋아하는 성

---

5) 도피필률은 전인평교수는 중국에서 전해진 음악으로 소개하고 있으나, 안악 3호분에서 보여진 것처럼 우리나라 전통 민속음악으로 조선시대에는 궁중음악으로 크게 유행된 우리민족음악이다.
전인평, 「새로운 한국음악사」(현대음악출판사, 2000), p.68
박찬범, 「한국풀피리음악의 역사와 자료」(정우출판사, 2009), p.181
신형식, 「새로밝힌 삼국시대의 역사적 진실」(우리역사문화재단, 2013, p.185)

품이지만 책읽기를 좋아하는 군자국으로 「구당서」에는 '중국에 있어서 오랑캐란 태양의 열성과 같아서 다른 주변국과는 같게 할 수 없다(中國之於夷狄 猶太陽之對列星 理無降 尊俯同藩服)'는 표현과 같이 3국은 그 정치·문화적 수준이 다른 주변국가와는 다른 위상을 갖는 나라로 부각시키고 있다. 그러므로 「논어」에 나오는 孔子도 九夷에 살고 싶어한 사실을 들어 천성이 유순한 군자국임으로 '중국이 예를 잃으면 西夷에서 구했던 것이다(中國失禮 求之四夷)'라고 한 「후한서」의 내용으로 볼 때 3국은 문화적 수준이 높은 나라임을 나타내고 있다.

2. 중국문헌에 나타난 삼국시대의 사회상

1) 고구려 사회의 모습

고구려는 중국과 국경이 접해져 있었음으로 두 나라 사이에는 항상 갈등이 이어진 것이다. 고구려가 만주지역을 확보하려는 자세는 만주지역을 지배하려는 중국과 충돌을 면할 수 없었고 고구려가 처음으로 소개된 「후한서」가 출판된 시기가 5세기 였음으로 고구려의 전성기(광개토왕〈391–412〉, 장수왕〈413–492〉)였으며, 「隋書」가 나타난 시기가 636년(영류왕 19)이었으나 살수대첩(612)에 대한 언급이 없었다. 「구당서」(945년 편찬)와 「신당서」(1060년 편찬)가 간행된 시기가 거란족(遼: 916–1125)의 시기여서 당나라(漢족)가 패한 사실(살수전·안시성패배)을 부각시키고 있었다. 다만 요나라도 크게는 중국이었음으로 안시성 패전 후 철수하는 당군에게 성주가 登城再拜했다는 사실(「신당서」)과 천하대국으로서 고구려정벌의 필요성(「구당서」)을 제시하여

중국문헌에 나타난 삼국사회(東夷傳)

〈고구려〉
① 최초의 등장문헌: 後漢書(남조 劉宋의 范曄이 편찬 〈5세기〉)
② 주요내용: 구당서(後晋의 劉響이 편찬 〈10세기〉)
• 정치구조- 5부 · 3성 · 12관등(대대로 · 고추가 등)
• 형벌- 사형(모반 · 투항) · 절도(12배)
• 습속- 서적애독 · 활쏘기 · 경당

〈백제〉
① 최초의 등장문헌: 宋書(訣의 沈約 편저〈5세기〉)
② 주요내용: 周書(梁의 令狐德芬 편저〈7세기〉)
• 정치구조- 16품(좌평이하 극우) · 6좌평
• 형벌- 사형(반역 · 패배 · 살인)
• 습속- 투호 · 도박 · 장기

〈신라〉
① 최초의 등장문헌: 당의 梁書(姚思廉 편저 〈7세기〉)
② 주요내용: 신당서(송의 歐陽修 등 편저〈 11세기 초〉)
• 정치구조- 17관등(侍中 · 사농경등) · 화백(만장일치)
• 습속- 박 · 김씨 친혼 · 유교경전 이해(군자지국)
• 장보고, 당과 조공사(45회)

중국인의 공통된 의지를 보여주고 있다.

그러므로 송나라가 고구려사의 입장을 이해하고 있었음으로 「신당서」에는 다음과 같은 내용이 보이고 있다.

고구려의 정치는 엄격한 법률로서 아랫사람을 다스리기 때문에 법을 범하는 자는 적다. 반란을 일으킨 자는 횃불로 몸을 지진 다음 죽이고 그 가족들은 호적에 기록된다. 항복(적에)한 자와 패전한 자, 그리고 살인자·협박자는 목을 벤다. 도둑질한 자는 그 물건의 10배를 갚아야 하며 소·말을 죽인 자는 노비로 삼는다. 그러므로 길가에 떨어진 물건도 줍지 않는다. 혼인할 때는 폐백을 쓰지 않으며 받은 자는 수치로 여긴다. 부모상에는 3년 복을 입고 형제장에는 다음 달에 상복을 벗는다(兄弟喻月濟). (「신당서」 권220, 열전145, 동이 〈고려〉)

이러한 내용은 고구려가 존속한 시기(705년-B.C.37~668)를 생각할 때 중국은 고구려가 나타날 때까지 후한(25~220)·삼국시대(220-263)·晋(265-420)·남북조시대(439-589)·수(581-618)·당(618-907)을 지나 1060년에 「신당서」를 썼을 때는 송이 건국된 지 100년이나 지난 사실로 보다 중국은 장수한 나라가 없으며 항상 민족의 갈등을 느꼈음으로 고구려가 존속한 700여 년을 보았을 때 우리나라의 강렬한 민족의식을 인정한 데서 나온 글로 보인다.[6]

무엇보다도 중국문헌 중에서 고구려가 처음으로 등장된 「후한서」로 후한이 존속한 시기가 1-2세기(25-220)였음으로 당시 고구려는 대문신왕~산상왕 때(18~227)였으나 주로 활동기는 태조왕(53-146)과 고국천왕(179-197) 때였다. 그러므로 본서에는 建武 8년(대무신왕 15년: 32년)에 조공한 사실과 건무 23년(민중왕 4년: A.D.47년)에 大加 載升 등이 낙랑에 투항한 사실, 그리고 永初 5년(태조왕 59년: 111년)에 사신을 파견하였으며 建元 원년(태조왕 69년: 121년)에 태조왕의 아들인 遂成이 요동을 공격한 내용과 태조왕이 현도를 공격한 사실이 나와 있다. 무엇보다도 「후한서」의 기록에서 고구려의 官階(相加·對盧 이하 皁衣·先人)의 해설과 5부족의 설명을 비롯하여 고구려인의 습성(깨끗한 것을 즐기며 밤에는 남녀가 떼 지어 노래, 귀신에 제사, 비단 옷에 금·은으로 장식) 그리고 東盟과 諸加會議(범죄자 처벌)을 갖고 있으며, 결혼 초에는 신부집에 있다가 자식을 낳으면 돌아온다고 되어있어 그 후 기록에도 거의 계승되

---

6) 중국왕조의 존속기간을 볼 때 최초의 국가인 漢(406년-전한〈211년-B.C.206-A.D.5〉, 후한〈220년-25~220〉)이 가장 긴 왕조였으며, 그 이후는 송나라가 319년(북종〈167년-960-1127〉, 남송〈152년-1127-1279〉)이 장수한 왕조이다. 중국사에 최대 강국이었던 唐은 289년(618-907), 明은 276년(1368-1644)을 유지하였다. 더구나 북방민족인 遼(거란: 209년-916~1125), 금(여진: 119년-1115~1234), 元(몽고: 110년-1260~1370), 淸(만주족: 296년-1616~1912)은 200년 안팎이었다. 그러므로 고구려 705년(B.C.37-668), 백제 678년(B.C.18-660), 신라 992년(B.C.57~935)의 존속기간은 중국사에서는 찾을 수 없는 장수기간으로 중국인이 이해 못할 사실이다.

고 있다.

이러한 「후한서」의 기록을 「삼국사기」와 비교해보면 태조왕(53-146)은 고대사상 최장수한 왕으로 고구려를 강국으로 이룩한 주인공으로 많은 정복 기사가 나타나 있다.[7] 무엇보다도 「후한서」에 고구려에 5부족이 있었고 8등급의 官階가 있었다고 되어있어 「삼국사기」(대무신왕 8년〈A.D.25〉)에 보이는 左輔와 右輔를 둔 사실과 연결되고 있어 「후한서」는 고구려의 관직체계 성립을 처음으로 소개하고 있었다. 이를 통해서 볼 때 고구려는 후한이 존속된 시기인 1-2세기 어느 정도 국가체제가 이룩되고 있음을 알 수가 있다.

그러므로 이어진 「삼국지」에도 관계 및 5부족과 고구려인의 습속을 그대로 계승하였으며 新大王(伯固) 사후 두 아들(拔奇와 伊夷模)의 갈등과 산상왕(位宮)의 등장과정은 그대로 「삼국사기」에 기록되어 있어 2-3세기에 고구려가 북방으로 영토확장이 빈번하여 중국과 관계가 컸음을 알게한다. 이어 나타난 「宋書」는 남조시대의 송나라(420-479) 역사서임으로 당시가 장수왕(413-491)때였음으로 많은 북방진출과 대외관계(宋과 교섭) 기록을 보여주고 있지만 「삼국사기」에는 송과의 관계는 3회 뿐이며 북위와 46회의 외교관계(조공)가 보이고 있어 중국은 고구려를 분명하게 이해하고 있었음을 알게 한다. 그리고 「남제서」에는 고구려인의 습속과 5經을 읽을 줄 안다는 것뿐이며, 「梁書」에도 5부족과 官階소개와 습속 외에 옥저·동예 복속사실(「후한서」·「삼국지」 내용) 외에 장수왕 이후의 왕통변화(문자왕·안장왕·안원왕)만 소개되었다.

「양서」다음으로 고구려가 등장된 「魏書」(북위의 역사서: 386-534)는 비교적

7) 태조왕 4년(A.D.6)에 동옥저 정벌, 22년의 朱那정벌, 53년의 요동진출, 69년 현도·요동공격, 70년 요동공략과 57년·59년·72년에 한나라에 조공한 사실이 「삼국사기」에는 보인다.

길게 소개되어있다. 「위서」가 편찬된 때 고구려는 광개토왕 이후 안장왕시기(391-531)까지의 고구려 전성기여서 북위는 「송서」와 같이 고구려상황을 자세히 알고 있었음을 볼 수가 있다. 고구려가 부여에서 갈라져 나왔고 天孫인 주몽의 전설을 소개하였으며 장수왕(巨連)과 문자왕(羅雲)의 조공사실에 큰 비중을 두고 있다.[8] 그 외 고구려사회모습은 가무를 즐기고 祭天과 금·은으로 장식된 옷을 입었다는 것은 앞선 문헌 내용과 같다. 이어진 「周書」(당 태종 때 令狐德芬 등이 쓴 周史: 557-581)는 4대 25년의 북방민족이었음으로 아주 짤막한 내용으로 되어있다. 따라서 새로운 사실은 없이 기존의 문헌에 나타난 사항(고구려 官階·고구려인의 복식)을 기록하였고 혼인에 폐백이 없고 재물을 받는 사람은 계집종으로 팔아먹는다는 것과 불교를 믿으면서도 淫祀를 더욱 좋아한다고 하였다.

「주서」 다음에는 「南史」·「北史」가 나타나 남북조시대역사를 정리하고 있다. 「남사」는 남조시대(宋·齊·梁·陳의 4대: 420-589)의 역사서로 이 시대의 4왕조(24황제)에서는 13명이 살해되고 2명이 폐위된 때여서 정치적 혼란기였다. 따라서 전체 90권 중에 본기는 10권뿐이며 11권부터 80권은 열전으로 后妃·宋室·유림·문학 등 앞선 내용과 비슷하고, 열전 맨 끝에 夷貊傳 (하)에 동이전으로 3국이 소개되어있다. 고구려의 설명에도 앞선 문헌 내용을 그대로 소개되어 있어 관직설명(相加·對盧이하 先人)과 5부족(처음에는 消奴部 나중에는 桂婁部)·풍속(好淫·厚葬·兄死妻嫂)의 설명과 장수왕(巨連)의 업적(대중국외교)을 설명하고 있다. 「北史」(북조: 북위·齊·동·周·隋 286-618)는 북조의

8) 「삼국사기」에는 장수왕은 북위에 46회 사신(조공)파견한 기록이 있으며 문자왕은 34회의 사신파견 기록이 있어 북위는 북방민족인 선비족이 세운 나라이지만 남북조시대(439-589)를 대표하는 강국이어서 고구려가 접근하였던 것이다(신형식, 「삼국사기연구」〈일조각, 1981〉, pp.103~107).

역사서로 본기 12권(5개 왕조 내용)뿐이며 나머지는 열전이다. 열전의 내용도 「남사」와 비슷하며 열전 끝에 3국시대 내용이 소개되어 있으며 다만 고구려는 비교적 길게 설명되어 있다. 고구려의 기록에는 天子의 자손인 주몽과 관구검침입사건, 고구려(고국양왕), 요동군 경략, 巨連(장수왕)의 대중외교, 그리고 문자왕 이후 고구려왕의 대북위 조공사실 등이 소개되어 있다. 그 외 12관등, 악기 설명(五絃·琴·箏·篳篥·橫吹·鼓), 그리고 풍습내용은 앞선 문헌을 복사하고 있다. 다만 수양제의 고구려침략실패는 인정하였으나 을지문덕 내용(살수대첩)의 기사는 나타나지 않고 있다.

이어진 문헌의 「隋書」(85권: 수나라 역사서: 581-618)는 정관 10년(636년에 출간)에 발간되었음으로 살수대첩(612)은 나타났으나 안시성패전(645) 이전이어서 그 사실은 있을 수 없다. 본서에서도 주몽의 천손자설, 12관등의 모습·5부족·복식 등은 앞선 문헌의 내용을 이어받고 있다. 다만 수나라이기 때문에 살수대첩에 대해서는 패전하여 철수(班師)했다고 만 기록하고 있다. 수양제는 토벌 계획을 세웠으나 사회(天下)가 어지러워 시행하지 못하였다고 하였다.

고구려에 대해서 아주 길게 설명한 「당서」(「구당서」·「신당서」)는 고구려사에 대한 구체적인 내용으로 「삼국사기」 내용에 큰 바탕이 되고 있다. 그중에서도 「구당서」는 후진(後晋) 2년(945)에 완성되었는데 당시가 5대 혼란기여서 내용(과제)의 문제(表가 없으며 체제의 미비점)가 있으나 사실에 충실하여 사료적 가치는 크고 「신당서」의 바탕이 되었다. 그 내용은 처음에 官制(대대로, 대대형 등 12관등), 의장(衣裳)과 服食·유희(蹴鞠)·住居·법률(도둑은 12배·패전자와 살인자는 사형·우마를 죽인 자는 노비로 삼는다)·습속(서적을 좋아함)·扃堂(독서와 활쏘기 연습) 등은 기존의 문헌 내용을 자세히 설명하고 있다. 이어서

안시성 혈전내용 설명에서 결국 패전하고 철수(班師)할 때 城主가 절을 하면서 하직한 사실이 보이고 있다. 그 후 보장왕 5년(646)에 고구려가 사죄하고 두 미녀를 바쳤으나 당나라는 여인을 돌려보냈다고 되어있다. 이어 연개소문 아들(男建·男産·男生)간의 갈등과 당나라군의 고구려 점령과정을 소개하였고 儀鳳연간(676-678)에 고종은 高藏(보장왕)에게 조선왕을 봉하였고 垂洪 2년(신문왕 6년: 682)에 고장의 손자인 寶元을 조선군왕으로 봉하였는데 점차 안동지역의 고구려인이 줄어들어 고씨세력은 끝나고 말았다고 되어있다.

마지막으로 「신당서」(嘉祐 4년〈1060〉에 歐陽修 등이 완성)도 전체 225권 중에 列傳이 150권으로 그 내용은 本紀〈10권〉·去〈50권〉·表〈15권〉으로 되어 있어 열전의 비중이 지나치게 커서 주변국가(4表)의 내용이 北狄·東夷·西城·南蛮傳에 말갈·발해·고려·백제·신라·내용이 크게 실려 있다. 고구려관직·복식·풍속 등은 「구당서」 내용을 그대로 인용하여 연개소문에 대한 내용이 크게 실려있다.

> 지금 천하가 다 평정되었으나 오직 요동(고구려)만 복종하지 않고 있다. 그의 후사가 士馬의 강성함을 믿고 신하들과 모의하여 싸움을 유도함으로 전쟁은 바야흐로 시작되었다. 그러므로 짐이 그를 쟁취하여 후세의 걱정을 없애려 한다.

이 내용은 정관 19년(645년: 보장왕 4년)에 태종이 신하에게 한 말이다. 당의 계속적인 위험에 대처하기 위해 영류왕 14년(631)에 천리장성을 짓기 시작하여 보장왕 5년(646)에 완성하였는데 보장왕 4년(645)에 안시성 공격을 위해 많은 노력을 하였으나 실패할 때까지의 내용이 실려있다. 여기에도 당군의 패전상황에 대해서는 구체적 설명이 없으며 패전하여 귀국(班師)하는 당나라 군사에게 성주가 성위에 올라 再拜한 내용이 또 실려있다. 패전의 내용에서 패전자가 1천명, 말은 80%가 죽었다고 항복한 요동민 1만 4000명을 노비로 삼았다고 하였으며 고구려는 당나라 침입에 지쳐서 호구가 줄고 수확이 없는데도 연개소문의 폭거로 그 피해가 크기 때문에 내년에 다시 출전하여 전멸시킬 수 있을 것이라고 당태종의 계획을 소개하고 있다.

그 후 연개소문의 사망(665) 이후 그 아들(男建 · 男産 · 男生)의 갈등 이후 고구려정벌내용이 나타나있으며 乾封 3년(668년: 보장왕 27년)에 보장왕과 남건을 사로잡고 고구려를 멸망시켜(1부 176城과 63만호 몰수) 고종은 含元殿에서 포로를 헌상 받았다고 하였다. 이어 總章 2년(문무왕 9년 · 669)에 고구려민 3만 명을 중국(江淮와 山南)으로 옮겼으며 고구려장군 鉗牟岑(「삼국사기」에는 劍牟岑으로 되어있다)이 반란을 일으켜 安舜(「삼국사기」에는 安勝)을 왕으로 삼은 사실과 垂洪연간(신라 효소왕 5-8년: 685-688)에 보장왕의 손자인 寶元을 신라군왕으로 삼았고 이듬해에는 보장왕 아들인 德武를 안동도독으로 삼아 사회를 안정시켰다고 되어있다.

이러한 고구려부흥운동 내용 이전의 「구당서」 처음 내용에는 고구려의 관직과 풍속이 서술되어 있는데 그 내용은 앞선 문헌의 사실을 그대로 나타낸 것이다. 즉 국정총괄의 大對盧는 3년에 한번씩 교체된다고 하였고, 12등급의 관직(대대로 이하 선인)과 지방만, 그리고 5부족의 설명 이후에는 고구려인의 복식(왕 · 고관 · 서인) · 풍속(바둑 · 투호 · 축국 · 혼인 · 부모상〈喪〉 · 人 · 喜 · 學 · 가옥형태) 그리고 패전자·살인자는 처형한다고 되어있어 이러한 내용은 「삼국사기」에 그대로 활용되고 있다. 그 외 여러 가지의 고구려인의 모습을 전하고 있으며, 고구려는 동이족의 대표자이며 동이족이; 단순한 오랑캐가 아니라 중국과 東夷는 태양과 列星과 같다고 하여 특히 고구려가 지닌 독자적인 국가의 위상을 나타내고 있다. 동시에 중국에서는 고구려에 대한 견제·위협이 많았고 3국 중 고구려가 대표적 3국으로 그 위상을 부각시킨 것은 사실이다.

2) 중국문헌에 비친 백제상

고구려에 대한 중국문헌은 「후한서」(5세기)와 「삼국지」(4세기)에 보이고 있으나 백제는 5세기 후반에 발행된 「宋書」(齊의 沈約저)에 처음 나타나고 있어 당시 백제는 동성왕(479-501)때여서 이미 전성기를 지난 웅진시대(475-538)로 새로운 부흥을 꾀하던 시대로 중국(송·남제·양·북위)과 친선을 꾀하던 시대였다. 그러나 백제는 고구려와 달리 고이왕 27년(260)에 6좌평과 16관등제를 실시하여 삼국 중 가장 먼저 정치제도를 개발한 나라였다. 그러나 이러한 기록이 없이 기이하게도 「송서」 이후 나타난 백제사의 설명에는 그 나라 정치·사회의 모습에 대한 해설이 아니라 중국(송·남제·양·북위)의 속국과 같은 존재였다는 기록이다. 「삼국사기」에는 가끔 조공사 파견기록(동성왕 6년〈484〉에는 內附되기를 요청)이 있지만 중국사서의 내용은 지나친 표현이었다. 다만 「송서」의 내용에서 특이한 사실은 백제가 요동 동쪽(천 여리 밖)에 있던 나라로서 고구려가 요동을 공격할 때 백제는 요서를 공략하여 차지했다(요서진출-진평군 진평현)는 사실을 처음으로 기록하였으며 義熙(12년: 416년-전지왕 12년)에 백제 정지왕을 왕으로 삼았다고 된 기록이 나와있다. 그러나 요서진출 문제는 우리 기록에는 없으나 「양서」에 다시 나와있어 그때 다시 검토해보겠다.[9]

---

9) 신형식, 백제의 요서진출문제(「백제사」이대출판부, 1992), pp.209~224
유원재, 백제의 요서 경유〈설〉(「한국사」 6, 삼국의 정치와 사회, 2.국사편찬위원회), pp.132~150

그러나 백제전(「송서」)에 나타난 최초의 기록은 구이신왕 6년(425: 송〈남북조〉의 元嘉 2년)에 송이 보낸 조서에 다음과 같은 내용이다.

> 진동대장군 백제왕은 대대로 충성하고 순종하여 바다 건너에서 정성을 다하였소 (중략) 작은 배를 타고 바다를 건너와 보물과 폐백을 조정에 바쳤소. 왕위를 잇게하여 그 지방을 맡기노니 동방에서 우리 조정의 울타리(藩)가 되어 정사를 잘하여 선대의 공업을 떨어뜨리지 말기를 바라오. 지금 두 사신(恩子·丁敬子)을 보내어 노고를 위로하고자 하니 짐의 뜻에 맞도록 하시오.
>
> (「송서」 이만열전 〈백제국〉)

여기서 볼 때 「삼국사기」에는 없는 내용으로 구이신왕(420–427)이 「송서」에는 왕 5년(424)에 사신을 송나라에 보냈음으로 송의 文帝(424–453)가 위와 같은 조서를 보냈다는 것이다.

구이신왕전의 전지왕(405–420)은 왜국과 우호관계를 맺어 그 아들(태자–다음의 전지왕)을 볼모로 보냈으며 구이신왕을 이은 비유왕(427–455)은 송나라(남조: 420–479)와 밀접한 관계를 맺었다. 위의 내용은 그 후 지나치게 중국의 입장(해마다 사신을 보내 방물을 바쳤다는)을 내세운 기록이다.

> 원가 7년(430·비유왕 4) 백제왕이 공물을 바치고 餘映의 작호를 받았다. 원가 27년(450·비유왕 24)에 방물을 바치고 역림(易林: 중국책)·식점(式占: 점치는 책)·요노(腰弩: 황)를 요구하자 송이 이를 허락하였다. 대명원년(457: 개로왕 3)에 사신을 보내어 벼슬을 내려줄 것을 요구하자 조칙으로 허락하였다. (「송서」 97, 열전 57 〈백제국〉)

이러한 내용도 백제가 송나라에 속국처럼 행사한 것으로 되어 있으며 백제사회나 정치상황에 대해서는 전혀 언급이 없다.

다음으로 백제에 관계된 문헌은 「南齊書」(梁의 蕭子顯 저술)이다. 여기에도 시작은 牟大(동성왕: 479-501)가 중국(남제)에 보낸 글(表文)로 되어있다.

> 공(백제왕)에 대하여 보답하고 힘쓴 것을 위로하는 것은 실로 명성을 보존시키는 것입니다. 가행(假行) 등 4명은 충성과 힘을 다하여 국난을 제거하였으니 그 뜻과 용감성이 명장의 위엄을 보였으니 나라의 간성이요 사직의 튼튼한 울타리라 하겠다. (중략) 지금 전례에 따라 외람되지만 임시 행직을 주었습니다. 엎드려 바라옵건대 은혜를 베푸시어 임시로 내린 관직을 정식으로 인정해주십시오. (후략) (「남제서」 권58, 열전 39 〈동이〉)

여기서 우리가 주목할 것은 당시 백제가 중국(남제)의 속국이라는 사실을 나타낸 기록으로 「삼국사기」에도 동성왕 6년(484) 기사에도 사신을 보내 內屬하기를 청해서 허락하였다는 기사는 있으나, 당시 백제는 고구려의 압력(개로왕 피살·웅진 천도: 475)으로 시련을 겪고 있었고, 이에 대한 대책으로 신라와의 친선(동성왕 15년 〈493: 소지왕 15년〉을 위해 신라의 이찬 比智의 딸과 결혼)과 남제와의 접근책이 필요할 때여서 남제(479-502)와의 관계를 내속으로 표현한 것으로 보인다. 그러나 실제는 복속관계가 아니라 친선관계로 생각된다. 이를 중국 측에서는 백제왕을 臣으로 표시하고 「삼국사기」에는 內屬이라고 했지만 이는 어디까지나 외교적 수식어에 불과한 것이었으며 고구려가 중국과 대립관계가 컸음으로 백제는 중국과의 접근으로 고구려와의 대립을 극복하려는 정책으로 남제에 접근한 것으로 생각된다.

그럼으로 백제의 친 중국(남제)정책을 이해한 정책을 이용한 남제의 明帝(494-498)는

> 아 그대들은 충성심과 부지런함을 그대로 이어 받아서 그 정성이 먼 곳까지 드러나니 바닷길이 고요하고 맑아져 공물 바치는 것이 조금도 끊이지 않았소 (중략) 이제 왕위(동성왕)에 오름에 인장(章綬) 5개와 부적(銅虎符 · 竹使符) 4개를 주니 반가운 일 아닌가? (「남제서」 권58)

라고 하였으나, 「삼국사기」에는 이러한 기록은 없다. 다만 동성왕 16년(494)의 기록에는 신라가 고구려와 살수벌판에서의 싸움에서 패했으나 백제가 신라를 도와 고구려군을 격퇴시킨 사실이 나타나 있다.

다음의 「梁書」(7세기 초에 姚思廉 저)에는 마한으로 출발한 후 고구려와 더불어 요동의 동쪽에 있었는데 고구려가 요동을 경략하자 백제는 遼西, 晋平을 점거하여 그곳에 백제군을 설치하였다고 하여 백제의 요서 진출을 처음으로 지적하였다.

> 그 나라(백제)는 본래 고구려와 더불어 요동의 동쪽에 있었다. 진(晉: 265-420)에 이르러 고구려가 요동을 공격하자 백제 역시 요서·진평 2군의 땅을 점거하여 스스로 백제군을 설치하였다. (「양서」 권50, 열전 48 〈동이〉)

이 내용은 우리나라 기록에는 전혀 없는 사실인데 일찍이 신채호와 정인보가 언급한 바 있다.[10] 그러나 실제로 기록이 없으며 근초고왕대의 전성기

10) 신채호는 「조선사」(새 활자본) 제7권(2장) 백제의 魏寇격퇴와 해외식민지 획득에서 동성대왕의 해외경략에서 봉천서부를 식민지(소유)하였다고 하였다(pp.744). 그리고 「조선상고사」

를 제하고는 해외 진출이 쉽지 않았으며 활발한 서해 진출에 따른 활발한 항로 개척에 따른 유민의 활동에서 보여진 결과로 생각된다.[11]

「양서」의 내용도 거의 백제가 晋과 梁나라에 사신을 파견한 내용과 중국 측으로부터 관직과 왕명을 받는 기록이 계속되어 있다. 다만 「양서」에는 백제의 지방제도로서 담로(擔魯)를 두었다는 것과 백제인의 모습(키가 크고 깨끗한 의복)과 언어·복장은 고구려와 비슷하지만 걸을 때 두 팔을 벌리지 않으며 절할 때 한 쪽 다리를 펴지 않는 것은 고구려와 다르다고 하였다.

이어진 위서(6세기 중엽, 北齊의 魏收저술)에는 5곡이 생산되고 의복과 음식은 고구려와 같다는 것이 전부이고 개로왕의 연흥2년(472년: 개로왕 18년)에 북위에 보낸 글(表)과 중국에서 온 답서(詔書) 내용이 전부이다.

> 臣(개로왕)이 동쪽 끝에 나라를 세워 승냥이와 이리들에게 길이 막혀(중략) 藩臣의 예를 받든 길이 없습니다. (중략) 하늘에 운명을 맡기고 만분의 일이나마 조그만 정성을 올리오니(중략) 신하의 뜻이 펴진다면 여한이 없을 것입니다. (중략) 신은 고구려와 함께 부여에서 나왔음으로 선대에는 우의를 돈독히 하였습니다. 그런데 그들의 선조인 斯由(고국원왕)가 우호를 깨고 신의 국경을 짓밟았습니다. 그리하여 신의 선조인 須(근구수왕)가 군사를 정돈하여 달려들어 고구려왕(釗)의 머리를 베어 높이 매달았습니다. (중략)
> 지금 璉(장수왕)의 죄로 나라는 어육이 되었고 대신들과 호족들의 살육됨이 끝이 없어 나라 멸망의 시기가 되었으니 도움을 받아야 할 때입니다. (중략)

제7장 동성대왕의 해외경략에서도 같은 내용을 소개하였다. 그리고 정인보의 「조선사연구」 상(1912) 16장 백제 기루왕의 요해 출병에서 기루왕(128-166)이 요해 출병이 큰 공적은 없었으나 그 후손들이 그 의미를 잊지 않았다고 하였다(pp.788).

11) 신형식, 앞의 책, pp.213

몸과 마음을 다 바쳐 당연히 휘하의 군사를 거느리고 가르침을 받아 움직일 것입니다.

이러한 기록은 백제가 스스로 중국의 신하를 자칭한 비굴한 내용이지만, 「삼국사기」(권25, 개로왕 18년)에 글자 그대로 기록한 내용이 보이고 있다. 이러한 사실은 중국 측에서 고구려나 신라와는 달리 백제의 국가적 위상을 외면한 것이지만 당시 백제는 개로왕 시기(455-475)가 가장 어려웠던 때여서 결국 개로왕의 피살(한성함락)로 국가적 위기여서 「삼국사기」의 기록도 이해할 수 없는 내용으로 되어있다.

그리고 「수서」(당나라의 魏徵이 저술, 3세기 초)에는 백제는 百家가 바다를 건너왔다고 해서 나라이름을 백제라 불렀다고 하였다고 하였으며 관직 16품계(좌평이하 극우) 고구려와 같이 각종의 樂器(鼓角·箜篌·笛)과 놀이를 설명하고 있다. 그 외 「신당서」(宋나라 때 歐陽修 등이 편판, 11세기초)에는 백제인의 복식(왕은 자색의 두루마기에 푸른 비단 옷, 가죽 띠에 까만 가죽신을 신으며 군신들은 붉은 옷에 은꽃 모자를 쓴다. 그러므로 서민은 자색과 붉은색의 옷은 금지된다)는 것이다. 그 후 백제 멸망시의 사건(의자왕 등 고관체포후 당으로 이송) 이후 부흥운동(道琛·福信)이 소개되어 있다.

다음의 南北朝史는 南朝(420-509: 송·제·양·진)와 北朝(386-581: 북위·서위·동위·북제·북주)의 분열기로 隋나라가 성립(581)됨으로써 극복된 시기였다. 「南史」(남조사 80권: 태종 전관연간〈627-649〉에 李延壽가 저술-당시 백제는 무왕〈600-641〉과 의자왕 초기)는 존속기간이 짧은 만큼 그 내용도 단출하여 表가 없으며 열전이 70권(본기는 10권)이다. 열전에는 다양한 인물(后妃·宗室·循吏·儒林·文學·孝義·隱逸 등)이 등장하고 마지막에는 東夷傳에 3국의 설명이 있다. 남조가 존속된 시기는 구이신왕(420-427) 이후 문주왕(475-477)·무령왕(501-523)·성왕(523-554)에 이르는 시기로 백제는 馬韓에서 시작되었다고 되어있으며 요서경략이 나타나있다. 그러므로 본서의 내용도 중국과의 관계(조공) 기사로서 전지왕·구이신왕·비유왕·개로왕·동성왕·무령왕의 조공기사가 나타나있다. 그 외 백제인의 풍속(衣服·潔淨·文臣)이 보완되어있다.

그리고 당서(「구당서」·「신당서」)에는 가장 긴 내용이 남아있다. 「구당서」(200권: 後晋의 開運 3년〈945〉에 劉昫 등이 편찬-당시는 고구려 혜종 2년)는 당이 망한 38년 뒤인 945년(후진 開運 2년: 945-혜종 2년)에 완성된 문헌(200권)으로 열전 위주(150권-본기는 20권)의 책이다. 志(30권)의 내용은 앞선 문헌 내용과 같으며 열전도 비슷하게 되어있으나, 맨 끝에 돌궐·도번·회글(回契)·남만·서남만·서융·북적(北狄)열전이 이어지고 있다. 백제의 첫 내용은 백제의 기원(부여의 별종·마한의 후손), 16좌평, 백제의 습성(복식, 金花僞飾)이 소개되어있다. 이어서 무왕 22년(621년)과 25년에 사신을 보낸(조공)사실과 무왕 28년(貞觀 원년: 627)에는 당 태종이 3국간 화해의 글을 보냈으나 의자왕 8년(정관 22년: 648)에는 당나라와 관계가 끊어졌다고 되어 있다. 그러나 고종이 즉위하자 의자왕 11년(651: 永徽 2년)에 다시 조공사를 보낸 사실과 현경 5년(600년-의자왕 20년) 백제 정벌 기사와 이어진 道琛·福信의 부흥운동 사실을 길게 설명한 뒤에 麟德 2년(665년: 문무왕 5년)에 夫餘隆과 법민이 웅진성에서 화해한 내용이 소개되어 있다.

3) 중국문헌에 비친 신라

신라가 중국문헌에 나타난 것은 7세기초에 간행된 「梁書」이다. 그만큼 신라는 중국에 늦게 알려졌으며 백제와 고구려의 위압으로 국가 발전에 어려움이 컸다. 그 후 중국과의 관계가 수(隋: 581–618) 이후에 나타나게 되었으며 제·려 멸망 과정으로부터 唐나라(618–907)와 관계가 본격화된 것이다. 따라서 처음으로 중국에 알려진 「양서」에도 신라는 간단한 소개뿐이며 「신당서」에 신라의 정치·사회 소개가 나타나 있다.

「北史」(당 태종 때 李延壽가 편찬: 7세기)에 신라는 처음에는 백제에 부용(附庸)하였는데 백제가 고구려를 정벌하여 고구려인들이 무리를 지어 귀화하면서 강성한 나라로 성장하여 백제를 습격하고 가야를 정벌하였다고 되어 있다.

> 신라는 종속·형정(刑政)·의복 등이 고구려·백제와 같았다. 복색은 흰빛을 숭상하고 부인들은 변발하여 머리 위로 감아 올려 갖가지 비단 및 구슬로 장식한다. 혼인의식에는 술과 음식뿐이다. 신혼 날 신부는 시부모에게 먼저 절을 올리고 다음에 형과 남편에게 절한다. 왕과 부모·처자의 상에는 1년간 복을 입는다. (「북사」 권94, 열전 82 신라)

이 내용은 중국사서에서 처음으로 신라사회의 모습을 나타낸 것으로 백제의 사회상(사회종속)과 비슷하다고 되어있다.

그리고 이어진 수서(당나라의 魏徵이 저술, 7세기초)에는 별다른 내용이 없으며 다만 17관등(伊罰干이하 造位)의 소개와 종속·刑政·의복 등은 제·려와 비슷하며 8월 15일에 풍악을 울리며 관인들에게 활을 쏘게하여 말과 베를 상으로 준다는 것뿐이다.

끝으로 관제의 설명에 侍中이하 17등급이 있으며 특히 여러 사람과 의논하여 국가의 일을 결정하는 和白(한 사람의 이의가 있어도 중지)을 설명하고 재상의 집에는 노비가 3천명이나 되고 소·말·돼지는 같은 수이다. 시장에서 물건을 사고파는 것은 부녀자들의 일이라고 하였다.

> 남자는 모포바지를 입고 여자는 긴 저고리(襦)를 입었는데 사람을 만나면 반드시 꿇어앉아 손을 땅에 짚고 공손히 절한다. 분을 바르거나 눈썹을 그리지 않고 모두 치렁치렁한 머리를 틀어 올려 구슬과 비단으로 꾸민다. 남자는 머리를 말아 팔고 검은 모자를 쓴다. 火食을 하지 않으며 새나 짐승을 날로 물고 뜯으며 간혹 사람을 잡아먹기도 한다. 신라는 군자의 나라로 불리며 「詩經」·「書經」을 알고 있다. (「신당서」 권220, 열전 145 〈신라〉)

이 내용은 「신당서」에 나타난 신라사회의 모습이다. 대체로 예의가 바른 민족이라고 하였는데 다만 '간혹 사람을 잡아먹기도 한다(或博人以食)'는 표현은 군자의 나라라고 인정한 사실로 볼 때는 있을 수 없는 왜곡된 사실이다. 이어 중국(당)에 빈번한 사신(朝貢使: 宿衛) 파견 사실이 나와 있으며,[12] 9세기 이후에는 張保皐의 활동을 자세히 설명하여 당나라에서 돌아 온 淸海鎭 설치와 해적 토벌 내용을 소개하고 있다. 무엇보다도 군자의 나라로 불리던 신라가 가끔 '사람을 죽이고 잡아먹는다'는 기록은 있을 수 없는 내용으로 중국에서 신라사회를 왜곡하고 있다고 보겠다.

중국문헌에서는 3국을 중국의 外方(東夷)으로 중국의 영향아래에 있는 오랑캐나라로서 중국과 조공관계를 유지한 지방국가로 인정하고 있었으나 사회·문화면에서는 독자적인 위상을 인정하고 있다. 고구려는 북방진출

---

12) 신형식, 나당간의 조공에 대하여(「역사교육」 10, 1988)
——, 숙위학생고(「역사교육」 11·12, 1967)
——, 중국문헌에 보여진 신라사회(「한국의 고대사」, 삼영사, 1999)

을 통한 강력한 나라였고, 백제는 일찍부터 해외진출(요서진출)의 국가였다고 보았다. 신라 역시 중국과 조공관계를 유지한 나라였지만 和白이라는 제도와 사회제도에서는 예의범절을 지킨 나라였다고 보았다. 특히 「구·신당서」에서는 신라는 정치제도의 발달·독자적인 사회풍속(결혼제도·올바른 예의범절)이 특이하고 유교경전의 이해로 군자지국(君子之國)의 모습이 있었다고 되어있다.

중국정부의 왜곡된 한국고대사상 6

1. 중국학계의 고구려사에 대한 왜곡상
2. 동북공정의 허구성과 문제점
3. 한국 측의 입장과 반론

경철화·마대정·유자민·이대룡·양보융 등 중국의 대표적 역사가들이 고구려사에 대한 왜곡된 주장으로 동북공정을 통해 중국 동북 지구의 소수민족인 고구려는 결국 중국 영토 안에서 존재한 중국소수민족정권이라는 주장으로 고구려사를 왜곡하고 있다. 여기서 우리는 동북공정의 허구상(문제점)을 밝히고 고구려사의 위상을 정리하고자 한다.

1. 중국학계의 고구려사에 대한 왜곡상

근래에 중국이 추진하고 있는 소위 '동북공정(2002-2007)'을 대하면서 고구려사에 대한 역사왜곡이 지니는 심각한 현실을 보게 된다. 한국인들은 수·당의 대군을 물리친 고구려인들의 용감한 기상을 배우면서 자랐고 화려한 고구려 벽화의 예술적 감각을 느끼면서 고구려사를 우리의 자랑으로 인식하고 있다. 그런데 중국정부는 「당서」에 나타난 위대한 우리 고대사를 뿌리채 흔드는 역사왜곡을 서두르고 고구려를 '고대 중국 소수민족이 세운 지방정권' 이라고 하여 고구려사의 중국사 편입을 공식적으로 확인하려는 역사전쟁을 진행하고 있다. 그들은 철저하게 준비하여 「고구려의 역사와 문화」, 「고대 중국 고구려역사 총론」과 「속론」, 「북부 변강민족사 연구」, 「변경사지총서」, 그리고 「동북변강연구총서」 등을 간행하면서 고구려사와 발해사 말살에 총력을 기울이고 있다. 여기에 동북공정이 지닌 커다란 문제점이 있다.

이에 대해 한국 측은 체계적인 대응보다 학회별, 연구소별, 시민단체별로 중국 측 주장에 내용별 반론을 제기하고 있을 뿐이다. 이러한 일회성 반론이나 중국 측 견해에 대한 개별적인 반박으로서는 20년 간 준비해 온 중국에 맞설 수 있을까 하는 걱정이 앞선다. 보다 장기적이고 철저한 연구와 중국에 대한 학술적 대응이 요구된다.[1]

---

1) 이러한 중국의 역사왜곡에 대하여 한국 측의 대응은 한국고대사학회의 '고구려사 연구의 현황과 과제'(2002) 이후 고구려연구회의'국제학술회의'(2003) 백산학회의 '국내성 천도 2000주년 학술회의'와 한국고대사학회의 '고구려사왜곡 학술회의 등이 있었으며,' 2004년 이후에도 고구려연구재단과 동북아역사재단에서 중국인들의 저서를 번역하여 그 문제점을 지적하고 있다. 그 외에 송기호, 「중국의 한국고대사 빼앗기 공작」(「역사비평」 65, 2003), 윤휘탁, 「현대 중국의 변강 민족의식과 동북공정」(위의 책), 여호규, 「중국의 동북공정과 고구려사 의식체계」(「한국사연구」 26, 2004) 등의 많은 반박 글들이 발표되었다. 이와 관련된 주요 저서로는 윤명

그러나 중국은 1996년 이전에 이미 국가시책으로 고구려사 왜곡(말살)이 시도되었으며, 필자가 2004년 중국 집안(集安)에서 개최한 '고구려문화 국제학술회의'에 참가했던 孫進己·方起東·耿鐵華 등의 언급에서도 노출된 바 있었다. 이러한 과정을 거쳐 이룩된 동북공정을 위한 고구려사 왜곡의 구체적인 핵심 내용은 아래와 같다.

① 고구려는 출발부터 멸망까지 중국의 영토 안에서 존재한 고대 동북방에 거주한 중국 소수민족의 지방정권이다.
② 고구려는 중국 측에 '稱臣貢納'의 臣屬관계를 가지고 있었다.
③ 수·당과의 전쟁은 어디까지나 고구려의 도전에 대한 응징, 토벌인 국내 전쟁이다.
④ 고구려 멸망 후 그 유민은 거의가 중국인에 동화되었다.
⑤ 고구려(고씨 고려)와 고려(왕씨 고려)는 존속기간이나 지배 지역 및 지배층(왕족)이 다른 별개의 왕족이다.

이처럼 중국 동북공정의 핵심은 고구려가 중국 지배하의 소수민족(지방정권)으로서 중국이 고대의 중국적 세계 질서(Chinese World Order)와[2] 현재의 다수 소수민족과의 화합과 귀속을 위한 통일적 다민족 국가론에 입각한 대중국 건설과 필자의 중국동북공정의 허실(「백산학보」 67. 2003) 등이 있다.[3]

철의 「역사 전쟁」(안그라픽스, 2004) 최광식의 「중국의 고구려사 왜곡」(살림, 2004), 이인철의 「동북공정과 고구려사」(백산자료원, 2010), 서길수(역)의 「동북공정 고구려사」(사계절, 2006)와 「중국인이 쓴 고구려 역사」(여류당, 2004) 등이 있다.

2) John K. Fairbank 〈ed〉, The Chinese World Order, Havard Univ., 1968, pp257~288
高明士, 「從天下秩序看 古代的 中韓關係」(대관, 1983), pp.2~13
孫進己, 고구려왕국화 중앙황조적 관계(동북민족사연구)

따라서 우리는 이러한 중국 측의 입장을 심층적으로 비판하여야 한다. 중국은 고대 문헌에 나타난 中華思想에 따른 자기중심의 세계관을 현대사회까지 끌어들이는 모순을 자행하고 있다. 이러한 논리대로라면 프랑스와 스페인은 이탈리아(로마)의 속국이라 할 것이다.

이에 필자는 중국 측 입장을 구체적으로 분석, 비판하여 그 문제점을 밝힘으로써 우리 측 입장을 정리해보고자 한다. 역사는 어느 나라든지 자국사위주의 전제가 있기 마련이다. 그러나 그것이 지나치게 자기 역사 중심으로 전개될 때 그곳에는 역사의 왜곡과 모순이 있게 된다. 따라서 우리 고대사 연구는 중국과 일본을 중심으로 한 동아시아의 우호와 친선이 전제되는 동북아 안정에 필수적이기 때문에 국가 이기주의를 떠나 상호 '상대 나라의 입장을 이해할 때' 진정한 대외관계사가 성립된다는 사실을 간과해서는 안될 것이다.

2. 동북공정의 허구성과 문제점

중국은 근자 '동북공정(東北邊疆歷史與現狀系列硏究工程의 약칭)'이란 연구 프로젝트를 추진하면서 고구려사를 중국사의 일부(少數民族의 地方政權)로 편입하려는 연구사업을 진행하고 있다. 이 사업은 중국의 사회과학원(邊疆歷史地理硏究中心)과 동북 3성(吉林 · 遼寧 · 黑龍江省)이 공동으로 추진하는 국책사업으로 동북변강(3성)의 역사와 그에 따라 파생되는 다양한 현상에 대한 체계적인 연구를 목적으로 하고 있다. 실제로 200억 위안(약 3조원)이 투입

---

3) 馬大正, 「동북통사」(중국변강통사 초서 총론)
李大龍, 한당번속체제 연구(흑룡성출판사)

되어 5년간 예정으로 2002년 2월에 공식적으로 시작되었으나, 그 추진계획은 훨씬 이전부터 추진되었다.

이미 중국은 80년대 초 이래 동북변방에 대한 '고구려사에로의 편입'을 위한 계획이 추진되었다. 이에 따라 나타난 문헌은 「**東北歷代疆域史**」(張博泉 등, 1981)·「**東北地方史研究**」(孫進己, 1985)·「**東北民族源流**」(孫進己, 1987)·『**中國民族史新編**』(徐杰舜, 1989)·『**東北歷史地理**』(1·2, 孫進己·王綿厚·憑永謙, 1989) 등이다. 특히 이 시기를 전후하여 『한국사』(1975-1981)와 『조선전사』(1979-1983)가 출간되었으며 우리는 만주를 최초로 지배한 고구려를 한국사의 위상으로 공식 확인하였다.

이에 고구려사를 중국소수민족의 지방정권으로 자리매김하려는 중국은 북한의 「조선전사」를 번역하여(1985) 북방변경사에 대해 중국측 입장을 정리하기 시작하였다. 이러한 준비 기간 중에 필자가 연변대학에 머물면서 추진한 「**高句麗文化 國際學術會**」(海外韓民族研究所 주관·조선일보 협찬, 1993)는 결과적으로 한·중간에 고구려문제가 정치적으로 큰 이슈가 되었으며, 양 국간 역사전쟁의 단초가 되었다.[4]

이러한 준비과정을 거치면서 90년대에 이르러 중국은 고조선·고구려·발해사를 포함하여 동북지방의 역사와 지리에 대한 본격적 연구로 '한국고대사의 중국사에로의 편입'에 박차를 가하게 되었다. 이 때 이룩된 대표적인 결과는 아래와 같다.

---

4) 이 때 중국 측에서는 孫進己·方起東·徐德源·耿鐵華·憑鴻志·楊昭全·朴眞奭(교포), 북한에서는 박시형·최영식·현명호·강인숙 등이, 그리고 대만(高明士)·홍콩(黃約瑟)에서도 참가하였다. 한국 측에서는 申瀅植과 李亨求가 논문을 발표하였으며, 安輝濬·金光洙·趙由典·李鐘旭·李昊榮 등이 참석하였다. 이 회의는 李潤基(해외한민족연구소장)·朴文一(연변대총장)의 희생적 추진으로 완결될 수 있었고, 이를 계기로 필자가 주도한 고구려 고분벽화의 촬영이 金泰翼·金柱昊·李五峰 등의 '조선일보사 취재진'의 헌신적인 노력으로 성공하였다.

薛虹·李澍田(편)「中國東北通史」(길림문사출판사, 1991)

孫進己,「東北各民族文化交流史」(춘품문예출판사, 1992)

楊昭全·韓俊光,「中調關係簡史」(요녕민족출판사, 1993)

楊昭全·孫玉海,「中朝邊界史」(길림문사출판사, 1994)

孫進己,「東北亞歷史地理研究」(중주고적출판사, 1994)

———,「東北民族史研究」1(상동, 1994)

——— (등),「高句麗渤海研究集成」1-6(하르빈출판사, 1994)

王鐘翰(편),「中國民族史」(중국사회과학원출판사, 1994)

江應梁(편),「中國民族史」(상, 민족출판사, 1994)

張博泉·魏存成(편),「東北古代民族考古與疆域」(길림대출판부, 1998)

여기서 볼 때 중국은 공식적인 입장에서 학문적으로 '고구려의 편입'문제를 20년 간의 소리없는 준비과정을 통해 추진하고 있었음을 알 수 있다.

이와 같은 과정을 거쳐 90년대 말부터 그 구체적 경과를 보이기 시작하면서 2000년 초에 결과가 나타나게 되었다. 당시 나온 고구려사에 관계된 논저는 **『高句麗 歷史 與文化』**(耿鐵華·倪軍民〈편〉, 길림문사 출판사, 2000)와 **『古代中國 高句麗 歷史叢論』**(馬大正·楊保隆·李大龍·權赫秀·華立〈편〉, 흑룡강 교육출판사, 2001)이 대표적이다. 특히 후자에서는 전자의 연구성과를 구체화시켰으며, 고구려를 '중국고구려'라 공식 서술하였다. 여기서 고구려의 명칭과 족원, 멸망후 유민의 동향(去向), 중원정부와의 관계, 고구려와 수·당 전쟁의 성격, 그리고 고려(王民)와 고구려(高民)의 관련성 부인 등 중국 측의 고구려사 인식을 공식적으로 총정리하였다. 이러한 중국 측의 연구 성과를 정리하여 '고구려는 중국·역사상 소수민족정권이며, 고구려는 결국 중국의 조선족이 세운 지방정권'이라는 것이다. 이어 『古代 高句麗 歷史續論』(馬大正 등, 2003)이 출간되어 이러한 중국 측 입장을 재확인하고 있다.

이러한 계획은 1996년 중국사회과학원 중점연구과제로 시작된 후, 1997년 이후 본격적으로 추진하여 수차의 연구·좌담회를 거치면서 2002년에 본 사업이 착수되었다. 이 사업에는 동북 지방사와 민족사, 고조선·발해사, 중조관계사 등과 함께 한반도 정세변화에 따른 동북방의 영향 등 다양한 주제가 포함되어 있다. 그 일환으로 2002년 이전에 한국에서 발간된 고구려사를 번역하였으며[5] 계속적인 『邊疆史地叢書』와 『東北邊疆硏究叢書』 등과 다양한 고구려사 역사총서가 발간되면서[6] 이론적인 성과를 정리하기 시작하였다. 이러한 일련의 중국측 노력은 고구려사의 중국사에로의 편입을 표면에 내세우면서 내면적으로는 통일후 '간도영유권의 확보'라는 정치적 의미를 갖고 있다.

우리가 주목하려는 것은 2001년 북한이 고구려벽화를 UNESCO에 세계문화유산으로 신청한 사실에 반발하여 중국도 집안·환인지역의 고구려유적을 '고구려수도와 국왕·귀족묘(Captial cities, Inperial tombs and Noble's tombs in Koguryo)'란 이름으로 역시 세계문화유산의 지정을 신청한 것이다. 중국은 2월의 신청 이후 집안시와 환인일대의 유적에 대한 대대적인 발굴·복원에 착수하였다. 이러한 과정에서 오녀산성에서는 궁정지·보루·장대·성문지(동

---

5) 이때 번역된 고구려 관계책으로는 노태돈의「고구려사 연구」, 공석구의「고구려영역 확장사 연구」, 박성봉(편)의「고구려남진경영사연구」등이 있다.

6) 孫進己, 「高句麗渤海硏究集成」〈1〉(하르빈 출판사, 1997)
劉子敏, 「中華天下秩序中 高句麗」(백산학회 국제학술대회, 2003)
耿鐵華, 高句麗起源和建國問題探索(「구시학간」 1986)
王綿厚, 高句麗民族的起源及基考古學硏究(「고구려발해연구집성」 1, 1994)
範梨, 「高句麗族深源駁議」(「고구려 연구 논문집」 1, 1994)
孫進己, 高句麗族的起源(「동북민족사연구」 1, 1994)

남서) 등을 발굴·보존하였으며, 환도산성에서도 궁정지와 건물터를 발굴하였다. 특히 광개토왕비를 유리벽으로 단장하였으며, 국내성을 새롭게 정리하는 한편, 국내성과 광개토왕비 부근의 민가를 철거시켜 도시의 면모를 바꾸어 놓았다.

이러한 대규모의 작업은 2004년 6월 중국(蘇州)에서 열릴 세계문화유산위원회의 심사를 위한 것으로, 중국은 이를 위해 학술적인 대처와 동시에 유적복원이라는 양면책을 추진한 것이다. 결국 중국은 이러한 국가적 사업을 통해 맑스주의에 입각한 중국적 사회주의와 통일적 다민족국가론의 당위성하의 소수민족정권의 의미를 내외에 과시하고, 특히 번듯한 모국을 갖고 있고 재중조선족에게 중국적 세계질서 속에서 '소수민족이 살길을 각인'시키려는 정치적 의도를 나타낸 것이다. 또한 닥쳐올 고구려 문화에 대한 남·북한의 공동연결을 사전에 봉쇄하고 연변의 교포학자들이 고구려사·발해사를 한국사로 연구할 수 없게 하려는 무언의 압력을 나타낸 것이다. 결국 중국의 소수민족은 대중화가족의 일원으로서만이 행복과 안녕을 담보할 수 있다는 중국적 사고방식을 공식적으로 표명하는 것이다.

이때 중국의 주장은 중국이라는 뜻은 '만국의 중심'또는 '천하의 중앙'이라는 뜻으로 중심지(王畿)와 변방(四方)은 곧 천자의 일월과 주거(舟車)가 미치는 곳이므로 모든 지역은 전부 중국의 영토로 간주한다는 것이다. 특히 변방은 칭신납공(稱臣納貢)의 의미로 조공(冊封關係)을 통해 복종(臣屬)의 의무를 다해왔다는 것이다.[7] 이러한 논리를 통해서 볼 때 고구려만이 아니라 우리나라의 경우 고조선 등 상고사 체계의 전반적인 문제가 야기되고 있다. 특히 중국측 주장에 핵심이 되는 것은 고구려의 족원과 그 귀속문제에 집중

---

7) 劉子敏, 「中華天下秩序的 高句麗」(백산학회, 국제학술대회발표문, 2003)

되었으므로 그에 대한 이론적 뒷받침을 위해 『歷史上 政權, 民族歸屬問題 理論硏究』(1999)와 『高句麗 歸屬 問題硏究』(2000)를 발간하였다. 특히 '고구려 족의 문제'[8]와 '고구려 귀속문제'[9]는 중국이 고구려사를 중국사에 편입하거나, 중국에서의 소수민족정권에 대한 학문적 근거를 마련하려는 노력의 표시였다. 그러므로 고구려사는 어디까지나 중국동북사상의 소수민족정권으로[10] '중국 고구려'가 된다.[11]

다음으로 중국 측은 고구려의 족원을 高夷(高陽氏)로 본 후, 무엇보다도 멸망 후 그 유민(70만)이 중국으로 30만(徙遷) 발해로 10만, 신라로 10만 등 50만이 없어졌으며, 대부분이 한족에 동화되었다는 것이다.[12] 그리고 고구려와 중국 왕조와의 관계를 臣麗關係에 많은 연구 성과를 보이고 있다.[13]

---

8) 庄嚴, 「高句麗族源初探」(「朝鮮史研究」 1983-5)
耿鐵華, 「高句麗起源和建國問題探索」(「求是學刊」, 1986-1)
王綿厚, 「高句麗民族的起源及其考古學文化」(「高句麗渤海研究集成」 1, 1994)
孫進己, 「高句麗族的起源」(「東北民族史研究」 1, 1994)
倪軍民·楊春吉, 「高句麗民的族起源」(상동)

9) 楊昭全, 論 高句麗歸屬(「중조변계연구문집」 1998)
孫進己, 高句麗的歸屬(상동)
劉子敏, 關于 高句麗政權及其領域的 歷史歸屬問題之我見
耿鐵華·楊春吉, 「高句麗歸屬問題研究」(상동)

10) 楊春吉·耿鐵華, 「高句麗是我國東北歷史上少數民族政權」(「高句麗歷史與文化」, 2000)
梁啓政, 張韜 關于 高句麗屬問題的記錄載及說明(고구려귀속문제연구, 2000)
韓忠富, 「國內高句麗麗屬問題研究綜述」(상동)

11) 耿鐵華, 「中國 高句麗史」(길림 인민출판사, 2002)

12) 趙福香, 「高句麗滅國後民族流向」(고구려역사여문화, 2000)
楊保隆, 「高句麗滅國後民族流向」(「古代中國高句麗歷史」)

13) 劉子敏, 「高代高句麗與中原王朝的關係」(「東疆學刊」, 1966-3)
孫玉良·李殿福, 「高代高句麗與中原王朝的關係」(「博物館研究」 1990-3)
孫進己, 「高句麗王國和中央皇朝的關係」(「東北民族史研究」, 1994)
徐貴通, 「中原王朝對高句麗諸王」(「高句麗民族史與文化研究」 1997)
李大龍, 신속관계적건립화발전(「고대중국고구려역사총론」, 2001)

그리고 무엇보다도 수·당과의 전쟁을 중국질서 내로 확인시키려는 국내전(토벌)으로 파악한 후,[14] 高麗(王建)와 고구려는 민족성격을 비롯하여 존속시기·관할지역·제도상의 관계가 없다고 하였다.[15]

특히, 李大龍은 「고구려와 역대 중앙왕조 관계의 성립」에서 고구려 처음부터 중국 왕조의 지방 정권이라고 하였으며, 실제로 중앙 역대 정부는 고구려를 모두 효과적으로 통치하였다고 서술하고 있다. 나아가서 그는 당왕조의 번속체제의 구축과 유지 수단으로 책봉과 화친을 제기하고 그 유지의 최후 수단에 토벌이라는 것이다.[16]

중국은 「詩經」(小雅)에서 보이는 세상 넓은 천지에 왕의 땅이 아닌 곳이 없고 세상 전부 왕의 신하가 아닌 자 없다(溥天之下 莫非王土 率土之賓 莫非王臣)는 기록에 근거하여 중국 왕은 天下의 共主로서 군림하였으며, 中原과 그 변방을 지배하였다는 것이다. 그런데 고구려는 그 이중적인 성격으로 服從(朝貢)과 叛逆(挑戰)을 일삼는 모순 때문에 討伐(수·당과의 전쟁)을 자초했다는 것이다. 이러한 중국측 주장은 그들의 기록을 그들이 필요로 하는 부분만을 골라서 소위 중국적 세계관으로 해석한 역사적 오류를 범하고 있다. 이것은 일종의 '역사패권주의'로 고대사의 중국적 인식체계를 현대사까지 포함하려는 역사적 과오를 범하고 있다.

이러한 중국측의 행위는 한국 민에 대한 분명한 역사침략이며 오만한 역사전쟁이다. 과거 자신의 영토에 대한 연고권을 주장한다면, 프랑스나 스페인도 이탈리아(전 로마왕국 지배지)의 영토가 된다. 중국의 역사왜곡은 통일

---

14) 李大龍, 高句麗和隋王朝的關係(「고대중국고구려역사총론」)
——, 「漢唐藩屬體制硏究」 상, 하(2004)
楊保隆, 고씨고려여왕씨고려무전후상승관계변식(「고대중국고구려역사총론」)

15) 李大龍, 「고대중국고구려역사총론」, pp.356-600

16) 李大龍, 「漢唐藩屬體制硏究」, pp.249-446

후 한국측의 연고권을 사전에 봉쇄하고 중국내 소수민족들–특히 조선족–에게 주는 무서운 경고인 것이다. 大中華家族 속에서의 안녕과 평화가 그들이 살길임을 예고하는 정치적인 움직임인 것이다. 이것은 역사가 정치의 시녀임을 만방에 알려주는 중국적 사고인 것이다.[17]

3. 한국 측의 입장과 반론

중국측의 앞에서와 같은 주장은 새로운 것이 아니다. 사회주의 국가에서는 개인의 견해와 주장이 허용될 수 없으며, 예로부터 중국식으로 세계(특히 동아시아)를 보아 온 그들이기 때문이다. 1980년대 이후 동구권의 몰락에 대응하여 중국적 사회주의의 우월성과 강화를 위해 주도면밀한 준비를 해온 결과였다. 그러나 자국의역사를 타국의 기록으로 설명할 때 그곳에는 왜곡과 편견이 있게 된다.

중국 문헌으로 우리나라(고구려)를 해석할 때나, 일본문헌(「日本書紀」)으로 우리나라(신라)를 설명할 때 나타나는 사실이 이를 증명한다. 중국은 상고이래 자기중심의 문헌을 가지고 있었으며, 그것을 기준으로 東亞史를 설명할 수 있는 유리한 입장이 있었다. 그러나 우리나라는 12세기에 편찬된 「三國史記」가 최고의 기록이었기 때문에 이러한 모순에 빠진 것이다. 그러나 「삼국사기」에도 우리민족 역시 天孫民族으로서 당당했던 긍지를 잃지 않고 있었다.

중국측의 주장인 고구려의 族源으로서 高夷(「逸周書」 왕회편)는 周의 영토

17) 이인철, 「동북공정과 고구려사」(백산자료원, 2010)

내(북방)에 거주하다가 중국의 郡縣制로 편입·동화되었다는 것이다. 그러나 「일주서」는 사료적 가치의 문제가 있으며, 고구려의 原住地(압록강 중류·혼강 일대)는 周의 북방과는 지리상 연결될 수가 없다. 다음으로 중국이 내세우는 신속관계로서 조공문제이다. 원래 조공은 周와 그 屬臣간의 정치적 신속관계에서 출발한 것이므로 중국과 그 주변국가 간에는 漢代이후 책봉관계가 형성되어 있다는 것이다.

물론 이때 進貢(方物)과 回賜라는 형식의 물물교환도 있지만, 중국측에서 책봉을 거부할 권한이 없는 전근대시대에 있어서 의례적인 外交의 한 형태였다.[18] 중국의 정치적 우위를 인정한 형식적 절차이며 조공국의 정체성과 자주성은 결코 훼손되지 않았다. 특히, 고구려의 최성기인 長壽王은 재위 79년 간(실제로는 31년간의 기록)에 북위와 46회의 조공관계를 맺고 있었으며, 신라 聖德王(702-37)은 43회의 對唐關係를 맺고 있음은 조공이 신속관계가 아님을 보여준다. 장수왕은 동시에 燕·宋·南齊·晉과 조공을 하고 있음이 이를 증명해준다.[19]

이에 경철화는 고구려와 중원정권과의 관계를 '臣屬朝貢友好交涉'이 장기적 주류이며, 전쟁은 단기적인 상태라고 하여[20] 근자 「中國高句麗史」(길림인민출판사, 2003)를 출간하였다. 특히 중국측 연구자들이 고구려족의 기원과 멸망 후 고구려인의 동향(去向) 고구려와 중원왕조와의 관계에 집중적인 연구를 보이고 있어 중국측 동향을 짐작케 한다.[21] 따라서 고구려 명칭도 '古

18) 金庠基, 「고대의 무역형태와 나말의 해상발전에 대하여」(「東方文物交流史論考」, 1948), p.4
김춘식, 「朝貢의 기원과 의미」(「중국학보」 10, 1969)
신형식, 「羅唐間의 조공에 대하여」(「한국고대사의 신연구」, 일조각, 1984)

19) 신형식, 위의 책, p.30

20) 耿鐵華, 「高句麗起源和建國問題探索」(「求是學刊」, 1986-, 「高句麗·渤海研究集成」 1, 하얼빈출판사, 1997), p.29

代中國高句麗'라고 쓰고 있음은 우리가 주목할 일이다. 이러한 표현은 결국 고구려를 중국의 일부로 간주한 패권주의의 한 예이다.

또한 고구려가 중국 영토 내에 세워졌다는 논리로 기원전 燕·秦 이후에는 遼東外邊, 漢代에는 玄菟郡에 속했기 때문에 고구려는 중국의 영토 안에서 성립·발전하였다는 근거로 삼았다. 그러나 중국측 견해는 근대국가관이나 영토개념을 외면하고 고대의 영역과 근대의 영토를 구분하지 못한 오류에서 출발하였다.[22] 고대 이래 근대에 이르기까지 영토가 되려면 지속적으로 정치(행정적 지배), 군사(백성의 징용), 경제적 강요(조세징수)가 필수적이다. 동시에 영토에는 근대적 의미에서 국경이 전제되어야 한다.

고대사회에는 법적인 국경선의 확립이 어려워 수도 주변의 핵심지(이른바 王畿)와 주변지(rim land)가 있기 마련이며, 전자는 행정구역(civil zone)으로, 후자는 군사지역(military zone)으로 구분된다. 그리고 유효한 점령지는 흔히 대외발전(정복)의 전초기지가 되지만, 무력시위로서 정벌 후 철수하게 된다.[23] 이때 양국 사이의 공간은 결국 문화권이 된다.되간다. 시라무렌강유역(내몽골)까지 정토한 광개토왕의 정복지가 이를 증명한다. 이 지역은 상대방 세력의 消長에 따라 영향력이 미치는 無主地일 뿐이다.[24] 무엇보다도 고구려가 중국을 위해 세금을 낸 일이 없었고, 외국정벌에 군대를 동원한 사실이 전혀 없었다.

그리고 수·당과의 전쟁은 '수양제친정고구려'나 '당태종정고구려'로 양

---

21) 경철화·倪軍民「편」,「高句麗歷史與文化」(길림성출판사, 2000)
馬大正·楊保隆·李大龍·權赫秀·華立,「古代中國高句麗史總論」(흑룡강 출판사, 2001)

22) 유병화,「국제법상 영토의 개념 및 그 권한」(「영토문제연구」 2, 1985), p.73

23) L.D.Kristof, The Nature of Frontiers and Boundaries, N.Y, 1975
H.J.Mackinder, Democratic Ideals and Reality, London, 1919

24) 方東仁,「한국 상고시대의 경영의식」(「한국의 국격획정연구」, 일조각, 1997), pp.2~10

국간의 전쟁이 아니라 '옛 영토를 회복하고 천하공주의 위엄을 되찾고 번속체제 유지의 최후수단인 응징으로서 征伐'인 중국의 내전이라는 것이다.[25] 고구려 토벌이 전쟁이 아니라면 자기의 지방 정권(번속)을 정벌하는데 100만 대군을 동원하였다면 그것은 국제전인 것이다. 당 태종의 비극적인 패전으로 철수한 사실은 무엇으로 설명할지 궁금할 뿐이다. 더구나 「신당서」(권 200, 동이전 145, 고려)에 당태종의 고구려 정벌 이유를 다음과 같이 기록하고 있다.

> 지금 천하가 모두 평정되었으나 요동만 복종하지 않고 있다. 그의 후사가 군사(士馬)의 강성함을 믿고 신하들과 모의하여 싸움을 유도함으로 전쟁이 바야흐로 시작되었다. 그러므로 짐이 친히 그를 쟁취하여 후세의 걱정을 없애려한다.

이 내용은 지금 천하가 다 평정되었으나, 오직 遼東(고구려)만 복종치 않고 있다. 그들이 군사적 강성함을 믿고 신하들과 모의하여 토벌(당의 침입)을 유도했음으로 힘든 난리(전쟁)가 바야흐로 시작되었다는 것이다. 이 말 속에는 중국 同進의 거점으로 鐵의 주산지인 요동은 끝까지 고구려가 장악했다는 뜻이 포함되어있다. 이미 당은 영류왕 5년(662)에 唐 高祖가 麗隨戰으로 격앙된 양국관계 정상화를 위한 조서에도

> ㉮ 고조는 무덕 5년에 건무(영류왕)에게 글을 내려 짐은 천자의 명(寶命)을 받

25) 張韜, 「수양제征고구려 · 당태종征고구려」(경철화 · 예군민 편, 「高句麗史與文化」, 길림성출판사, 2000), pp.159~163
馬大正 등, 앞의 책, pp.214~254

들어 온 세상에 군림하였다. (중략) 수나라 말년에 병란이 연달아 일어나 오랜 세월 원한이 깊어졌다. 이에 두 나라는 통화하여 잘 지냈으면 한다.

(「구당서」 권199, 상 〈고려〉)

㉯ 왕은 주변(요동)을 다스리며 사방을 정벌하였다. (중략) 그 후 수나라 말년에 전쟁이 계속되고 난이 일어나 어려움이 계속되었다. 지금 두 나라가 화통하여 의리에 막힘이 없어졌으므로 잘지내보자.

(「삼국사기」 권20, 영류왕 5년)

라 하여, 당과 고구려를 '二國'이라 하여 당으로부터 고구려와의 관계를 같은 국가와 국가 간이었음을 보여주면서 포로석방을 요구하고 있었다.

이와 같은 고구려의 국가적 존재와 특징을 보여준 것은 중국측 기록에도 나타나 있다. 중국의 역대 外夷列傳에 우리나라는 일본을 포함하여 東夷傳에 포함되어 있으며, 北狄·西城(고창, 토욕혼, 대식, 파사, 사자)·南蠻라면 일본·대식국(Arabia)·파사(Persia) 등도 속국이 되어야 한다.

특히, 東夷傳에는 중국의 눈에 자신들과 다른 모습을 기록하고 있는 바, 이것은 민족이 중국과 다르다는 뜻이 될 것이다.

㉮ 고구려: 결혼은 남녀가 서로 사랑하면 혼례를 치른다. 남자 집에서는 돼지고기와 술을 보낼 뿐 재물을 보내는 예는 없다. 만일 재물을 받는 자가 있으면 모두 수치로 여긴다. (「수서」 권81, 열전46, 고려)

㉯ 신라: 혼인의식에는 술과 음식뿐 빈부에 따라 다르다.

(「수서」 권81, 열전46, 신라)

이 두 기록에서 보면 고구려와 신라는 중국과 달리 婚納金制가 없다. 이러한 풍속은 고구려와 신라가 종족적으로 한 핏줄임을 보여주고 있는 것으로 장천1호분(集安)의 '기린상'과 天馬冢(慶州)의 '천마상'의 관련(공통성)에서와 같다고 하겠다.[26]

여기서 우리는 중국과 고구려가 민족적으로 전혀 연결될 수 없다는 것은 한민족과 훈족 간의 친연성을 지적한 근래의 연구성과와[27] 함께 다음 기록이 주목된다.

> 가화 2년(동천왕 7년: 233)에 손권(吳)이 사굉(謝宏)과 진순(陳恂)을 고구려에 파견하여 궁(동천왕)을 선우로 임명하고 의복과 진귀한 물건을 보냈다.
>
> (「삼국지」 권47, 吳主傳 2)

이 기록은 중국측의 손권(吳)이 東川王을 單于(흉노의 왕)로 임명했다는 것이다. 특히 중국이 고구려왕을 秦·漢代에 가장 고통을 받았던 북방민족으로서 匈奴의 왕으로 삼았으며, 도리어 중국이 고구려왕에게 공물을 바쳤다는 사실은 중국(오)이 고구려에게 조공하였다는 것을 의미한다.

이러한 내용은 중국이 스스로 고구려를 북방의 강자인 騎馬民族(흉노)으로 인정한 명백한 결과라 생각된다. 이것은 고구려가 신속관계에 있는 중국의 소수민족이 아님을 극명하게 보여준다. 당시 중국(삼국시대)의 정치적 대치 속에서 일어난 사건이지만 중국 황제(오)가 우리나라(고구려)왕에게 처음으로 貢物을 바친 기록이며, 그 3년 후에는 吳(孫權)의 사신인 胡衛를 참수하

26) 신형식, 「고구려사」(이대출판부, 2003), p.389

27) 이종호, 「게르만 민족대이동을 촉발시킨 훈족과 한민족의 親緣性에 관한 연구」(「백산학보」 66, 2003)

여 魏에 바친 사건까지 있었다.

끝으로 고구려 유민의 대부분이 중국에 유입되었거나, 漢化(同化)되었다는 사실은 15만戶에 70여 만명에 기초를 둔 것이다.[28] 이것이 사실이라면 한반도의 배가 되는 넓은 강역에 20만명만 거주하였다는 계산이 나온다. 그러나 실제로 고구려인들은 전사·이주·포로·귀화 등 인구 분산·감소된 것은 사실이지만,[29] 이는 인구 숫자 계산의 착오에서 문제가 시작되었다.

「舊唐書」(권199)의 69만 7천호라는 수치는 전성기의 모습으로 보이며, 실제로 7세기 이후 계속된 전란으로 약 12만, 당으로의 從民이 42만, 포로가 8만 5천, 신라에 8만 여 명 등이 감소되었으므로 실제로 멸망 당시의 인구(말갈·거란 포함)는 200만 전후가 되었을 것이다.[30] 그러나 고구려 멸망 후 고구려 통제 하에 있던 북방민족(말갈·숙신·거란)들이 이탈함으로써 고구려 고토에 남아있던 유민들은 130만 정도로 추정할 수 있다.[31] 그러므로 중국측에서 계산하는 수치는 설득력이 없다.[32] 실제로 고구려가 멸망 후에도 절반 이상은 고구려 고토에 흩어져 살고 있었다.

중국은 고구려와 고려와는 존속기간·활동지역·왕족의 성씨 그리고 백성들의 조직상 관련이 없다는 논리를 펴고 있다. 그러나 「南齊書」(권58)에는

---

28) 趙福香, 「高句麗滅國後民族流向」(「고구려 역사와 문화」), pp.164~166
馬大正 외, 「高句麗滅亡和高句麗人的去向」(고대중국고구려역사총론), pp.46~54

29) 노태돈, 「고구려유민사연구」(「한우근박사 정년총논」, 1981)
김현숙, 「중국 소재 고구려 유민의 동향」(「한국고대사연구」 23, 2001)

30) 신형식, 「통일신라시대 고구려 유민의 동향」(「통일신라사연구」 1990), p.99

31) 이옥, 「고구려의 인구」(「경기사론」 1, 1997), p.7
신형식, 「고구려사」, p.165

32) 고구려 멸망 당시의 인구를 70만(15만호)으로 계산한 후, 중국으로의 從遷 30만, 발해로 귀속 10만, 신라귀순 10만, 돌궐로 분산 1만 등 50여 만이 없어졌다는 것이다(마대정 편, 앞의 책, p.64 alc 조복향, 앞의 글, p.165).

고구려를 고려로, 그리고 「隋書」(권81)에도 고려라고 하였다. 더구나 삼국 사회상을 자세히 기술한 「구당서」(권199, 上)와 「신당서」(권220)에도 '고구려는 고려'로 되어있다. 왕건이 西京을 제2의 수도로 하고, 그토록 심혈을 기울임 북방경영이 무엇을 위한 시책이었을까 하는 반문이 생긴다. 더구나 고려 성종12년(993)에 서희가 소손녕과의 '我國卽高句麗之舊也故號高慮(「고려사」 권94, 열전7 서희)'라고 담판하여 고려가 고구려의 계승자임을 분명히 밝히고 있다.

이러한 중국측의 치밀한 계획 속에서 중국은 이미 1993년에 「高句麗硏究文集」(경철화·손인걸 편, 연변대 출판부)에서 경철화의 「中國高句麗文化硏究十年與古墳壁畵」 등 20편의 논문이 실려 있다. 그리고 중국학자의 고구려사 연구 논문목록을 수록하여 여기서도 '중국=고구려'라는 표현을 쓰고 있다. 고구려는 한국사의 일부가 아니라 '중국사의 일부'라는 것이다. 그러므로 그들의 역사부도에는 당나라의 고구려가 보이지 않는다.

역사학계에서는 처음에서 설명한 바와 같이 1994년 이미 「고구려국제학술회의논문집」을 통해 고구려 문제를 국제적으로 개최한 바 있으며[33] 그 후 한국사연구회, 한국고대사학회, 고구려연구회, 백산학회 등에서 비슷한 내용의 학술회의를 개최하였기 때문에 중국은 정부(사회과학원) 차원의 획일적인 추진과는 그 효과 면에서 차이가 크다. 다만 한국측은 제한된 연구자들이 여러 학술단체에서 똑같은 내용을 반복적으로 발표하고 있다. 아무리 개방국가라 해도 이러한 중대한 문제를 '학회·연구소별로' 경쟁적으로 시도하고 있는 현실은 함께 생각할 문제이다.

---

33) 이 논문집은 해외한민족연구소와 중국조선사연구회가 조선일보사의 협찬으로 1993년 8월 集安에서 개최된 학술대회를 정리한 것이다. 이 회의에서 고구려사 성격을 둘러싸고 박시형(북한)과 손진기(중국)사이에 격렬한 논쟁이 있었다. 본서는 제1부 고구려의 건국과 형성과정

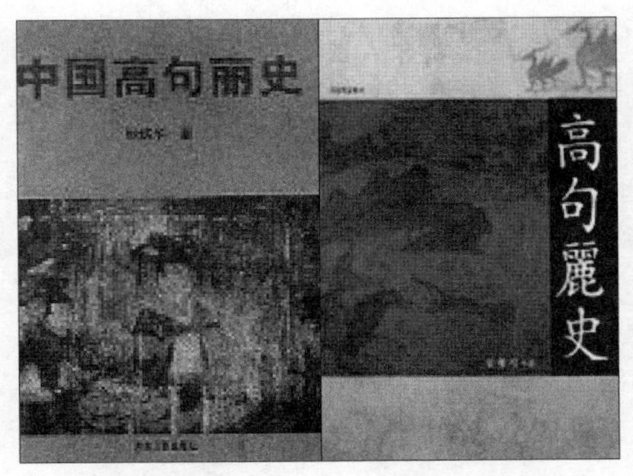

中國高句丽史(耿鐵華 저)　　고구려사(신형식 저)

중국학계를 대표하는 경철화를 비롯한 유자민·손진기 등의 고구려사에는 고구려를 중국사의 일부라는 왜곡된 사실을 강조하고 있다. 이에 대해 저자는 「수서」의 내용에서 나타난 고구려가 만주의 주인공이라는 사실을 바탕으로 고구려가 만주를 지배한 자주성을 지닌 독립국가로 설명하고 있다.

필자는 「고구려사」(426면)에서 중국·북한·국내에서의 연구 내용을 비교한 후, 고구려사의 성격으로 당당한 천하대국·돌의 마술사를 바탕으로 고구려인의 현세와 내세를 비교하였다. 이어 고구려의 성장과정, 고구려인의 대외 항쟁(수·당 침입저지), 고구려인의 석조 문화(고분·성곽)를 정리한 후 고구려 고분 벽화의 예술적 가치를 부각시켰다. 특히 고구려가 북으로 만주를 지배한 강력한 군주국가임을 부각시키고 있다.

즉흥적으로 중국이 제기한 문제만 골라서 반박할 것이 아니라, 근본적으로 체계적인 장기연구가 절실하다. 좀 더 신중하게 보다 학회간의 협조와 연합으로 대응할 필요가 절실하다. 이러한 고구려사 문제는 특정 학회나 특정 연구회의 독점물이 아니다. 정부 당국과의 협조와 모든 학회의 참여에 의한 일치된 목소리를 통해 임기응변이 아닌 장기적인 계획으로 중국의 歷史侵略에 대한 대책이 요구된다.

이미 중국은 동북공정을 끝내고 그 진행과정에서 또 다른 工程을 추진하고 있기 때문에[34] 우리도 이러한 중국의 움직임에 효과적인 대응책을 세워

문제에는 姜仁淑(북한)·손진기(중국)·정조묘(일본)·신형식(남한) 등의 논문이 실렸고, 제2부 고구려사회의 제 문제에는 방기동(중국)·박영식(북한)·황약슬(홍콩)·박시형(북한)의 글이 실렸다. 제 3부의 광개토왕릉비 해석의 여러문제에 대하여는 경철화(중국)·서국원(중국)·박진석(중국-동포)·이형구(남한)·현명호(북한)가 참여하였다.

34) 조법종, 「중국의 長白山文化論과 고구려」(「백산학보」 76, 2006)

야한다.[35] 이러한 시각에서 필자는 「高句麗史」(이화여대출판부, 2003)를 저술하여 중국측의 주장을 비판하고 역사적 위상을 정리한 바 있다.[36]

———, 「장백산문화론의 비판적 검토」(「백산학보」 79, 2007)
윤희탁, 「중국의 동북문화 강역고찰-장백산문화론을 중심으로」(「중국학보」 56, 2007)

35) 김우준, 「중국의 동북공정과 우리의 대응」(「백산학보」 80, 2008)

36) 공석구, 「고구려사(신형식 저」에 대한 서평」(「백산학보」 80, 2008)
이민철, 중국의 고구려연구 동향(동북공정과 고구려사)

본인저술에 대한 국내외의 평가

7

1992년 9월 저자는 이윤기소장(해외한민족연구소)과 함께 각저총에 들어갔다. 각저총은 무용총 옆에 있는 무덤으로 고구려인의 씨름하는 그림인 각저도가 그려져 있어 고구려인의 삶의 모습을 보여주고 있다.

1.「高句麗史」에 대한 權赫秀교수(동북대)의 평가

가는 길이 달라서 꼭 같은 곳에 이르는 것은 아니지만

각기 다른 생각 속에서도 진리를 찾는 길은 같다

- 고구려사 연구에 관한 최신대표작 두 편을 읽고서

權 赫 秀

이글은 『東北史地』(2004.1. 吉林省 社會科學院)에 '殊述未必同歸存異或可求眞' 이란 제목으로 權赫秀교수(東北大)가 중국의 『中國高句麗史』(耿鐵華, 吉林人民出版社, 2002)와 한국의 『高句麗史』(申瀅植, 이화여대출판부, 2003)를 비교한 것이다.

비교적 두 책의 특징을 객관적으로 비교 정리한 이글은 朴貞愛교수(수원대학교)가 번역하였다.

[내용요점]

耿鐵華(경태화)선생의 《중국고구려사》와 한국학자 신형식의 《고구려사》는 고대 고구려에 관란 최신 통사적 논술이며, 두 저작은 중한학계에서 고구려 연구영역과 통사방면의 최고 수준을 대표하였다. 필자는 이 두 부의 저작을 읽은 후 상당히 느낀 바가 많았다. 그리하여 옅은 학식에도 불구하고 두 저작에 대해 대비적 평술을 하였다.

근년래 우리나라 학술계 "東北工程" 연구사업의 전면 가동, 나아가서 국내외 국제정세의 변화에 따라서 고대 고구려사 연구는 북한, 한국, 일본 등을 포함한 관련 국가들의 학계 및 전 사회의 지대한 주목을 받기 시작하면서 21세기 초 동북아지역의 역사와 학술의 쟁점이 되었다. 1930년에 동서 학문을 관통한 천인거(陳寅恪) 선생은 이미 전에 "고금학술사의 통의(通義)"를 바탕으로 "새 자료를 이용"하여 "새 문제를 연구"하여야만 "현시대 학술의 붐"을 이룰 수 있다고 지적하였으며, 또 국내 학술계는 "현재 세계 학술의 붐" 즉 "敦惶學의 조류"가 되도록 노력하여야 한다고 역설하였다.

고대 고구려 역사 문제는 "새 자료" 방면에서는 당년의 돈황학에 못 미치거나 "새 문제"의 출현 즉 새로운 관점에 대한 연구 방면에서는 돈황학과 아주 흡사함을 보이고 있다. 구체적으로 말하면 두 개의 공통점을 지적할 수 있다. 먼저 위에서 상술한 두 가지 학문의 연구대상과 유물, 유적 등 관련 자료들은 모두가 혹은 대부분이 우리나라 경내에 위치하고 있으며 긴 시간 이래 우리나라 학술계의 주목을 받지 못하였으며 심지어는 오랜 역사 시기 속에 매몰되어 잊혀져왔던 것은 사실이다. 모두가 알다시피 우매하고 탐욕스러운 왕도사(王道士)가 우연히 장경동(藏經洞)을 발견하기 전까지는 돈황학은 전혀 존재하지 않았으며 모래바람이 휘몰아치는 서북 사막 깊은 곳에 20세기 인류 문화사상 제일 큰 발견 중의 하나인 대량의 顕文이 존재하리라고는 누구도 생각하지 못하였다.

高句麗史의 상황도 이와 몹시 흡사하다. 고구려의 가장 대표적인 비석유적인 好太王碑는 천여 년 동안 냉대를 받으며 잊혀져왔고 심지어 고구려와 직접적인 역사 계승 관계를 지니고 있다고 주장하는 조선반도도 역시 이 비석을 소위의 "大金國皇帝碑"로 잘못 알고 지냈을 정도였다.

다음으로 상술한 두 가지 학문 연구에 관하여 상당히 긴 시간동안 陳寅恪 선생의 소위 국내학술계 연구가 "다른 나라에 비교할 때 너무 적다"라는 기의한 현상이 존재하였다. 돈황학 연구영역에서 소위 "돈황은 중국에 있으나 돈황학은 중국에 없다(일본 혹은 다른 나라에 있다)"는 것이 상당히 긴 시간 동안 우리나라 학술계의 가슴 아프지만 어찌할 수 없는 현실이었다. 해방 전에 고대 고구려사 연구에 관하여 "고구려 역사 전문 논작"이 거의 없는 쓸쓸한 상황이었으며 1949년 건국 이래 20세기 70년 대까지도 여전히 "연구의 냉각기"였다. 국내 학술계의 이러한 "쓸쓸한 상황"과 "냉각기"는 조선반도 남북 학술계와 일본 학술계의 풍부한 연구성과와 현명한 대비를 이루고 있다.

따라서 필자는 한 시기 동안 "냉대"받던 고대 고구려 및 이와 연관된 고대 중국, 동북아 역사연구는 설사 陳寅恪선생이 제출한 돈황학처럼 "당대 세계 학술의 새조류"로 될 수는 없을 지라도 완전히 21세기 초 우리나라 학술계의 새로운 학술적 주안점으로 될 수 있다고 생각한다. 이 방면에서 우리나라 학술계 여러 세대 학술인들의 간고한 노력을 거쳐 "돈황은 중국에 있지만 돈황학은 중국에 있지 않다"라는 국면을 성공적인 경험으로서 중요한 참고적 의의와 격려를 갖게할 수 있었다.

여기서 우리는 돈황학과 고대 고구려 역사 사이에는 공통점이 있다고 충분히 말할 수 있다. 물론 사실 이 〈세번째 공통점〉을 실현하려면 관련 학술계의 장기적이고 심오한 연구와 노력이 필요함과 동시에, 국외 학술계 연구성과에 대한 충분한 참고와 세밀한 분석도 필요하다. 필자가 중한 양국 학술계에서 최신 출판한 2부의 대표적인 고려 역사 연구전문저작에 대해 비교한 것도 바로 상술한 원인으로부터 출발한 것이다.

이 2부의 최신 연구전문저작은 출판 시간의 선후에 따라서 중국 통화 사범학원 역사학과 교수, 고려 역사연구수부소장인 耿鐵華 저《중국고구려사》와 한국 이화여자대학 사학과 교수, 한국백산회 회장 申瀅植 저《고구려사》

이다. 필자가 이 두 부 저작에 대한 대략적인 비교에 근거하면 아래와 같은 세 개의 공통점을 찾을 수 있다.

첫째, 두 부의 저서는 중한 양국 학술계에서 고구려 역사연구에 관한 최신작이자 최초의 通史的인 논저라고 말할 수 있다. 필자의 이해에 근거하면 국내 학술계에서 고구려 역사에 대한 종합성 연구저서는 지금까지 주요하게 李殿福(리땐프), 孫玉良(쑨위량) 저 《고구려간사》, 劉子敏(류즈민) 저《고구려역사연구》 및 孫進己(쑨진지), 張春霞(장춘) 저《고구려국사》 세 책이다. 하지만 《고구려간사》는 두 명의 중국학자 논술의 미간행판에 대한 韓譯本일 따름이다. 물론 《국내 학자가 지은 최고의 고구려 역사 연구에 관한 전문 저서》라고 말할 수 있지만 필경 중국어판으로 출판된 것이 아니며 지금까지도 중국어판이 정식 출판되지 않았다. 때문에 형식상에서나 내용상에서 국내 학술계 고구려 역사연구에서는 공식적으로 인정될 수가 없다. 국내 학술계 고구려 역사에 관한 연구 논저 중에서 이미 출판한 지 십여 년이 되는 이 책의 내용을 직접 인용하는 경우가 극히 드물다. 두 번째 류즈민의 저작은 기본상에서 고구려 역사연구에 관한 논문집이다. 세 번째 저작은 지금까지도 정식 출판물이 아니다.

따라서 형식상에서나 내용상에서 耿鐵華의 저작은 국내학계 최신이자 최초의 "전면적인 고구려통사"라고 말할 수 있다. 만약 2001년에 출판한 《고대중국고구려역사총논》은 중국학계에서 처음 공적으로 "고대중국고구려"라는 논점을 제출한 연구저작이라고 한다면 2년 후 출판한 耿선생의 저작은 완전히 국내학계에서 처음 전면적이고 계통적으로 《고대중국고구려》를 논술한 통사적인 저작이다.

한국학계에서 고대 고구려 역사에 대한 연구를 놓고 볼 때, 선후로 《고구려제국사》《고구려의 발견: 다시 고쳐진 고구려 문명사》《고구려사연구》 등 전문저서들이 있다. 하지만 앞의 두 저작은 연구사 정리 혹은 주석 등 기본적인 학술저작형식이 없음으로 하여 한국학술계에서 '극히 쉽게 주관의식의 영향을 받을 수 있다'라는 비평을 받았다. 세 번째 저작은 기본상에서 고구려 역사 일부분 내용에 관한 논문집이다. 그러므로 申瀅植 저작은 한국, 북한, 중국, 일본 등 학계 관련 연구 성과를 충분히 정리하였을 뿐만 아니라, 또 8장 326페이지의 거폭을 이용하여 차례로 고구려 역사의 성질, 상관 문헌자료, 각 시기 발전 역사, 사회상황 및 대외관계 더 나아가서 역사유적 등을 논술하였는바, 완전히 지금까지 한국학계에서 최초의 제일 전면적이고 상세한 고구려통사(논저)라고 말할 수 있다.

둘째, 두 부의 저서는 모두 저자가 장기적인 연구를 거친 대작이다. 耿선생이 고구려 역사와 고고학에 종사한 지 20여 년이 된다. 그 사이 잇따라서 《호태왕비신고》(1994년) 《고구려사적회요》(합편, 1998년) 《호태왕비천오백팔십년제》(2003년) 등 관련 저서를 출판하였으며, 따라서 고구려 고고학 및 역사의 여러 문제에 대해 탁월하고 풍부한 연구 성과를 누적하였으며, 이번 신작이 "20년 고구려 역사 연구에 관한 심혈의 종합체"로 되게 하였다.

申瀅植은 1981년에 이미 박사논문을 기초로 한 《삼국사기연구》를 출판하였는데, 책에서는 통계사학 방법을 운용하여 《삼국사기》 상관내용을 상세하게 분석하였는바, 한국학계에서 《삼국사기》 종합연구의 시작을 의미하는 대표작으로 되었다. 그 후 신형식은 《집안 고구려유적의 조사연구》와 《고구려산성과 해양방어체제연구》(공저) 등을 저술한 한국역사학계 고구려 역사 연구의 주요한 대표인물로 되었다. 여기서 특별히 제출하고 싶은 것은 1985년에 《신라사》, 1990년에 《통일신라사연구》, 그리고 1992년에 《백제사》를 출판한 후, 《고구려사》를 정식 출판함으로써 한국학계에서 유일하게 고대 조선반도 "삼국"역사에 대해 계통적 연구를 한 역사학가로 되었다.

셋째, 두 부의 저서는 다 자체의 특유한 체계가 있는바, 내용이 전면적이고 세밀하여 중한 양국학계에서 고대 고구려 역사에 대한 기본 관점과 연구 수준을 대표하였다고 말할 수 있다. 경철화의 저서는 국내학계에서 처음으로 중국 고대역사의 시대구분(分期)에 따라 고구려 역사를 구분하는 방법을 창조함으로써, 고대 고구려 왕국의 단계적 발전과정을 완전히 중화민족역사 발전의 궤도 속에 올려놓았다. 동시에 저자는 고구려 민족의 기원, 고구려의 사회성격, 사회개혁 및 경제 유형 나아가서 고고 등 각 방면의 중요한 문제에 관해 독특하고 계통적인 관점을 제출하였으며 논거가 충분하고 논술이 명확함으로 하여, "중국학술계 고구려학의 종합"이라고 불리고 있다. 심지어 우리나라 학계의 "동북공정"을 "고구려 역사를 왜곡한다."라고 비평하는 국외학계도, 본서는 중국학계에서 "제일 대표성을 가진 논저이다"라고 승인한다.

신형식의 저서는 서언에서 이 책은 "고구려는 절대 중국소수민족이 건립한 지방정권이거나 割據政權이 아니라는 것을 천명하며, 동시에 초점을 고구려사의 성격을 설명하는데 집중하였다"라고 요지를 명시하였다. 이 책의 내용에서부터 볼 때, 고구려 역사 발전 각 시기 및 각 방면에 대한 철저하고 세밀한 분석도 포함되었는바, 저자의 "북한의 고구려사 연구에 비교될 뿐만 아니라 한국 고대사에서 고구려사의 지위를 새롭게 인식하는 계기로 될 것이다"(제18페이지)라는 목적에 도달하였다. 필자가 한국학계 연구 성과에 대한 인식에 근거하면 신형식의 저작은 완전히 한국주류역사학계에서 고구려 연구에 관한 최신 대표작이라고 말할 수 있다.

아마도 바로 두 부의 저작이 각각 중한양국학계 관련 연구영역의 대표작이기 때문에 나름대로 각기 차이도 뚜렷하게 나타나고 있다. 대체로 아래와 같은 세 가지로 정리할 수 있다.

우선, 비록 두 부의 연구전문저작이 완전히 같은 내용 즉 같은 고대 고구려 역사이지만 연구의 결론은 상반된다. 이 점이 양자 최대의 차이점이라 할 수 있겠다. 앞에서도 말한 바와 같은 경철화의 저작은 직접 고구려 역사를 전체 중화민족역사발전의 궤도 안에 놓았으며 나아가서 "역사기록, 문화근원, 생활지역, 설치관리, 封國地位 등 여러 방면으로부터 볼 때 고구려는 중국 동북지구의 고대민족이고, 고구려 국가는 현토군 내의 민족정권이다"라고 논술했다. 또 명확히 "고구려는 兩漢郡國幷行制度下의 地方政權일뿐더러 또 동북 각 민족융합, 세력성쇠의 홀시할 수 없는 한 갈래 민족이라는 사실을 나타냈다. 따라서 고구려 민족과 정권의 발전 및 그 변화는 종래로 중화 大一統의 관리와 협조의 영향을 떠난 적이 없다(제587페이지)"라고 설명하였다.

반대로 신형식의 저작은 중점을 "고구려는 절대로 중국 소수민족이 전립한 지방정권 나아가서 할거정권이 아니라는 것을 천명"하는데 두었다. 그중 제2장 "고구려의 성격" 제1절 "당당한 天下大帝國"은 바로 전문적으로 "고구려는 중국이 주장하는 '할거북방정권'이 아니라 중국과 세계질서를 대항하는 당당한 독립 국가였다"고 논술하였다. 이 사실은 비록 같은 역사사실이고 같은 노력과 세심한 연구를 거친다 하더라도 연구의 경향과 관점의 차이로 인해 심지어 대립되며, 서로 다른 나라에 있어서 부동한 민족학자의 연구결론은 근본적으로 다를 뿐 아니라, 심지어 첨예하게 대립된다는 것을 말해준다. 필자는 이 사실이 우리나라 학술계에서 고구려 역사 등 문제의 국제적 학술논쟁에 대해 정확히 인식하고 대응하는 방면에서 중요한 참고적 가치를 가진다고 느낀다.

다음. 두 부의 연구전문저작은 고대 고구려 역사문제를 연구하는 방식에서도 각자의 선명한 특색을 지니고 있다. 두 연구자의 개인 風格을 표현할 뿐더러 상당한 정도에서 두 국가와 민족학계의 부동한 연구풍토와 경향을 반영한다. 연구체계의 강령이자 구성에 나타난 두 부가 지난 전문저작의 부동한 章과 節의 체계는 위에서 말한 연구풍격과 경향의 분명한 차이를 반영한다. 상세한 것은 아래 〈표 1〉을 보라.

〈표 1〉 耿 · 申 양서의 장·절 비교

중국고구려사(耿)	고구려사(申)
제1장 서론	제1장 고구려사 연구의 현황과 과제
① 고구려사 연구의 대상과 분기	① 중국과 북한의 고구려사 연구
② 고구려사 연구현황	② 국내의 고구려사 연구 성과
③ 고구려사 연구자료	
제2장 고구려 초기 역사	제2장 고구려의 성격
① 고구려 민족기원	① 당당한 천하대국
② 고구려 민족형성과 발전	② 돌의 마법사
③ 고구려 초기 문화	③ 현세와 내세를 함께 살았던 고구려인
제3장 고구려 건국	제3장 문헌에 나타난 고구려
① 고구려 건국 전설	① 삼국사기에 나타난 고구려상
② 고구려 정권	② 중국문헌에 나타난 고구려상
③ 고구려 왕계	③ 북한의 본 고구려사
제4장 양한시기의 고구려	제4장 고구려의 성립과 발전

① 서한시기의 고구려	① 고구려의 기원과 성립
② 동한시기의 고구려	② 국내성 시대의 전개와 만주 지배
③ 고구려 초기 통치와 강역	③ 평양성 시대의 변형과 대제국의 완성
	④ 고구려의 멸망과 유민의 동향
제5장 위진 시기의 고구려	제5장 고구려의 대외항쟁과 수·당과의 항쟁
① 삼국시기의 고구려	① 고구려 대중국정책의 방향
② 서진시대 고구려의 개혁	② 고구려의 대외관계
③ 모용씨와의 용동쟁탈	③ 고구려의 수·당과의 전쟁
④ 호태왕의 공업	
제6장 남북조시기의 고구려	제6장 고구려 사회의 제문제
① 장수왕의 평양천도	① 고구려의 성장과정과 그 영역
② 남방으로의 발전	② 도성각유제의 활용과 극복
③ 남북조와의 평화공존	③ 부경의 사회적 인식
	④ 고구려인의 삶과 의식세계
제7장 수·당시기의 고구려	제7장 고구려의 석조문화
① 수조 시기의 고구려	① 고구려의 고분
② 당조 초기의 고구려	② 고구려 성곽의 분포와 특징
③ 고구려 국가 멸망	③ 천리장성의 구조와 주요 거점
④ 당의 고구려 유민의 관리	
제8장 고구려 정권 건설	제8장 고분문화
① 통치기구	① 고구려 고분의 예술적 가치
② 사회 성격과 계급 구조	② 집안 일대의 고구려 고분벽화
③ 군대와 법률	③ 북한에 남아있는 고구려 고분벽화
제9-12장 생략	

耿의 저작은 제8장 이후, 순서대로 제9장 고구려 경제, 제10장 고구려 도성과 산성, 제11장 고구려와 신라, 백제, 倭와의 관계 제12장 고구려 문화 등 195페이지의 내용이 있는데 약 전 책의 3분의 1을 차지한다. 때문에 비록 〈표 1〉의 대조는 불완전한 것이 분명하지만, 두 책의 완전히 다른 연구 풍격과 경향을 보아낼 수도 있다. 간단히 耿의 저작은 내용이 전면적이고 상세한 바, 592페이지에 달하는 거폭의 "외형"에서 체현될 뿐만 아니라, 내용상에서도 각 역사시기의 종적 발전과정, 횡적으로 정치·경제, 문화, 고고 등 여러 방면에 대해 취급하였다. 하지만 고구려 역사 및 상관 문제의 성격 규정 방면에서는 적어도 장절명칭 방면에서 신형식의 저작보다 직접적이고 명확하지 못하다. 반대로 신형식의 저작은 비록 고구려 역사의 성격 규정 나아가서 都城體制, 桴京, 석조문화 등 구체 문제에서 간단 명쾌하게 자신의 관점을 표명하였지만 내용의 전문성으로 볼 때 耿의 저작에 뒤진다고 할 것이다. 그 원인은 단지 간단히 두 저작의 편폭의 차이에 있다고 말할 수 없다(경의 저작은 592페이지, 신의 저작은 326페이지).

필자는 두 부의 저작 간의 상술한 풍격 차이는 양국, 나아가서 두 민족학계가 고구려 역사연구 방면에서의 부동한 성격과 경향에 관계된다고 본다. 간단히 말해서 국내학계는 비록 풍부한 사례연구 기초를 쌓았지만 유관 문제의 성격 규정 방면에서 한계가 있음으로 해서 명확하고 충분하지 못하다. 하지만 조선반도에서는 고구려는 그들의 고대 역사이고, 《삼국사기》로부터 계산한다해도 지금까지 천여 년의 유구한 전수와 계승이 있다고 주장한다. 따라서 조선반도 남북학계는 이 관점을 논술할 때 더욱 더 자연스럽고 확고하게 표현된다. 응당 지적해야 할 것은, 고대 고구려 역사문제에 관한 국제적인 학술논쟁이 한창인 지금에 있어서 이런 연구 풍격과 경향의 차이는 기필코 중국 및 유관 국가 학계에 지속적으로 직접 혹은 간접적인 영향이 미칠 것이다.

마지막으로, 두 부의 연구 전문 저작은 학술 규범 및 형식 등 방면의 기술성 차이가 존재한다. 연구시야 방면에서, 경의 저작은 비록 연구 성과 부분에서 국내외 일본, 조선 및 한국학계의 주요한 연구 성과를 소개하였지만, 내용의 전면성과 상세한 면에서는 신형식의 저작에 미치지 못한다. 신형식의 저작은 제1장에서 각각 중국, 조선, 한국 및 일본학계의 연구 성과를 빠짐없이 소개하였으며, 그 중에서 열거한 관련 저작, 자료 및 중요한 논문은 상술한 국가의 2003년 이래 절대적으로 대부분의 연구 성과를 망라하였으며, 진일보로 앞으로의 연구가 필요한 과제를 제시하였다. 이외 신형식의 저작은 각 관련 장절에서 선후로 미국학자 John K.Fairbank 등 국제학계의 관련 연구문헌을 인용하였다. 어떤 원인인지 모르지만 2003년 9월에 출판한 신형식의 저작은 2002년 12월에 출판한 경의 저작에 대해 소개하지 못했다. 하지만 역시 연구시야의 광범성과 전면성은 부인할 수 없다.

연구의 이론 방법면에서 신형식의 저작은 소위 신문화사(New Cultural History)의 서술 방식을 응용한 외, Wittfogel, Weber, Freud, Wright 등 학자들의 관련 연구이론과 방법을 위주로 적용하였다. 예를 들면 고구려 거대석묘와 궁전 등을 논술할 때(제64페이지) Wittfogel의 東方專制政에 관한 이론 및 Hawkins의 古代石文化에 관한 연구를 적용하였다. 두 저술을 비교할 때 耿의 저작은 연구방법의 다양성 방면에서 분명히 뒤떨어진다. 그 원인을 따진다면 간단히 국제학계 연구 문헌에 대해 참고하고 인용하는 조건 등 객관적인 원인뿐이 아니다.

이외 신형식의 저작은 시작에 근 30폭의 채색그림이 있는데, 그 중 집안

角抵塚·舞踊塚 등의 그림은 1930년대와 최근에 찍은 사진을 대조하였는데, 책의 내용에 있어 아주 생동하고 형상적인 보충이 된다. 뿐만 아니라 이 책의 앞부분에서도 선후로 83폭의 사진, 44폭의 지도와 36폭의 도표를 삽입함으로써 내용의 설득력을 대대로 증강하였다. 비교하에 耿의 저작은 책 처음의 13폭의 사진자료뿐이다. 물론 이렇게 큰 차이가 존재하는 것은 누구나 다 알다시피 출판경비, 기술 등 방면의 객관원인도 있다. 하지만 학술연구 전문 저작의 출판방면에서 적어도 국제관례의 기본규범에 부합시키는 것이 적어도 우리나라 학계가 부단히 호소하고 계속 노력하는 방향으로 되어야 한다.

고구려 역사 연구의 降外漢으로써 필자의 상술한 대비와 분석은 표면적인 분석과 의논에 지나지 않는다. 그렇더라도 이 전형적 의의를 가지고 있는 사례는 충분히 우리에게 이런 사실을 말해주고 있다. 동일한 연구대상 나아가서 연구문제에 대함에 있어서 다른 국가와 부동한 민족의 학계와 연구자 사이에는 각자의 입장, 관점과 경향의 차이로 인해 완전히 대립되는 연구결론을 내릴 수 있다. 이 의의를 놓고 볼 때, 필자는 여러 국가 여러 민족에 관련되는 역사 문제 상에서 "殊途而不同歸"의 국면이 오히려 현재 국제학술계의 "보편적인 현상(常態)"이라고 생각한다. 이 관점에 대해 객관적이며, 이성적인 인식과 이해가 있어야 한다.

다른 방면, 상술한 두 연구전문 저작은 고구려 역사의 귀속 등 성격규정 문제 외에 고대 고구려역사 및 고고 유물과 유적 나아가서 관련 자료에 대한 구체적 이해와 분석 면에서 역시 많은 공통점과 일치를 가지고 있다. 예를 들면 고구려의 건국 연대 문제 상에서, 耿의 저작(제106페이지)이나 申의 저작(제129페이지)은 모두 북한학계가 근 년래 강조하는 기원전 3세기 전이라는 논술에 찬동하지 않았으며 일치하게 기원전 1시기(기원전 37년) 건국설을 견지하는 것이 하나의 증명이다. 이 사실은 과학적인 학술연구 태도와 원칙을 견지한다면 설사 상이한 입장과 관점이 다른 국가의 부동한 민족의 연구자라 하더라도 역시 서로 상이한 방법과 과정을 통해 역사의 진실에 대한 객관 인식과 과학적인 이해를 얻을 수 있다는 것을 증명한다. 바꾸어 말해 고구려 역사를 포함한 학술 논쟁문제에서 부동한 국가와 민족학계 연구자 사이에 잠시 "차이점을 보존"하는 것도 어쩌면 "진실을 추구(求眞)"하는 결과를 기대하기 위한 것이 아닌가 싶다. 필경 역사의 진실은 유일 불가변한 것이다.

朴貞愛: 수원대교수 번역

2. 「韓國古代史敍述에의 定着過程研究」에 대한 김희만 교수의 평가

한국 고대사의 사학사 이해를 위한 길잡이

- 신형식 지음, 『한국고대사 서술의 정착과정 연구』, 경인문화사, 2006

김 희 만

1. 시작하면서

한 권의 저서를 출간한다는 것은 저자의 각고의 노력에 의한 산물임에 틀림없다. 『한국고대사 서술의 정착과정 연구』의 저자 신형식 이화여대 명예교수는 이미 15권에 달하는 저서를 출간한 한국고대사 분야의 대표적인 역사학자다. 이번에 다시 새로운 저서를 추가함으로써 이 분야의 기록을 경신하고도 남음이 있다. 이 책들은 대개 『삼국사기』의 기초 연구를 토대로 하여 삼국 및 통일신라시대 전반을 다루고 있다.

저자는 한국고대사 연구의 소위 제3세대에 해당하는 학자이다. 책의 앞뒤에 그러한 사실을 언뜻 내보이고 있듯이, 그는 해방 이후 고대사 연구에 한 획을 그었다고 평가할 수 있을 정도의 지대한 업적을 남겼다. 그가 남긴 연구 성과는 이미 일별(이영호, 「삼국·통일신라시대의 주요 논점들에 대한 입문서」 『백산학보』 88, 2010)된 바 있듯이 다양한 분야에서 그 성과를 엿볼 수 있다. 특히, 『삼국사기연구』는 한국고대사 연구의 방향 설정과 아울러 후학들이 사료를 활용하는 방안에 대한 길잡이 역할을 하였다고 해도 과언이 아닐 것이다.

이번에 선보이는 이 책은 최근 출간된 『한국의 고대사』에 이어 『한국고대사의 새로운 이해』 그리고 『다시 찾은 한국고대사의 해외유적』 등을 잇는 '한국고대사'연구의 연작물이라고 할 수 있다. 특히, 이번 저서에서는 전통사학의 기반이 된 한국고대사가 정착되는 과정을 대표 문헌과 역사가에 대한 분석을 통해 전반적으로 서술하였다. 이로써 한국고대사에 대한 이해와 인식의 폭을 넓히는데 도움을 주고 있다. 간단히 책의 구성과 내용을 살펴보고, 몇 가지 제언을 함으로써 결론을 대신하고자 한다.

2. 책의 구성과 내용

이 책은 크게 4부로 구성되어 있다. 책 제목 『한국고대사 서술의 정착 과정 연구』에 따라 1부는 한국고대사 서술의 정착과정을 개괄적으로 다루었으며, 2부와 3부는 분서의 내용에서 가장 큰 비중을 갖고 있는 대표 문헌의 세부적인 해설과 대표 역사가의 역사인식을 체계적으로 분석하고 있으며, 4부는 대표 문헌과 대표 역사가 정착의 성과와 한계를 지적하고 있다.

제1부는 『삼국사기』 이후 한국고대사의 계보와 그 성격 파악을 위해서 기존의 선학들이 연구한 성과를 바탕으로 『동국통감』과 『동사강목』 등의 내용을 구체적으로 분석하여 전통사학의 기반이 된 한국고대사가 정착되는 과정을 정리하고 있다. 이를 위해 고대사 인식의 서장, 조선전기의 체계화 시도, 조선후기의 체계 변화, 일제하 연구의 진척, 그리고 이후 체계화의 정착 및 서술의 새로운 변화 등을 담고 있다.

제2부는 한국고대사 정착을 위한 대표 문헌을 다루는 바, 크게 4가지를 들고 있다. 우리가 익히 아는 『삼국사기』·『삼국유사』·『동국통감』·『동사강

목』(부: 『해동역사』) 등이 그것이다. 이들 대표 문헌을 체계적으로 설명하기 위해서 책의 성격과 내용을 분석하고 있다.

먼저 『삼국사기』에서는 이 책의 성격에서 김부식의 역사인식을 다루고 있으며, 이어서 상세히 도표를 제시하여 내용을 분석하고 있다. 이러한 내용은 이미 저자의 다양한 연구 성과를 반영한 것으로서 이를 집약하여 반영하고 있는 것이다.

『삼국유사』에서도 이 책의 성격에서 일연의 역사인식을 중심으로 그 역사적 성격을 부각시키고 있으며, 내용의 분석은 전체를 5권으로 나누어 왕력과 기이(무열왕), 기이(문무왕 이후), 불교전파와 불교예술, 불교이론, 불교의 역할과 효도 및 선행 등으로 소개하고 있다.

『동국통감』에서도 이 책의 성격에서 서거정 등의 역사인식을 '왕에게 올리는 글'과 '서문' 그리고 史論을 통해 이해하고 있으며, 내용의 분석은 序頭에 관계된 내용, 고대사 서술의 내용을 1~2, 3~8, 9~12권 등으로 나누어 구획하고 있으나, 각 권의 구획에 대한 근거가 없이, 특히 정치적 의미가 있는 것을 골라 기록하고 있다고 한다.

『동사강목』에서도 이 책의 성격에서 한국사의 정통론 정립, 민족사관 성장에 기여한 안정복의 역사인식을 다루고 있으며, 내용의 분석은 우선 머리말에 해당되는 序·自錄凡例의 의미를 언급하고, 이어서 本卷에 해당하는 17권(기자 원년~공양왕 4년)을 1권, 2~3권, 4~5권 등으로 나누어 서술하고 있다. 그리고 보완으로 『해동역사』를 다루고 있는데, 이 책은 기전체 형식을 취한 사서(세기 · 지 · 인물)로 백과사전과 같은 모습을 취하고 있다고 한다.

제3부는 한국고대사의 정착에 기여한 대표 역사가를 다루는 바, 크게 4인을 들고 있다. 『조선상고사』의 신채호·『조선민족사개론』의 손진태·『조선

역사대전』의 장도빈·『한국사대관』의 이병도 등이 그것이다. 이들 대표 역사가들을 체계적으로 설명하기 위해 역사가의 역사인식과 주요 저서의 내용을 분석하고 있다.

먼저 '신채호의 역사인식'에서는 일제강점기의 어려움 속에서 수많은 저서를 통해 민족의 자강과 독립 그리고 국민계몽을 위한 역사의 의미를 강조한 대표적인 민족주의 역사가로 자리매김하였다는 점을 언급하였다. 그의 『조선상고사』의 내용 분석은 삼국시대 이전의 내용(1~3편), 열국쟁웅시대 이후 濟·麗 붕괴(4~11편) 등으로 나누어 이해하고 있다.

'손진태의 역사인식'에서는 해외의 역사적 사실과 연구 성과를 통해 기존의 폐쇄적인 역사인식을 극복하고, 역사를 과학적 시각에서 설명하였다고 평가하였다. 또한 신라의 통일은 비록 영토와 인민의 상실은 불행하지만 통일신라의 위상을 강조함으로써 객관적 사실을 위주로 하는 실증사학으로 이어지게 하였다고 분석하였다. 그의 『조선민족사개론』에 대해서는 緖編과 원시시대사의 내용, 그리고 고대사(상·중·하)의 내용을 중심으로 서술하고 있다.

'장도빈의 고대사 인식'에서는 특히 고구려사 위주의 서술과 『삼국사기』의 사료적 가치를 인정하고 있으며, 고대사의 중심지를 평양지방으로 비정함으로써 신채호를 비롯한 민족주의 역사가들과 차이점을 보였다는 점에서 의미를 부여하였다. 또 신라사에 대한 위상을 인정하면서 통일신라의 북방경계선을 청천강 유역까지 인정한 민족주의 사학의 맥을 이었다고 평가하였으며, 『조선역사대전』의 내용 분석을 통해서는 고대사의 시대구분을 上古(고조선~열국), 中古(삼국~남북국)로 나누어 서술하였음을 지적하였고, 그 중 중고시대의 중심은 고구려사로 보았다고 하였다.

'이병도의 역사인식'에서는 해방 전후에 전개된 실증사학의 문헌고증학을 정착시켜 현대 한국사, 특히 고대사의 체계화에 기틀을 마련해 주었으며, 기존의 민족주의 사관을 이어 받으면서 식민지 사학과 사회경제사학의 문제점을 극복하고 엄격한 사료고증을 바탕으로 실증사학을 정착시킨 역사가로 서술하였다. 그의 『한국사대관』의 내용 분석은 고조선시대의 해석, 삼국·통일신라시대의 해석 등으로 나누어 서술하고 있다.

제4부는 한국고대사의 정착 성과와 한계를 다루는 바, 크게 두 가지를 들고 있다. 한국고대사 서장으로서 전통사학의 의미를 분석하는 부분이 그 하나이고, 고대사 서술의 정착과 한계점을 분석하는 부분이 다른 하나이다.

이를 체계적으로 설명하기 위해서 먼저 '고대사 서장으로서 전통사학의 의미'에서는 전통사학의 성격과 그 특성, 한국전통사학의 서술체제로 나누어 서술하고 있다. 한국전통사학의 상징으로써 고대사의 위상은 한국사의 성격을 대변하는 의미를 갖고 있으며, 특히 고대사 서술은 비록 중국史書의 형태와 특징을 모방했지만 한국사의 전통과 특징을 나타내고 있으며, 충효사상을 강조하여 역사가 지닌 교훈을 보여주고 있다는 것을 강조하였다고 한다.

'한국전통사학의 서술체제'에서는 기전체와 편년체가 가장 대표적인 방식으로서 전자는 『삼국사기』와 『고려사』 등으로 분류사의 성격을 띠었으며, 후자는 『고려사절요』와 『조선왕조실록』 등 연대별로 왕의 활동상의 기록을 중심으로 하였다. 그 외 기사본말체는 주요한 사건을 왕별로 앞에 세우고 구체적 내용은 보완하는 사건과 인물을 첨가한 것으로 『연려실기술』이 대표적이며, 강목체는 기본 사실은 큰 글씨로 쓰고 그 구체적인 내용은 작은 글씨로 하고 그 외 선학의 평가나 자신의 견해(按)를 길게 해설한 것으로 『동사강목』이 이에 해당한다는 것이다.

다음으로, '고대사 서술의 정착과 한계점'은 초기 고대사 서술의 정착과 초기 고대사 서술의 한계로 나누어, '초기 고대사 서술의 정착'은 『삼국사기』의 내용을 정리하고 『삼국유사』의 기록을 일부 보완하면서 조선시대의 문헌으로 그 구체적인 모습이 완결되었으며, 그 내용에 대한 평가나 보완은 신채호 이후 민족사학자들의 견해로 나타났다고 한다. 그리고 고대사회의 실체는 정인보·안재홍을 거쳐 장도빈과 손진태의 저술에서 소개된 후 이병도의 설명으로 정리되었다는 것이다.

'초기 고대사 서술의 한계'에서는 고대사가 자주적인 의식과 위국충절의 교훈을 남겨주었지만, 내용에 있어서는 일부의 문제점(포석정 향연)과 정치 위주의 변화만을 보이고, 더 나아가 신라왕실의 붕괴과정에서 지나치게 왕실의 부패에 치중하고 고려왕조의 건국을 부각시켜 왕조 전환기의 사회변화문제(새로운 세력의 등장과 사상변화)를 외면하였다는 한계를 지적하고 있다.

3. 몇 가지 제언

이 책을 읽으면서 느낀 소회는 한국고대사 서술의 정착이라는 큰 주제를 중심으로 다양한 내용을 접목시켜 하나의 책으로 완성한 데에 우선 경의를 표하게 된다. 이 방대한 주제로 다양성이 확보된 내용의 저작물을 출판한다는 것은 역시 大家의 천착이 있지 않고서는 어려운 작업이었을 것이다. 또한 짧은 시간 안에 이와 같은 방대한 자료 섭렵과 분석은 불가능했을 것이다. 이 또한 후학들에게 귀감이 되는 부분이다. 다만 아쉬운 점이 있다면 이 책의 곳곳에 오자와 탈자가 많이 산견되고 있다는 점이다. 물론 이러한 점이 저자의 훌륭한 연구 성과를 반감하는 것은 아니겠지만, 보다 철저한 교정과 교열이 아쉽다고 할 수 있다. 그리고 최근의 연구 성과가 부분적으로만 채택이 되고 있다는 점도 玉의 티가 아닌가 한다.

그렇지만 이 책에서 보여주고 있는 특징으로는 『삼국사기』와 『삼국유사』라는 텍스트를 자유자재로 분석한 점, 그리고 『동국통감』과 『동사강목』이라는 방대한 책에서 고대사 부분을 재단하여 상호 비교한 점, 그리고 민족주의 사학자들을 대표하는 역사가들로서 신채호, 손진태, 장도빈, 이병도 등의 대표 저서들을 바탕으로 고대사 서술의 흐름을 포착하고 있다는 점 등은 이 책이 가진 장점이라고 할 수 있다. 이와 더불어 다양한 사진 자료는 읽는 이로 하여금 쉬어갈 수 있는 안락처를 제공하고 있다는 점도 또 하나의 특징을 꼽을 수 있겠다. 앞으로 이러한 연구 성과가 토대가 되어 한국고대사 서술 부분, 즉 사학사 이해가 더욱 활성화되고 그 연구 기반을 확고히 한다면 한국고대사의 새로운 지평이 확보되리라 본다.

그렇지만 다소 아쉬운 부분이나 다양한 논의가 필요한 부분도 없지는 않다. 크게 둘로 나누어 서술해 보려고 한다. 먼저, 저자는 이 책의 머리말에서 밝히고 있듯이, "『삼국사기』 이후 한국고대사의 계보와 그 성격 파악을 위해서 기존의 선학들이 연구한 성과를 바탕으로 『동국통감』과 『동사강목』 등의 내용을 구체적으로 차례로 분석하여 전통사학의 기반이 된 한국고대사가 정착되는 과정을 우선 심층으로 정리하였다(6쪽)"고 하였다.

그리고 "이러한 역사서술을 통해 한국전통사학의 형태(서술내용)와 그 정착과정을 조명하고 이렇게 이룩된 초기 고대사 서술(제1세대 이병도)의 특징과 그 속에 묻힌 문제점(한계)도 아울러 밝혀 다음 세대의 변화과정과 방향을 제시하는 것도 필요할 것이다"(7쪽)라고 하였다.

이를 보면 크게 두 가지 사실을 확인할 수 있는 바, 하나는 대표적인 역사가인 신채호, 손진태, 장도빈, 이병도로 이어지는 한국고대사의 정착과정을 정리하고, 다른 하나는 초기 고대사 서술의 특징과 문제점 내지 한계를 밝히려는 의도가 보인다. 이러한 사실은 책의 곳곳에서 그러한 내용을 언급함으로써 다시 환기시키고 있다.

그런데 이러한 입론에는 문제가 없지 않다. 우선 이 책에서 언급하고 있는 『조선사대관』(同志社, 1948)과 『한국사대관』(普文閣, 1964)은 분명 구별되어야 하지만 여러 곳에서 錯綜되고 있다. 더불어 그 중간에 간행된 『국사대관』(동지사, 1949)과 『新修 국사대관』(普文閣, 1955) 등도 그 책명에는 다소 차이가 있지만, 이들 책의 목차와 내용에 약간의 개정·증보만이 있을 뿐 큰 차이를 보이고 있지는 않다.

여기서 문제가 되는 것은 이들 역사가, 즉 신채호(1880-1936), 손진태(1900-?), 장도빈(1888-1963) 그리고 이병도(1896-1989)의 생존연대를 살펴보면, 그 서술 순서가 약간 의문스럽다는 점이다. "나아가서 손진태는 장도빈·이병도보다도 일찍 태어났으나 6·25 때 납북되었음으로 앞선 인물로 간주될 수밖에 없다"(367쪽)고 하였으며, 더 나아가 "손진태는 1900년에 태어났으나 6·25전쟁 당시 납북되어 장도빈(1888-1963), 이병도(1896-1989)보다 일찍 저술된 『조선민족사개론』(1948)의 의미가 크다"(368쪽)고 하였는데 이에는 공감할 수가 없다. 다시 말해, 손진태는 장도빈과 이병도보다 늦게 태어났고, 손진태의 『조선민족사개론』(을유문화사, 1948년 12월)은 장도빈의 다양한 저술보다 시기적으로 늦었으며, 특히 이병도의 『조선사대관』(同志社, 1948년 7월)보다도 그 간행 시기가 늦음을 확인할 수 있다.

이로써 보면 한국고대사 정착에 기여한 대표 역사가의 개별 저서와 저술

내용에 대한 분석 등에서는 그 자체 의미를 부여할 수는 있겠지만 정착과정의 순서상 하나의 단계로 이해하기에는 어려움이 있어 보인다. 아마도 각각의 개별 논고를 하나로 편집, 체계화하면서 나타난 결과가 아닌가 한다.

한편, 이와 더불어 이 책의 여러 곳에서 새로운 사실인 듯 상기시키면서 이병도의 고대사 인식, 특히 "두계는 『삼국사기』의 기록을 지나칠 정도로 인정하고 있었다. 그러므로 두계는 '경애왕 4년(927) 11월에 왕이 포석정에서 잔치를 베풀 대 견훤이 침입한 사실'을 의심 없이 인용하고 있다. 당시 왕이 왕건에게 구원병을 요청하였고 견훤의 침입위협을 알면서 한겨울에 향연(포석정이 놀이터가 아닌데)을 베풀었다는 사실을 인정한 것은 무엇보다도 철저한 식민사관의 극복이라는 당시 상황에서 우리 고전을 믿을 수밖에 없었으며, 새로운 역사 이론이나 방법을 수용할 수 있는 입장이 어려웠음에서 나타난 결과라고 보인다"(314쪽)라고 하였다.

실제 새로운 자료의 출현은 여러 역사적 사실을 확충할 수 있으며, 이를 통한 연구성과는 역사가의 다양한 해석으로 나타나 그 결과를 양산한다고 본다. 그런데 이 포석정 관련 기사는 과연 어떻게 이해하는 것이 타당한 지는 아직 많은 논의를 거친 상태가 아니라고 본다. 즉, 『삼국사기』의 기록을 어느 정도 取信할 것인가 하는 문제는 저자의 연구업적에서 이미 축적되어 대변하고 있지만, 지금까지 대개 그 초기 기사를 부정하는 부분을 중심으로 다양한 연구가 진행되었으므로, 이외의 다른 기사 부분에 대한 논의도 이를 계기로 활성화되어야 할 것이다.

문제는 "포석정의 환락(경애왕 4년: 927)은 경순왕의 실정은 아니지만 신라 멸망의 계기로 『삼국사기』에 기록된 이래 이병도의 『한국사대관』에 이르기까지 이어져 있다. 포석정을 향연장으로 기록한 것은 『삼국사기』가 처음이었으나, 실제로 향연장인 臨海殿에서의 연회기록은 (중략) 4회 기록이 있다. 따라서 포석정은 향연장소가 아니어서 경애왕(박씨)의 실정을 통한 김씨 왕가(경순왕)의 조작된 사실일 가능성이 크다"(349쪽)로 집약되는 부분이다.

이를 보면, 문제의 핵심으로 거론된 것의 하나는 '견훤의 침입위협을 알면서 한겨울에 향연(포석정이 놀이터가 아닌데)을 베풀었다는 사실'이고, 다른 하나는 '포석정은 향연장소가 아니어서 경애왕(박씨)의 실정을 통한 김씨 왕가(경순왕)의 조작된 사실'일 것이라는 논지이다. 그러나 이는 논지와 반대로 그렇지 않을 가능성도 배제하기 어렵다. 『삼국사기』 관헌 기록과 流觴曲水·유적을 부정하려는 근거가 과연 타당한가이다.

다시 말해, 『삼국사기』 편찬자가 굳이 이 부분만을 조작해서 상대적으로 어떠한 이득(?)을 얻었을까 하는 의문이다. 저자는 이 부분에 대해서 "王建도 신라 말의 실정을 반복해서는 안 된다는 또 다른 교훈을 보여준 것임을 잊지 말라는 경고"(118쪽)라고 언급하고 있지만 설득력이 없다. 그것은 여기에 보이는 왕건 운운과 『삼국사기』 찬술 시기의 역사적 사실과는 실제 부합하지 않으며, 따라서 포석적 관련 기사에 대한 논의는 추후 공론의 과제로 남겨두고자 한다.

이러한 점은 이 책이 역사서와 역사가에 대한 분석을 통해 한국고대사 인식의 정착과정을 보여주고자 하는 분명한 연구목적과 방향을 가지고 있으면서도, 개별 역사적 사실에대한 고증과 해석 또한 여전히 중요한 의미를 갖는다는 역사학 본래의 임무를 상기시킨다.

이 책은 한국고대사 인식을 체계적으로 이해해보려는 시도였다는 점에서는 큰 장점을 가지고 있다. 개별 역사서와 역사가의 역사인식을 연결하여 고대사의 체계화를 시도한 점 또한 신선해 보인다. 향후 이러한 토대 위에 치밀한 역사 고증과 분석을 더할 때 한국고대사에 대한 인식 또한 진일보할 수 있을 것으로 기대된다.

맺음말

이상에서 「한국고대사의 종합적 정리」를 통해 저자의 고대사 연구의 저술을 마감했다.서

「삼국사기연구」(1981)를 시작으로 삼국시대사(「신라사」〈1985〉·「백제사」〈1992〉·「고구려사」〈1993〉)를 이어 「한국고대사를 다시보자」(2018)에서 저자의 한국고대사인식을 종합정리하였으며 이를 바탕으로 한국고대사의 숨겨진 사실까지 재정리해보았다.

본서는 기존의 저자가 남긴 고대사의 내용에서 빠진 부분을 보완하고 다양한 한·중 문헌 내용을 통해 보다 새로운 시각에서 한국고대사의 성격을 재정비해보았다.

제1장 한국고대사의 성격에서는 고대사가 지닌 역사적 교훈에 이어 삼국사회가 지닌 의미(고구려의 국제적 위상·해외진출을 부각시킨 백제사·신라사의 민족사적 성격과 발해사의 위상)를 정리한 후 남북한역사관을 비교하여 분석하였다. 제2장은 삼국사회의 전개과정과 신라통일의 역사적 의미를 설명하였다. 제3장은 한국고대사의 특징으로서 삼국시대 왕의 실상과 신라여왕의 위상, 삼국시대 천도가 보여준 교훈, 통일신라 전제왕권의 실상, 통일신라 대당외교의 가치 등을 정리하였다. 제4장은 한국고대사를 빛내준 위인으로 김유신·원효·혜초·최치원을 부각시켜 그들의 업적을 정리하여 고대위인이 보여준 교훈을 제시하였다. 제5장 중국문헌에 나타난 삼국의 사회상과 중국문헌을 정리한 후 그 곳에서는 우리나라를 **東夷傳**의 마지막으로 소개된 오랑캐나라로 그 의미를 낮추고 있지만 고구려의 자주성, 백제의 요서진출, 신라사의 정치적 특징(和白·도피필률)을 부각시킨 것은 큰 의

미가 있다. 제6장은 중국학계에서 왜곡된 한국고대사를 정리하여 특히 고구려사에 대한 왜곡과 동북공정의 실상과 그 허구성을 밝혔으며 이에 대한 저자의 반박설명과 국내·외의 평가 문제를 소개하였다.

본서는 이러한 시각에서 저자가 오랜 세월 한국고대사에 대한 본인의 여러가지의 저술을 종합하여 한국고대사의 성격과 그 특성을 보완하여 한국고대사가 보여준 역사적 의미를 정리해보았다. 따라서 지금까지 이해해온 역사적 사실에 대한 저자의 새로운 견해를 제시하여 한국고대사의 성격을 재정리하였다. 특히 고구려사가 중국에 맞선 군사적 강국이라는 사실 외에 고구려 문화(특히 고분 벽화)의 우수성, 도피필율로 대표되는 풀피리 음악의 우수성과 함께 수도 이전이 주는 국가쇠퇴(또는 멸망)의 바탕이 된다는 교훈을 부각시켰다. 또한 백제문화의 일본 전래가 지닌 의미와 금동향로에서 보여준 백제 예술의 위상을 강조하였다. 특히 신라 천년의 역사에서 서울(경주)을 한 번도 바꾸지 않은 사실은 신라사뿐 아니라 우리나라 역사상 가장 뜻있는 사실과 신라통일의 역사적 의미와 함께 원효와 같은 민족의 스승을 특히 강조하는 것이 본 저서가 지닌 가장 큰 교훈이 될 것이다.

2022. 5

신형식

한국 고대사의 종합적 정리

지은이 | 신형식

펴낸이 | 최병식

펴낸날 | 2022년 7월 7일

펴낸곳 | 주류성출판사

서울특별시 서초구 강남대로 435 15층

TEL | 02-3481-1024 (대표전화) • FAX | 02-3482-0656

www.juluesung.co.kr | juluesung@daum.net

값 20,000원

잘못된 책은 교환해 드립니다.

ISBN 978-89-6246-482-5 93910